船用捷联惯性导航系统及组合导航技术

Strapdown Inertial Navigation System and Integrated Navigation Technology for Ship

张 亚　孙 骞　王国臣　著
李光春　审校

国防工業出版社
·北京·

内 容 简 介

捷联惯性导航系统由于其自主性、全天候、不受外界干扰等诸多优势，目前是舰船最重要的导航系统之一。而组合导航系统可充分利用各导航子系统的优势进行互补，从而提高导航系统的精度与可靠性。因此，船用捷联惯性导航系统及其组合导航技术一直是导航技术领域的研究重点。本书共分为 8 章：第 1 章主要介绍了惯性导航系统及船用捷联惯性导航系统的发展与现状；第 2、3 章分别介绍了船用捷联惯性导航系统的基本原理及误差分析；第 4 章介绍了基于卡尔曼滤波的最优估计理论，为后续研究组合导航奠定了基础；第 5~8 章是本书的重点，其中第 5、6 章着重介绍了船用捷联惯性导航系统的标定技术和初始对准技术，第 7、8 章分别介绍了船用捷联惯性导航系统最常用的船用 SINS/GNSS 组合导航与船用 SINS/DVL 组合导航的相关技术。

本书作为一本论述船用捷联惯性导航系统及其组合导航技术的专著，既可以作为精密仪器及机械和导航、制导与控制等相关专业的本科生和研究生的教材，也可以供从事惯性导航系统设计、制造、试验和应用的科研人员学习参考。

图书在版编目(CIP)数据

船用捷联惯性导航系统及组合导航技术/张亚，孙骞，王国臣著. —北京：国防工业出版社，2020. 6
ISBN 978-7-118-12106-3

Ⅰ. ①船… Ⅱ. ①张… ②孙… ③王… Ⅲ. ①航海导航—捷联系统—惯性导航系统—组合导航—研究 Ⅳ. ①U666. 12

中国版本图书馆 CIP 数据核字(2020)第 086870 号

※

国防工业出版社出版发行
(北京市海淀区紫竹院南路 23 号　邮政编码 100048)
天津嘉恒印务有限公司印刷
新华书店经售
*
开本 710×1000　1/16　**印张** 12¾　**字数** 206 千字
2020 年 8 月第 1 版第 1 次印刷　**印数** 1—1500 册　**定价** 78. 00 元

国防书店：(010)88540777　书店传真：(010)88540776
发行业务：(010)88540717　发行传真：(010)88540762

PREFACE 前言

在军用和民用船舶中，导航定位技术是保证舰船安全可靠航行的关键技术之一。而在众多的导航定位技术中，船用捷联惯性导航系统能够提供全状态信息，并且具有自主性强、不与外界信息发生联系等优势，是构建陆、海、空、天全方位信息化体系中不可或缺的关键。为了提高船用捷联惯性导航系统的实用性，从船用导航定位的实际需求出发，深入系统地梳理捷联惯性导航系统的基本原理、误差方程及机械编排方案，紧密结合实际工程应用的需求，考虑实际应用面临的问题，针对不同应用需求相应开展关键技术的研究，具有重大的理论研究价值和工程实践意义。

本书系统性强、理论联系实际，作为一本论述船用捷联惯性导航系统及其组合导航技术的专著，总结了目前船用捷联惯性导航系统所涉及的一些关键技术，希望所提出的一些观点和思想能够对国内外同行提供一定的帮助。舰船捷联惯性导航系统及组合导航技术涉及多门前沿学科，内容丰富，视角新颖。由于作者水平有限，本书难免存在不足之处，恳请各位专家和广大读者批评指正。

在此，特别感谢高伟教授的悉心指导，并对本书提出了很多合理的建议；特别感谢李光春教授，他对本书提出了较多的方向性建议和具体的修改意见，使本书更加完善；感谢姜畔博士、范世伟博士、王岩岩博士、常佳冲博士、王凯硕士、姜奇硕士等，他们先后参加了本书部分内容的编写和校对工作。此外，本书部分内容还参考了国内外同行专家、学者的最新研究成果，在此一并向他们致以诚挚的谢意！

作者

2019 年 10 月

CONTENTS 目录

第1章 船用捷联惯性导航系统概述

1.1 导航系统及其分类

1.1.1 导航的基本原理

导航是引导航行的意思,它是指以某种手段或方式引导运载体安全、准确、经济、便捷地在既定的时间内,按照既定的航行路线,由起始地点航行到目的地的行为[1-2]。因此,在运载体导航过程中,需要知道自己的位置,也就是说,相对于某一个(或某几个)已知点的位置关系。已知点通常称为参考点或者参考位置,确定运载体相对参考点的位置称定位。

不同运载体的导航定位所采用的方法是不同的,对于舰船来说,要求导航系统能够提供位置、速度、航向及水平姿态角等导航信息。定位就是要确定运载体与参考点之间几何关系参量,如方位、距离等。根据测定几何参量的不同,导航定位几何原理有以下几种。

1. 测向法

测向法是测定运载体相对参考点的方向,通常用真方位表示相对方向关系。真方位是以真北方向为基准,顺时针方向计算运载体与参考点间连线的角度,如图1-1所示。

图中 A 为参考点,若在运载体上测得运载体对 A 点的真方位 α ,则在海图上,由 A 点作出直线 AM , AM 上各点对 A 的真方位均为 α ,所以还不能确定运载体的确切位置。AM 线称为位置线,即某种几何参量相等点的轨迹。显然测向法的位置线是以参考点为起点的射线。

要确定运载体的位置,只有一条位置线还不够,还必须有另一条位置线。同样以 B 为参考点,用在运载体上测得的真方位作出位置线 BM 。两条

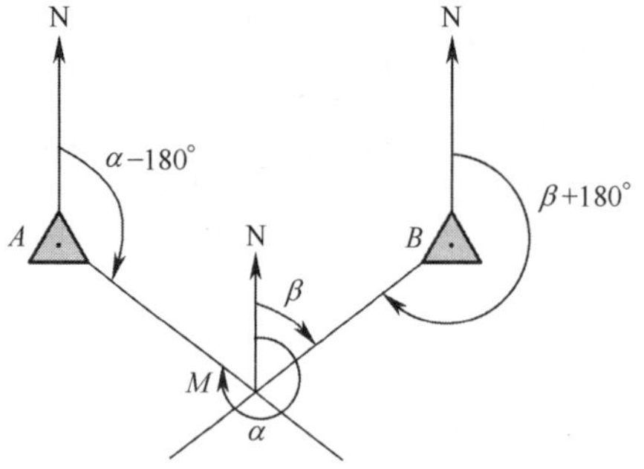

图 1-1 测向法定位

位置线 AM 、BM 相交于一点 M , M 点就是运载体所在位置,达到定位的目的。

测向法也有通过在运载体上测取运载体对 3 个参考点 A、B、C 的两个张角 ϕ_1 和 ϕ_2 定位,即三标两角法,如图 1-2 所示。

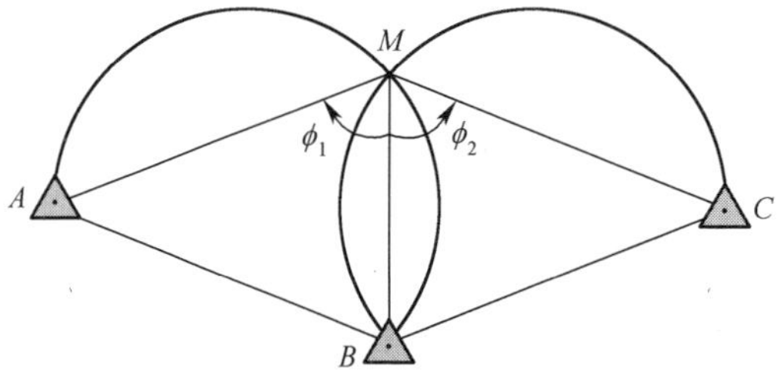

图 1-2 三标两角法

图 1-2 中的位置线是以 AB 为弦和以 BC 为弦的两圆弧,其交点就是运载体所在位置。当测得 ϕ_1 和 ϕ_2 后,用三杆分度仪在海图上画出过 3 个参考点的两个张角,得到运载体的位置。

2. 测距法

测距法是测量运载体与参考点间的距离来达到定位目的。从几何学可知,与某定点的距离为常数的点的轨迹,是以定点为圆心,距离值为半径的圆,所以测距法的位置线是圆,如图 1-3 所示。

从运载体上测出到两个已知参考点的距离,便可得到两条圆位置线,两圆位置线有两个交点,可以判别,其中一个点就是运载体所在位置。

测向法、测距法都必须有两个已知参考点来定位。如果把测向和测距的方法结合应用,即利用真方位和距离,则可用一个已知参考点定位。这种称为测向-测距法定位是比较常用的,如图 1-4 所示。

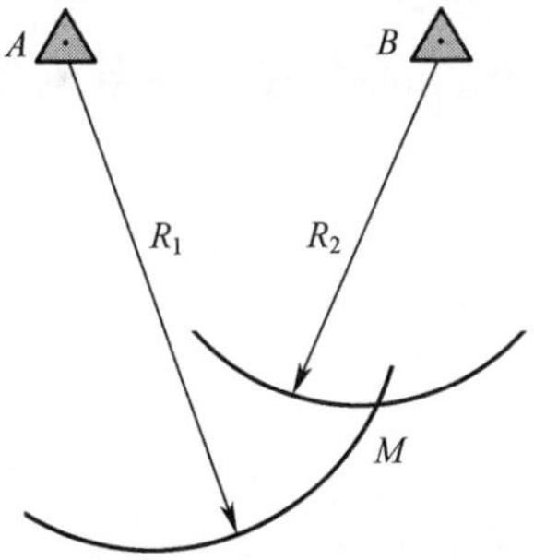

图 1-3　测距法定位

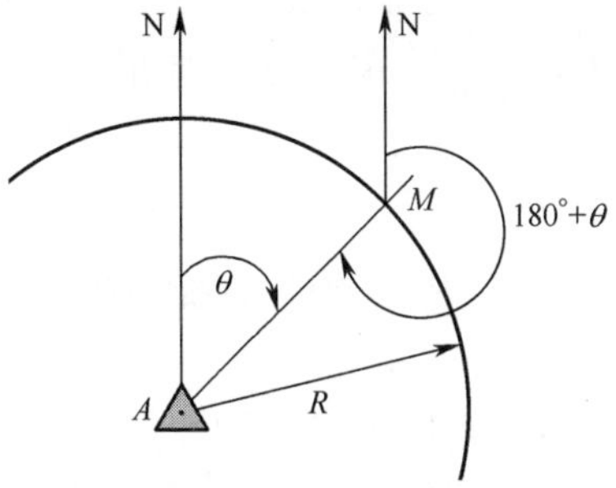

图 1-4　测向-测距法定位

在运载体上测量参考点 A 的方位 θ 和距离 R ,在海图上作出过参考点 A 的 $180° + \theta$ 位置线和以 A 为圆心, R 为半径的圆位置线,两条位置线的交点 M ,就是运载体所在的地理位置。

3. 测距差法

测距差法所测定的几何参量是运载体距两个已知参考点的距离差。从数学中知,一动点到两定点的距离差为常数的点的轨迹是一条双曲线。两定点 A 、B 称为焦点, A 、B 连线称为基线,如图 1-5 所示。

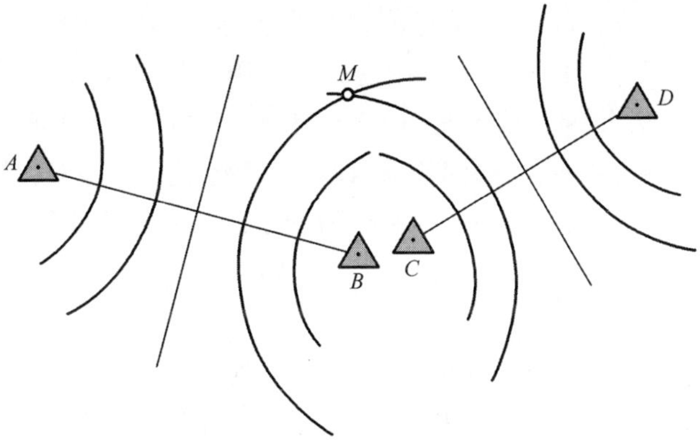

图 1-5　测距差法定位

在运载体上,对两对已知参考点分别测定距离差,得到两条双曲线位置线。该两条位置线在海图上的交点 M ,就是运载体所在的瞬时地理位置。

4. 测距和法

目前,由于技术上的原因,测距和法定位还未得到应用。其原理是保持到两定点距离和为常数的点的轨迹是以两定点为焦点的椭圆。位置线是椭圆线。

上述几种定位方法还可综合应用,除测向-测距法外,还有测距-测距差法等。上面简单叙述了导航定位的几何原理,下面概括介绍导航定位的方法。

1.1.2 导航系统分类

根据定位所采用的方法来分,可分为直接定位、推算定位及组合导航等。直接定位导航法是直接量测运载体相对已知的固定或者活动的目标的距离、方位、距离差等几何参量,用这些参量确定运载体的地理位置;推位定位导航法是测取运载体本身的运动速度或加速度,在一定参考坐标系中进行计算,从而得到运载体所在地理位置;组合导航法是将不同的导航设备组成组合式导航系统,从而提高导航精度及可靠性。其中,直接定位导航法中常用的有地标导航、无线电导航、天文导航及卫星导航等,推算定位导航法包括船位推算法、多普勒导航、惯性导航等,组合导航法中常用的有卫星/惯性组合导航、天文/惯性组合导航、无线电/惯性组合导航等系统[3-4]。下面简单介绍各种导航定位系统。

1. 地标导航

利用地面上存在的地物、地标(岛屿、航标、特殊建筑物等),这些地物地标在地图或海图上已标明位置。在运载体上用光学等方法,量测到这些地物地标的距离、方位等几何参量,用测向或测距法定出运载体瞬时地理位置。常用的仪器有六分仪、经纬仪、望远镜及罗经等。这是一种较为简单而可靠的导航方法,但易受气象条件和地域的限制。在一般能见度情况下,能见距离为 10n mile 左右,所以只适合于近海导航使用。

2. 无线电导航

无线电导航是以无线电电波传播规律为基础,利用岸上及运载体上的发射和接收设备,测定运载体相对参考点的几何参量(方位、距离、距离差等)来确定运载体的位置,达到定位及引导航行的目的。

各类无线电导航系统的工作都是利用电波传播的规律来进行的。电波在理想、均匀的媒质中是以直线并且恒速传播;电波在自由空间传播速度为(299792±2)km/s,一般近似认为 300000km/s;电波传播过程中遇到两种媒质边界面时产生反射。

利用电波的反射特性,可以发现目标,这是雷达探测目标的原理。利用电波传播的直线性及天线的方向性,通过发射和接收可实现测向和指向。

利用电波传播的直线、恒速特性，通过测量电波传播时间来实现测定距离。

通过对电波电参量的测量来达到导航定位所需的几何参量的测量，这是无线电导航系统的基本思想。在空间某点的电波可用该点的交变电磁场表示，即

$$e = E_m \sin\varphi = E_m \sin(\omega t + \varphi_0) \tag{1-1}$$

式中：e 为电场的瞬时；E_m 为交变电场的振幅；t 为时间；ϕ 为全相位；ϕ_0 为初相位；ω 为相位变化角速度。

电参量 E_m、t、ϕ、ω 中的一个或几个可以和欲求定位的几何参量发生联系，所以可用测得电参量来达到导航定位的目的。

按着所测电参量的不同，无线电导航系统分为振幅系统、相位系统、脉冲系统、频率系统和综合系统。目前，世界上应用较多的有“罗兰”-C 脉冲相位式系统、奥米加系统、台卡相位系统等。

无线电导航的主要优点是不受气象条件和视线距离的限制；测量迅速，容易实现自动化；精度较高，可靠性较好。因此，无线电导航在整个导航领域中占有重要地位，得到了广泛应用。无线电导航的不足之处是易受人为的或自然的干扰，战时易被敌方破坏和利用，多数系统较复杂，对水下导航还未解决。

无线电导航系统有许多种，我们不再一一介绍，只对作用距离远、精度高的“罗兰”-C 系统给以原理上讨论。“罗兰”是远程导航英文字头的缩写译音。“罗兰”-C 导航系统是远程、低频、脉冲-相位测距差双曲线导航系统，它是双曲线-双曲线定位原理，测距差法的定位体制的综合系统。“罗兰”-C 的基本工作原理如图 1-6 所示。

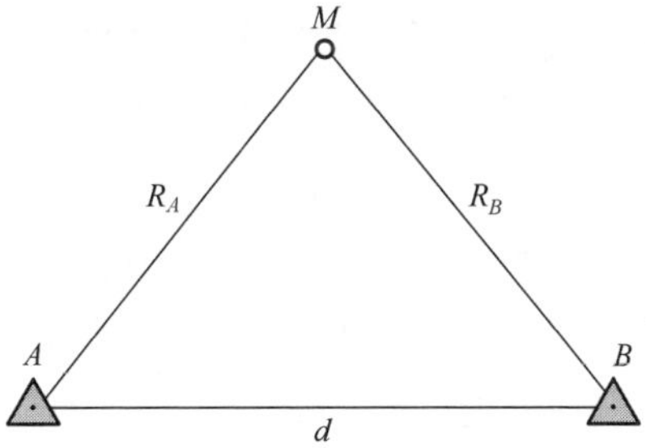

图 1-6　“罗兰”-C 的基本工作原理

图中，A 为主台，B 为副台。主、副台间基线长度为 d，接收点 M 与 A、B 台的距离分别为 R_A 和 R_B。主台发射的脉冲信号为

$$u(t) = U(t)\cos(\omega t) \tag{1-2}$$

式中：$U(t)$ 为脉冲包络函数；ω 为载波角频率。

副台 B 发射的脉冲信号受主台控制，它在收到主台 A 的信号后，延迟 Δt（编码延迟）时间才发射与主台一样形状的脉冲信号。主台信号在基线上的传播时间 $t_d = d/c_{电}$，$c_{电}$ 为电波传播速度，故副台 B 发射信号比主台 A 滞后 $\Delta t + t_d$ 时间，即主台 A 发射 $u(t) = U(t)\cos(\omega t)$ 信号时，副台 B 这时发射的信号应与 $t - (\Delta t + t_d)$ 时的主台信号一致，即 $u_B(t) = U(t - t_d - \Delta t)\cdot\cos[\omega(t - t_d - \Delta t)]$。同样，接收点 M 此时接收到的主、副信号分别为

$$\begin{cases} e_A(t) = U(t - t_A)\cos[\omega(t - t_A)] \\ e_B(t) = U(t - \Delta t - t_d - t_A)\cos[\omega(t - \Delta t - t_d - t_A)] \end{cases} \tag{1-3}$$

式中：$t_A = R_A/c_{电}$，$t_B = R_B/c_{电}$ 分别为主、副台脉冲传播到 M 点所经过的时间。

接收点 M 把接收到的主、副台脉冲信号加以放大，并按包络和载波分离。测量收到的主、副台脉冲信号包络前沿的时间差为

$$t_N = t_B - t_A + t_d + \Delta t = \frac{R_B - R_A}{c_{电}} + t_d + \Delta t \tag{1-4}$$

还可测量收到的主、副台脉冲中的载波间的相位差：

$$\varphi = \varphi_A - \varphi_B = \omega(t_B - t_A + t_d + \Delta t) = \frac{2\pi}{T}\left(\frac{R_B - R_A}{c_{电}} + t_d + \Delta t\right) \tag{1-5}$$

由式（1-4）、式（1-5），可得

$$t_N = \frac{T}{2\pi}\varphi \tag{1-6}$$

时间差反映相位差，时间差是与距离差成比例，所以相位差也与距离差成比例，故可通过相位差测得距离差。假若距离差为常值，即可得到一条双曲线。如果再增设一个副台 C，同样道理又可得另一条双曲线，两条双曲线交点就是运载体所在的地理位置。

必须注意，脉冲相位系统有多值性，这就要求脉冲法测量时间差值误差 Δt 的绝对值要小于载波周期的一半，同时要求地面电台所发射的脉冲信号包络与包络内载波信号之间必须保持严格固定的关系。

“罗兰”-C 频段为 90～110kHz，作用距离约为 1200n mile，定位精度为 0.2～1n mile，地面电台基线长约 200～1000km。可供陆、海、空及民用交通部门等共用。

3. 天文导航

天文导航是通过观测天空的星体来确定运载体的地理位置。天文导航很早就在航海上应用。天文导航的优点是不受运载体运动时间、速度和地理区城的限制,隐藏性好,定位精度高。主要缺点是不能连续定位,工作受星体可见度的限制,观察不到星体时,就无法工作。

在地球上用天文方法定位,包括单星定位和双星定位两种。无论是那种定位方法,都需要有两条位置线,其交点是所求的位置。单星定位的两条位置线等高圆线与等方位线,双星定位的两条位置线是两条等高圆线。为了说明天文定位原理,首先介绍天文导航所应用的某些基础知识。

宇宙间的所有星体,距离地球都很远,在地球上观察天空,辨别不出基体的远近,只能辨别它们的方向,好像星体处在一个球面上,这个假想的球称为天球。天球的球心可以是观察者所在位置,也可认为是地心或日心,天球半径是任意大的。

天球的天轴是地轴的延伸,天球赤道是地球赤道的延伸,其地平面与地理水平面一致,天球子午面即观察者所在地理子午面的延伸。由于地球的自转,在地球上观察天球,它绕天轴转动,转动速度等于地球自转速度。由于地球的公转,太阳在天球上做周年运动,其运动轨迹称黄道,赤道与黄道相交两点,称为春分点 x 和秋分点 Ω 。

星体在天球上的位置,用球面坐标系表示。这里简单介绍地平坐标系与赤道坐标系的两种表示方法。

在地平坐标系中星体 S 的表示方法如图 1-7 所示。

观察者所在位置的地理垂线延伸与天球相交两点 z 和 z' ,z 称为天顶,z' 称为天底,垂直于 zz' 线的天球大圆面称真地平。

星体 S 在天球上的位置用天体高度角 h 和方位角 A 表示。h 是星体 S 与地心连线和真地平之间的夹角,从真地平开始,从 0° 到 ±90° 计算。而 Z 是 OS 与 OZ 间的夹角,称为天顶距。A 是星体 S 和球心连线在真地平内投影与北向 N 间夹角,顺时针方向计算,从 0° 到 360° 。

在赤道坐标系中,星体 S 在天球上的位置用赤纬 δ 、赤经 α 或时角 t 表示,如图 1-8 所示。

赤纬 δ 是星体 S 的向径与赤道平面间的夹角,由赤道平面开始向南北从 0° 到 90° 计算。赤经 α 是星体 S 向径在赤道平面内投影与春分点方向间夹角。时角 t 是天球子午面与星体 S 所在子午面间的夹角。在天文学上,把春分点作为时间量度的基准。恒星时角 S 是天球子午面对春分点所在子午面

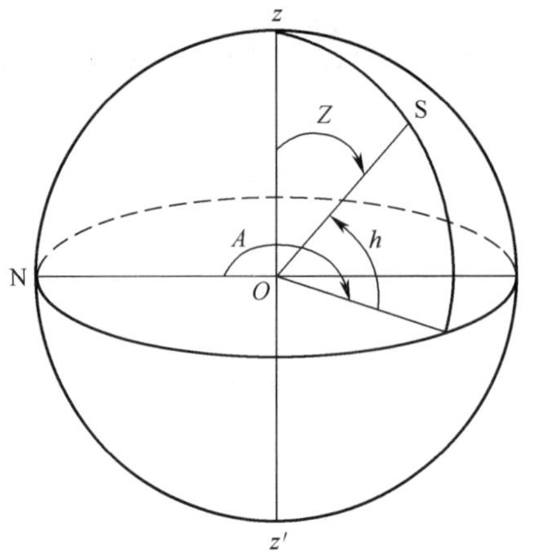

图 1-7　地平坐标系度量

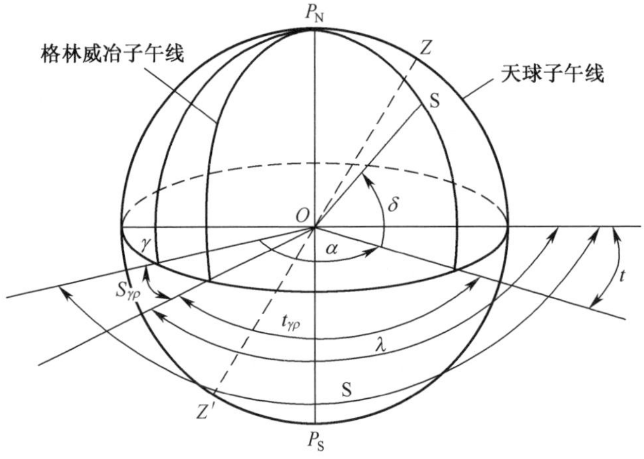

图 1-8　赤道坐标度量

的转角，$t_{\gamma\rho}$ 是格林威治子午线的时角，$S_{\gamma\rho}$ 是格林威治恒星时角。从图 1-8 可以得到

$$t = S_{\gamma\rho} + \lambda - \alpha \tag{1-7}$$

式中：赤经 α 对于某一固定星体，它是常数。$S_{\gamma\rho}$ 根据观测时间可从天文年历上查得，是已知的，因此时角 t 是随地理经度 λ 而变化，即能够测量出星体时角 t，就可得到地理经度 λ。

对于某一个固定星体，赤纬 δ、赤经 α 及格林威治恒星时角 $S_{\gamma\rho}$，都可在天文年历上查得，是已知的。

从天文导航定位原理上来看，分为单星定位和双星定位。

单星定位是利用一条等高度圆位置线与一条等方位角位置线,其两个位置线交点就是运载体所在瞬时地理位置。观测者在地球表面观测星体,可测得星体高度 h 和方位角 A 。地球表面观测星体所得 h 并不是一个点,而是一个圆轨迹,其圆心是星体在地球表面投影的地理位置。天顶距为半径(把天顶距度数换算成海里数)的圆。只有这一个圆位置线还不能定位,还必须有一条位置线,那就是等方位角位置线。一条直线和圆交两点:一点是真实位置,另一点是虚假位置,通常根据推算位置判断真假位置。由于等方位角位置线精度不高,故单星定位应用在精度要求不高的导航定位的场合,如普通航海,但是单星定位有方法简单的优点。

双星定位是测得两个星体的高度角 h ,从而得到两个等高度圆位置线,两圆相交两点,即一个为真实位置,另一个为虚假位置根据推算位置来定真假。双星天文定位原理如图 1-9 所示。

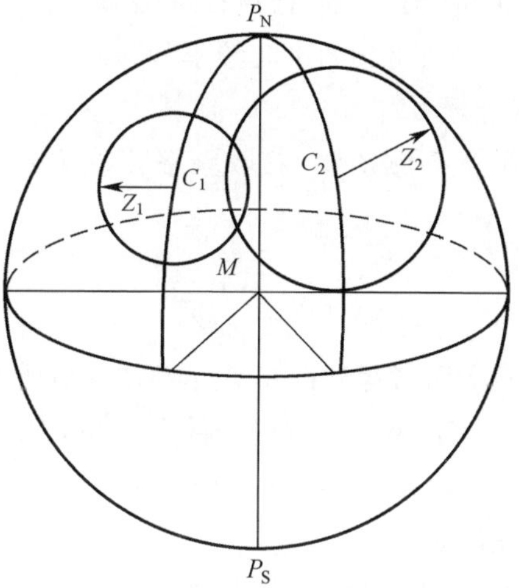

图 1-9　双星天文定位原理

在实际进行天文定位时,并不画出两等高度圆位置线,而是利用天体的球面三角形的边角关系,解得地理经纬度。

用六分仪等仪器同时测得两个星体高度角 h_1、h_2,这样可得两星体的天顶距 Z_1、Z_2,并同时记下观测时间。从天文年历上查得两星体的赤纬 δ_1、δ_2,赤经 α_1、α_2。由解球面三角形获得两个等高度圆的方程式为

$$\begin{cases}\cos Z_1 = \sin\phi\sin\delta_1 + \cos\delta_1\cos\phi\cos(S_{\gamma p} - \alpha_1 + \lambda) \\ \cos Z_2 = \sin\phi\sin\delta_2 + \cos\delta_2\cos\phi\cos(S_{\gamma p} - \alpha_1 + \lambda)\end{cases} \tag{1-8}$$

求解方程式(1-8),就可得到运载体的瞬时地理位置(φ , λ)。

天文导航定位除单星、双星定位法外，还有用极轴方法实现定位。在宇宙空间进行定位，需要3个位置面，其位置面和定位原理就不介绍了。

4. 卫星导航

利用导航卫星来确定运载体的位置就是确定运载体与卫星的相对位置关系。从理论上讲，卫星定位原理有多种，如通过测量运载体（观测点）到卫星的方位、距离、高度及距离变化率等，得到位置线，从而实现定位[4]。如果将卫星作为已知的活动星体来看，可用天文定位原理来定位。如若将活动的卫星当作发射台来看，可用无线电导航原理来定位。而现在卫星导航应用的原理并不是上述的方法，现在世界上应用的子午仪系统（如海军卫星导航系统）是通过测量卫星发射电波的多普勒频移，计算出间隔2min的相邻卫星位置到相应时刻测点位置的距离差，得到双曲线位置线而实现定位。下面介绍多普勒频移及其与距离差的关系。

多普勒是奥地利物理学家，他于1842年发现了多普勒效应。即是当声源与听者有相对运动时，收听到的声波频率和相对静止时比较发生变化，这种效应称多普勒效应。

从物理学上知道，发射频率f_T、接收频率f_R、声源和测者相对速度v及声速c间的关系为

$$f_R = \frac{f_T}{1 \pm v/c} \tag{1-9}$$

式中："+"表示声源背着听者运动；"-"表示声源向着听者运动。

从式(1-9)可知，在f_T和c一定的条件下，f_R变化只决定于相对运动速度v。反过来说，f_R变化的大小，就可以表示声源相对于听者的运动方向（接近或远离）和速度大小。

通常把一定时间内接收频率f_R和发射频率f_T之差称为多普勒频率，或者称为多普勒频移，用f_a表示，即

$$f_a = f_R - f_T \tag{1-10}$$

导航卫星发射电磁波，而电波和声波一样产生多普勒频移。用接收机接收卫星发射的电波，可以得到频率变化情况。接收频率变化大小，反映出卫星与测者径向相对速度的大小，相对速度大小，说明单位时间内卫星和测者间距离的变化。也就是说，频率变化和距离变化是相对应的。

我们知道，速度是距离的微分，即

$$v = \frac{dD}{dt} \tag{1-11}$$

将式(1-11)、式(1-9)代入式(1-10),得到

$$f_a = \pm \frac{f_R}{c_{电}} \cdot \frac{dD}{dt} \tag{1-12}$$

式(1-12)说明多普勒频移与距离差的数学关系。

卫星在空中的间隔 2min 的两个相邻位置 s_1 和 s_2,到相应时刻测者位置的距离差,可用测量卫星多普勒频移得到。有了距离差,就可以根据测距差定位原理来实现定位。

在空间对应于位置 s_1 和 s_2 两点的距离差为一定值点的轨迹是对称的旋转双叶双曲面,在这个旋转双曲面上任意点到 s_1 和 s_2 两点的距离差都相等。也就是说,测者到 s_1、s_2 距离差为定值时,则测者的位置应在旋转双曲面上。对于船舶定位,总是在地球表面进行,所以这个空间旋转双曲面与地球表面相交,其交线是一条近似双曲线,这也是一条位置线。经过时间 t 卫星由 s_2 运动到 s_3,同理,又可得到另一条地球表面位置线。两条位置线相交于两点,则靠近推算船位的点即是真实运载体的位置。

上面讲述了卫星定位基本原理,而卫星导航实际采用的办法是类似天文导航定位的办法,即借助于解析计算的方法。

首先根据概略的估算位置或航行的推算位置,计算出卫星通过测者上空时,每两个相邻偶数分钟对应的时间;然后估算位置到卫星位置的距离差。此估计距离差与实测多普勒频移所得到的距离差相比较,一般是不等的。根据 3 个以上的估计距离差与相应的实测距离差相比较,可以写出 3 个以上位置线方程式的方程组。通过电子计算机算出经纬度修正量 $\Delta\lambda$、$\Delta\varphi$,然后将此修正量加到估计位置上去,就得到实测位置的经纬度值。

卫星导航系统和地面无线电双曲线导航系统一样,都是利用测距差几何原理定位的。不同之处:一是卫星导航定位是利用一颗卫星的相邻两个偶数分钟开始时刻的卫星位置,代替地面两个发射台,相当于把发射台搬至天空;二是,地面各种无线电双曲线导航系统是通过测定无线电波的时间差或者相位差得到距离差,而卫星导航系统乃是测定电波的多普勒频移累积出 2min 的多普勒频移计算值求得距离差。

卫星导航系统具有全球性、全天候、高精度和自动化等优点,定位精度为均方根误差小于 0.2n mile。卫星导航系统的主要缺点是不能连续定位,一般定位时间间隔需要 1~2h,有时可长达 4h。导航星全球定位系统实现后,可以实现连续定位,精度也将得到提高。

由于卫星导航有其独特的优点,因此应用范围日益广泛,除了用于军事

和航海外,海洋调查、大地测量及海上石油勘探等各方面,也都在普遍使用。

5. 船位推算导航

利用运载体上的测速装置,如飞机上的空速表、舰船上的计程仪等,测得运载体的运动速度 v;利用运载体上安装的航向基准仪表(罗经等)得到运载体的航向 K;并用时钟记录时间 t。根据这 3 个参量,可得到相对起始时刻位置点的方位(航向)、距离(速度与时间的乘积)的位置线来定位。如图 1-10 所示,图中距离 AB 是运载体以速度 v 经过时间 t 所运动的路程,参考点是起始位置 $A(\phi_0,\lambda_0)$。

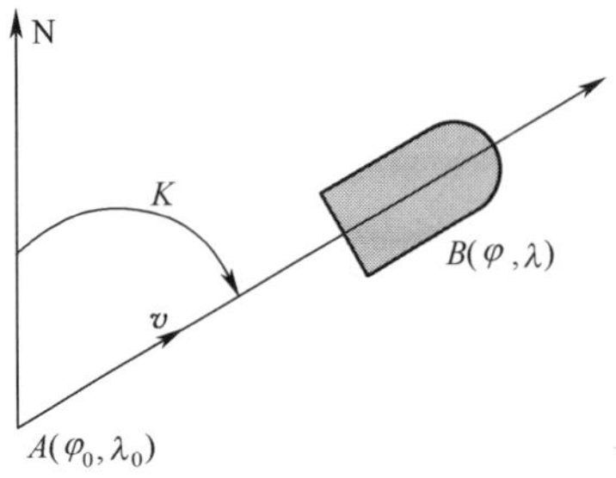

图 1-10　船位推算导航

6. 多普勒导航

利用多普勒效应,通过测量多普勒频移获得运载体的运动速度。有速度就可进行推算定位。多普勒导航广泛应用于飞机上。航海上应用多普勒计程仪,测量船舶相对地球的绝对航行速度,推算船位。

7. 惯性导航

惯性导航是根据牛顿惯性原理,利用惯性元件测量运载体本身的加速度,经过一次积分得到运载体的速度,在经过一次积分得到运载体的地理位置。它能够提供运载体的地理位置,即纬度 φ、经度 λ,运动速度 v,以及水平及方位姿态。所以惯性导航系统是多用途、独立自主的高精度的导航系统。

8. 组合导航

组合导航是将多个导航设备组合在一起构成新的系统,不同设备之间相互取长补短,从而提高整个系统的导航性能。通常在组合时,以一种能连续工作且精度较高的系统为主,用其他导航系统提供校正信息,成为既可给出连续导航参数又可提高导航参数精度的导航系统。根据各导航系统的不同特性,往往以惯性导航系统为主系统,辅助以其他导航设备或系统,构成性能比较完善的组合导航系统。常见的组合导航系统有卫星导航与惯性导航组合、多普勒计程仪与惯性导航组合、天文导航与惯性导航组合、无线电导航与惯性导航组合、惯性导航与惯性导航组合等。

1.2　惯性导航技术的发展及现状

1.2.1　惯性导航系统

惯性导航技术是建立在惯性原理基础上的一种导航方法，同时也是综合了力学、数学、控制学、电子学、光学以及计算机等学科的尖端技术，是现代科学技术飞速发展的产物。惯性导航系统是通过惯性测量组件来测量出运载体的运动状态，在初始参数已知的基础上来推算出运载体的瞬时速度、瞬时位置以及其他的导航参数。因为惯性是物体本身的自然属性，不受外界因素的影响，所以建立在惯性原理基础上的惯性导航系统完全利用安装在运载体内部的惯性测量组件，通过测量运载体的运动信息完成导航任务，不需要外界提供任何信息，同时也不会向外界发射任何信息。因此，惯性导航系统具备自主性强、隐蔽性高、抗干扰能力强、不受外界环境影响等优点，具有卫星导航、无线电导航等其他导航方式不可比拟的优点。此外，惯性导航系统所提供的导航数据非常完全，它除了能够提供运载体的位置和速度外，还能给出航向和姿态角信息；而且具有数据更新率高、短期精度高和稳定性强的特点。

因此，惯性导航系统被广泛地应用于军事、运输、探测等领域，尤其在军事领域有着举足轻重的地位。对于舰船、潜艇、飞机、战略导弹、战术导弹以及人造卫星等导航是至关重要的技术。目前，惯性导航已经成为主要的导航方式，其他导航方式作为辅助手段。对于精确制导武器，惯性导航系统的精度决定了制导武器的命中精度。

惯性导航系统性能不断提高，结构类型日新月异。按照惯性测量装置在载体上的安装方式，可将惯性导航系统分为平台惯性导航系统（Platform Inertial Navigation System，PINS）和捷联惯性导航系统（Strapdown Inertial Navigation System，SINS）[5]。最早出现的惯性导航系统是平台惯性导航系统，平台惯性导航系统中存在机械平台，平台上面安装了陀螺和加速度计。平台惯性导航系统通过平台的轴把运载体隔离开，平台的台体可以跟踪某一给定的坐标系,这样就使平台隔离了运载体的运动,使平台不受运载体运动的影响。通过安装在平台上的加速度计测量运载体相对于地理坐标系的加速度,根据牛顿惯性定律在初始的位置及速度已知的前提下对加速度积分就能得到瞬时速度,对速度积分就能得到瞬时位置,这就是平台惯性导航系统的基本原理。

随着科学技术的发展尤其是计算机技术的发展,电子计算机的运算能力越来越强大,捷联惯性导航系统的技术也慢慢成熟。不同于平台惯性导航系统,捷联惯性导航系统的惯性测量组件直接固联在运载体上,陀螺直接测量的是运载体相对于惯性空间的角速度和加速度。因此,在导航解算前需要把加速度投影到地理坐标系上,通过角速度来构建运载体的载体坐标系相对于地理坐标系之间的姿态矩阵又称为捷联矩阵。这个捷联矩阵的作用就相当于平台惯性导航系统中的机械平台,所以也成捷联惯性导航系统的捷联矩阵为“数学平台”。

捷联惯性导航系统省去了结构繁杂的机械平台,取而代之的是通过计算机计算得到的数学平台——捷联矩阵。因此,捷联惯性导航系统在结构上要比平台惯性导航系统简化很多,但是需要运算能力更强的计算机;同时在可靠性上捷联惯性导航系统比平台惯性导航系统更有优势,因为没有复杂的平台结构,在性价比和可维护性上都得到了很大的提升。所以,捷联惯性导航系统应用范围越来越广,在某些领域已经开始取代平台惯性导航系统。以美国为例,20 世纪 90 年代中期,捷联惯性导航系统的占有率就达到 90%左右。

1.2.2 惯性导航系统的发展现状

陀螺仪是敏感运载体角位移或角速度的测量器件,是惯性导航系统的核心部件,陀螺仪技术的发展在很大程度上决定了惯性导航系统的发展程度[6]。

20 世纪初期,惯性导航系统理论雏形已经形成,但是当时的机械转子陀螺仪的性能和精度较低,不能构成惯性导航系统,只能构成航向和航姿设备。20 世纪 50 年代,液浮支撑、气动支撑等技术在机械陀螺仪中得到应用,使陀螺仪精度得到显著提高。美、俄等国家相继成功研制了由液浮陀螺仪构成的平台惯性导航系统,如美国 Sperry 的 MK19 型平台罗经、MK3 型惯导系统等,初步满足潜艇、水面战斗舰艇、军用飞机和弹道导弹使用要求。其后二三十年间，随着液浮陀螺仪技术上的不断完善和精度的提高，液浮陀螺平台惯性导航系统成为主流舰用惯性导航设备。在 20 世纪 60 年代，为了解决核潜艇的导航问题国内开展了液浮陀螺惯性导航系统的研制，但是受当时技术和工艺水平的制约研制进展较为缓慢，最先得到应用的是平台罗经，又经过多年的技术攻关液浮陀螺平台惯性导航才进入实用阶段并正式列装。

尽管液浮陀螺惯性导航系统可以达到较高的精度水平，但是液浮陀螺仪结构非常复杂，机械转动部件较多，容易受外界运动环境变化（加速度、振动或冲击）的影响，动态适应范围较窄。液浮陀螺惯性导航系统需要稳定的机械平台，造成设备结构和技术组成复杂、体积庞大、启动时间长、价格昂贵，制约了液浮惯性导航系统在航空和武器制导等领域的广泛应用。

20 世纪 70 年代以来，航空、战术导弹以及核潜艇的需求成为惯性技术发展的主要牵引动力。因此，人们不断发展机电陀螺的精密支撑技术，减小摩擦力矩，克服制约精度提高的障碍，采用静电支撑的静电陀螺仪及其惯性导航系统于 70 年代前后研制成功，精度较液浮惯导提高了几个数量级以上，更好地满足了核潜艇、战略轰炸机和星际宇航的需求。但是静电陀螺仪惯性导航成本非常高、结构复杂、维护困难，成为限制其广泛应用的主要障碍。

随着激光陀螺仪和光纤陀螺仪（Fiber Optical Gyroscope，FOG）等固态陀螺仪相继问世，使得基于捷联方案的惯性系统得以实现，设备体积、结构复杂性和成本大大降低，小型、高可靠性的惯性导航系统相继问世，首先在航空和武器制导领域得到应用。随着光学陀螺惯性导航系统精度不断提高，国外开始将其应用在舰艇领域，逐步取代液浮平台惯性导航系统。虽然，静电陀螺惯性导航系统是当前精度水平最高的惯性导航装备，但受技术复杂、启动时间长、设备造价昂贵等因素制约，很难广泛应用。随着光学陀螺惯性导航系统精度的迅速提高，在舰船应用领域已形成了光学陀螺捷联惯性导航系统正在开始替代平台式转子陀螺惯性导航的更新换代的发展趋势。

1997 年，iXblue（原 Ixsea 与 Photonetics）公司开发了一种基于光纤陀螺的罗经系统（OCTANS），该系统由 3 个 0.05(°)/h 的 FOG 和 3 个石英加速度计组成，能够在 5min 内快速确定航向（精度可达 0.2°secφ，φ 为当地纬度）和水平姿态（精度可达 0.01°），具有平台罗经的功能。至 2015 年，iXblue 公司推出了第 5 代 OCTANS 产品（图 1-11），航向精度可达 0.05°。

基于 OCTANS 产品的经验，iXblue 公司于 2000 年设计了一种惯性导航定位系统 PHINS(图 1-12),PHINS 的水下版本即 U-PHINS 一直被许多制造商用于自主水下航行器(AUV)或无人水下航行器(UUV)U-PHINS 导航装置包括 3 个 0.01(°)/h 的 FOG、3 个石英加速度计和一套数字信号处理器(DSP),它体积小(16cm×16cm×16cm)、质量小(3.8kg)、功耗低(12W),纯惯导定位精度为 0.8 英里/时(1.287km/h),与多普勒计程仪组合定位精度 10m/h,非常适合于 AUV 或 UUV 使用。

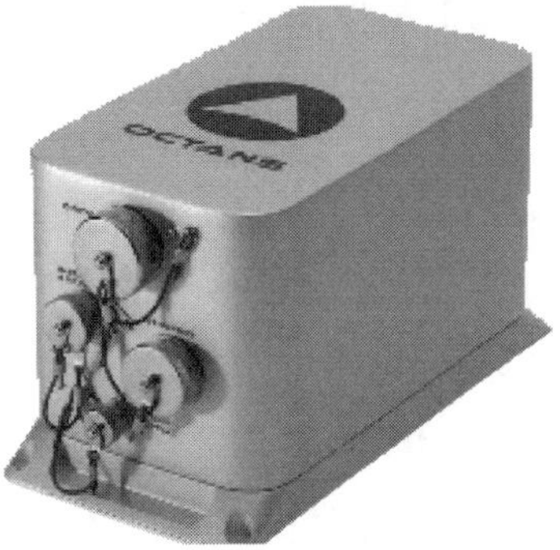

图 1-11　第 5 代 OCTANS 光纤罗经系统

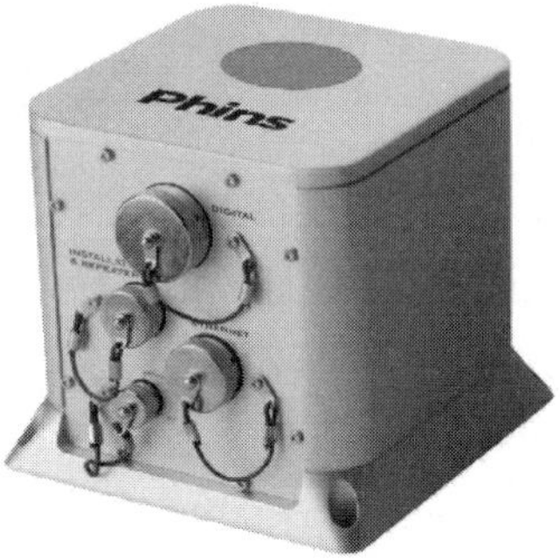

图 1-12　PHINS 捷联惯性导航系统

在 PHINS 捷联惯性导航系统的基础上该公司致力于高精度光纤陀螺的开发,2005 年,Ixsea 公司研发出的光纤陀螺精度已经达到 0.0005(°)/h,并且构成了第一套潜用光纤陀螺惯性导航系统(MARINS),现已向外出售。MARINS 的核心为 3 个直径为 200mm 的 FOG 和 3 个石英摆式加速度计。FOG 的性能指标为:零偏小于 0.0005(°)/h,标度因数小于 20×10^{-6}。MARINS 的尺寸为 420mm × 310mm × 310mm;纯惯性导航定位精度为 1n mile/24h;系泊状态下对准时间为 15min,海上航行对准时间为 30min;码头系泊状态下独立工作 140h 最大定位误差为 1.5n mile,航行状态 80h 最大定位误差为 4n mile,能够满足潜艇导航需求。

2014 年,在欧洲海军展上,iXblue 公司展出了 MARINS M 系列光纤陀螺惯性导航系统(M3、M5、M7),专门用于满足海军潜艇需求,如图 1-13 所示。英国海军决定为“伊丽莎白女王级”航空母舰装备最新的 M7 系统,定位精度可达 1nm/72h。

“九五”以来,国内许多单位开展了光纤陀螺的研制工作,包括哈尔滨工程大学、北京航空航天大学、浙江大学、中国航天科工集团有限公司第三十三研究所、中国船舶重工集团公司第七一七研究所、中国船舶重工集团公司第七〇七研究所、中国航空工业集团公司第六一八研究所、北京耐威科技股份有限公

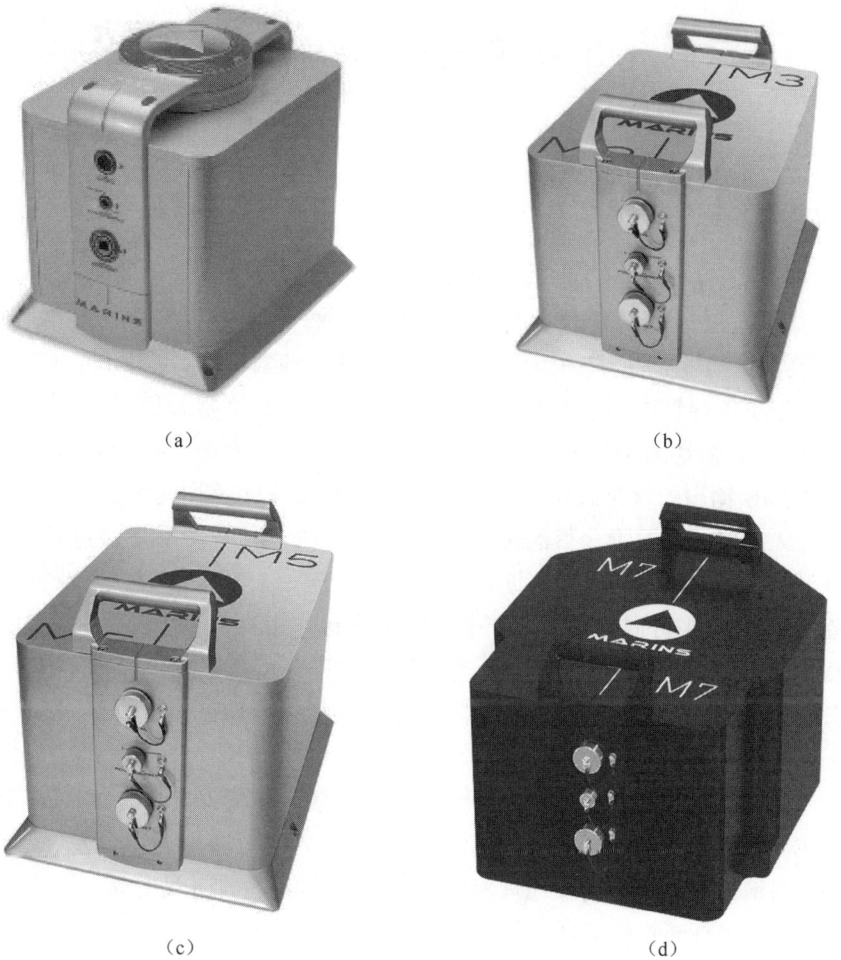

（a）　（b）　（c）　（d）

图 1-13　iXblue 公司的 MARINS M 系列产品

司、中国航天时代电子公司等。目前,北京耐威科技股份有限公司已形成了低、中、高精度系列产品,并表征出其还有进一步提高的潜力。在新型捷联惯性导航系统方面,哈尔滨工程大学、哈尔滨工业大学、北京航空航天大学、中国航天科工集团有限公司第三十三研究所、中国船舶重工集团公司第七一七研究所等单位都做了大量工作。哈尔滨工程大学“十五”期间着眼于中高精度光纤陀螺惯性系统的工程化应用,重点解决工程化技术问题,光纤陀螺捷联系统技术在相关工程型号中获得实际应用。目前,国内光纤陀螺精度优于 0.01(°)/h 的中等精度惯性导航系统技术已经成熟,并获得了广泛应用;高精度惯性导航系统原理样机中光纤陀螺精度已超过 0.001(°)/h 。

1.3 船用捷联惯性导航系统

1.3.1 船用捷联惯性导航系统原理概述

捷联惯性导航是一种先进的导航方法,但实现导航定位的基本原理却非常简单。它是通过测量运载体轴向的比力来完成导航的。根据牛顿惯性原理,利用惯性器件(陀螺仪、加速度计)测量出运载体的比力和角速度,经过积分和各种算法,便可获得运载体的位置、速度及姿态信息[7-8]。对于SINS来说,惯性测量单元(Inertial Measurement Unit,IMU)直接与载体固联,因此IMU输出的就是载体相对于惯性空间的角速度及加速度,由导航计算机将载体坐标系下所测得的加速度数据转换到导航坐标系下再进行解算,相当于利用陀螺仪的输出数据在计算机内构建一个平台作为导航计算的参考,此平台与平台惯性导航系统中的稳定平台作用类似,完成跟踪地理坐标系的作用,称为“数学平台”。即实时更新的姿态矩阵 $\boldsymbol{C}_b^n$,有些资料上称姿态矩阵为捷联矩阵或方向余弦矩阵。捷联式惯性导航系统主要涉及以下几个关键技术:

(1) 有害加速度的消除。由于加速度计直接装在运载体上,运载体坐标系在惯性空间转动,因此加速度计输出信号中含有有害加速度分量,要想得到相对地球表面的速度及地理经纬度,必须消除有害加速度分量。

(2) 坐标转换。捷联算法中常常用到不同的坐标系,在各种坐标系的转换多用方向余弦来表示。因此,计算每个时刻的方向余弦矩阵成为捷联算法的重点。

(3) 基本力学编排方程。这些方程包括位置方程、姿态方程、速度方程、姿态速率方程及速度方程。正是通过这些方程的求解,才能得到运载体的位置、速度和姿态信息。

捷联惯性导航系统主要有以下几个优点:

(1) 惯性敏感器便于安装、维修和更换。

(2) 惯性敏感器可以直接给出舰船坐标系轴向的线加速度、线速度、供给舰船稳定控制系统和武备控制系统。角速度以提供给舰船稳定控制系统和武备控制系统。

(3) 便于将惯性敏感器重复布置,从而易在惯性敏感器的级别上实现冗余技术,这对提高系统的性能和可靠性十分有利。

(4) 由于去掉了具有常平架的平台,一是消除了稳定平台稳定过程中的各种误差;二是由于不存在机电结合的常平架装置,使整个系统可以做得小而轻,并易于维护。

当然,惯性敏感器直接因接于船体上也带来新的问题,即导致惯性敏感器的工作环境恶化了。由于惯性敏感器直接承受舰船的振动、冲击及温度波动等环境条件,惯性敏感器的输出信息将会产生严重的动态误差。为保证惯性敏感器的参数和性能有很高的稳定性,则要求在系统中必须对惯性敏感器采取误差补偿措施。

1.3.2 船用捷联惯性导航系统的关键技术

舰船光纤捷联惯性导航系统是一个复杂的多传感器信息融合系统,它涉及的关键技术包括诸多方面,其中主要内容有系统结构的机械设计、惯性传感器技术、导航计算机的设计开发、误差模型建立、误差标定及抑制技术、快速精确的对准技术、导航方案算法设计研究、系统冗余结构和故障定位技术以及外导航信息的组合技术等[9-13]。

目前,船用捷联惯性导航研究领域主要聚焦在:惯性器件技术、误差标定及抑制技术、初始对准技术和导航算法等方面。惯性器件技术主要是开发捷联惯性导航系统的两大关键器件,即加速度计和陀螺仪。随着光纤陀螺的迅速发展并日趋成熟,必然会推动其向高精度、低成本、高可靠性的方向发展。自从捷联惯性导航系统的概念提出以来,经过三十多年的研究,对捷联导航姿态更新算法已经形成了以四元数导航算法、多子样旋转矢量圆锥误差补偿算法、划船误差补偿算法为代表的捷联惯性导航姿态更新算法。目前,导航算法已经不再是惯性导航系统技术的主要难点。因此,惯性导航系统技术的研究是惯性导航系统领域的热点,对于初始对准技术、误差建模与抑制技术的研究方兴未艾,涌现出了一大批富有创造性的成果[14]。

1. 惯性器件技术

惯性元件的误差将影响惯性导航系统的精度。陀螺仪的精度主要决定了系统的定位及方位的精度,而加速度计的误差主要决定稳定平台的水平基准精度。

陀螺仪精度,一方面是指漂移率,这有常值漂移、随机漂移及实际系统中的逐日漂移等;另一方面是指陀螺仪的标度因数及其线性度。加速度计的精度主要是零偏稳定性、标定因数等。根据使用对象及所采用的原理方案的不同,惯性导航系统对这些关键元件要求也就不同。一般来说,陀螺仪在 0.001(°)/h ~ 0.01(°)/h 范围内,加速度计精度在 $1\times10^{-5}g\sim1\times10^{-4}g$。目前,高精度加速度计技术已经相对比较成熟, 0.01(°)/h 的陀螺仪技术也日渐成熟,但是 0.001(°)/h 的陀螺仪仍处于实验室阶段,需要开展进一步的深入研究。

2. 标定技术

标定技术究其本质是一种误差补偿的技术。误差补偿技术是构建惯性传感器和捷联惯性导航系统的误差数学模型,通过一定的实验来确定模型系数,进而消除误差。捷联惯性导航系统和惯性传感器在出厂以前,必须经过标定确定基本的误差模型参数,从而保证传感器和系统能够正常工作。捷联惯性导航系统在恶劣动态环境下的误差补偿以及惯性传感器对高阶误差项的研究都是在标定的基础上进行的,因此可以认为标定工作是误差补偿的基础。

系统标定分为系统级标定法和分立标定法。系统级标定利用陀螺仪和加速度计的输出进行导航解算,以导航误差为观测量来标定系统的误差参数。分立标定法则直接利用陀螺仪和加速度计的输出作为观测量。

苏联、美国等国家对惯性测试技术的研究都非常重视,它们对这方面的研究起步比较早,目前已经达到了很高的水平。早在 20 世纪 40 年代,MIT 仪表实验室就开始了测试理论的研究和惯性导航测试设备的研制工作。美国 Holloman 空军基地的中央惯性制导实验室已建立了一套完整的惯性仪表以及系统的测试体系。美国惯性导航测试设备的主要研制商 CGC 公司已为惯性仪表和系统的测试鉴定提供了多种测试设备。苏联在惯性仪表和系统的误差标定方面也做了大量的工作,惯性导航系统的误差标定已经成为各型导弹的规范性措施。

与世界先进技术相比,我国惯性测试技术还存在着一些差距。目前,北京航空航天大学、国防科技大学、哈尔滨工业大学、西北工业大学、南京航空航天大学等都在进行捷联惯性导航系统技术的研究工作。北京控制仪器研究所提出了 6 位置测试法和 24 位置测试法,完成了对捷联惯性导航系统的加速度计组合进行标定。北京航空航天大学将捷联惯性导航系统的位置测试和速率测试的测试方法以及步骤相结合,开发出捷联惯性导航系统标定测试软件,从而提高了系统的标定效率。哈尔滨工业大学则在不同温度下进行了捷联惯性导航系统组合标定实验,分析了不同温度下误差系数特征。

东南大学和哈尔滨工业大学研究了对捷联惯性组合的动态误差补偿技术。有文献提出利用速度误差作为观测量,在双轴位置转台标定捷联系统的误差参数,该方法的优点是不需要高精度的转台,但是由于只利用速度误差作为观测量,部分参数的可观性差,标定结果不理想,而且采用多位置转动方案,操作复杂,标定时间较长。

3. 初始对准技术

按照不同的划分标准可以把惯性导航系统初始对准方式进行如下分类:按照对准阶段,可以分为精对准和粗对准;按照是否需要更高精度的惯性导航提供匹配参数,可分为传递对准和自对准;按照基座运动状态,可分为静基座对准和动基座对准[9]。静基座对准是指惯性导航系统在运载体完全静止的条件下进行初始对准,目前静基座对准技术已经发展的比较成熟,通过多位置自对准和卡尔曼滤波技术,已经使初始对准到较高的精度。但是,静基座对准也有自身的缺点,在对准过程中要求运载体完全静止,而且需要较长的对准时间。在机载武器以及精确制导武器等诸多领域中,由于受外界复杂环境(如风、洋流等)因素的影响,运载体无法对地静止,因而需要采用适合摇摆基座或动基座的方法进行对准。目前,动基座初始对准成为研究的重点,根据应用外部信息的情况,动基座初始对准可分为 3 类:外部阻尼式初始对准、外部辅助姿态信息初始对准以及传递对准。

典型的捷联惯性导航系统初始对准方法有罗经回路对准、解析对准以及最优估计对准等。由于地球转动角速度矢量和重力矢量在地理系中精确已知,而且可以通过加速度计和陀螺测量得到,这两个不共线矢量常用于解析对准。地球转动角速度矢量和重力矢量的测量值中难免存在基座运动的干扰,因此解析式对准常用于静基座或者动基座条件下的粗对准。罗经回路对准是假设水平对准和方位粗对准已完成,方位失准角会使地球转动角速度在东向轴上有投影分量,从而引起北向轴不水平。这样,就可以利用北向速度误差来修正方位角,并最终达到方位精对准的目的。

实现动基座精对准的一种方法是传递对准,它是利用高精度的主惯性导航与待对准的子惯性导航之间的信息差,通过最优估计得到主惯性导航与待对准子惯性导航之间的失准角,修正失准角即可得到子惯性导航的初始捷联矩阵,从而实现传递对准的目的。传递对准研究的重点是如何准确估计子惯性导航的船体或机翼变形、安装误差、杆臂矢量、失准角等参数。

在实际应用中,还需要考虑另外一个问题——失准角为大失准角的情况。由于失准角为大失准角,无法进行小角度近似,则系统呈现非线性。由于涉及非线性模型,因而对于初始对准过程中的大失准角问题,相关研究都比较活跃。

本章小结

本章首先介绍了导航系统的基本原理及其分类,重点介绍了惯性导航系统及其发展现状,并对船用捷联惯性导航系统的基本原理以及关键技术进行了简要的阐述。

第2章 船用捷联惯性导航系统基本原理

2.1 地球数学模型及相关参数

真实的地球是一个质量分布不均匀、形状不规则的扁球体。为了导航定位的需要,通常将地球近似看作是一个绕地球自转轴旋转的椭球体,成为地球参考椭球体,如图 2-1 所示。

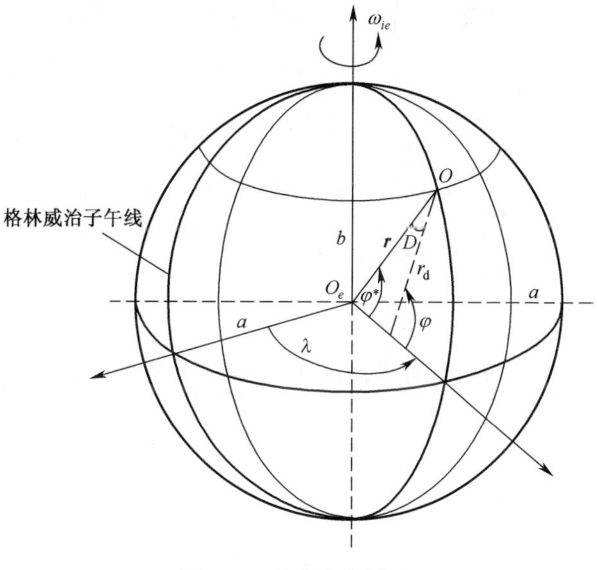

图 2-1　地球参考模型

地球参考椭球的赤道平面为圆平面,半径为长轴半径 a ,沿地球极轴方向的参考椭球半径为短轴半径 b ,由 a 和 b 可以确定出地球参考椭球体的大小和形状。另外,还常用扁率 f 和偏心率 e^* 描述参考椭球的形状,其中扁率和偏心率的定义分别为

$$\begin{cases} f = \dfrac{a - b}{a} \\ e^* = \dfrac{\sqrt{a^2 - b^2}}{a} \end{cases} \tag{2-1}$$

图 2-1 中 φ 、φ^* 和 λ 分别表示地球表面 O 点的地理纬度、地心纬度和经度。φ 与 φ^* 的关系为

$$\varphi - \varphi^* = f\sin 2\varphi \tag{2-2}$$

r_d 为大地垂线，$\boldsymbol{r}$ 为地心位置矢量，其模 R 可表示为

$$R = \frac{ab}{\sqrt{(a\cos\varphi^*)^2 + (b\sin\varphi^*)^2}} \tag{2-3}$$

完全确定参考椭球模型还需要两个附加参数：地球自转角速度 ω_{ie} 以及地球质量 M 。我国于 2008 年 7 月启用了参考地球模型 CGCS2000，其模型参数的数值如表 2-1 所列。

表 2-1　参考地球模型 CGCS2000 的数值

参考地球参数名称	数值	参考地球参数名称	数值
长半轴长 a/m	6378137.0	偏心率的平方 $(e^*)^2$	0.0066943800229008
短半轴长 b/m	6356752.314	地球引力常数 $GM/(\mathrm{m}^3/\mathrm{s}^2)$	$3.986004418 \times 10^{14}$
扁率 f	$\dfrac{1}{298.257222101}$	地球自转角速度 $\omega_{ie}/(\mathrm{rad/s})$	7.292115×10^{-5}
注：G 为单位质量的引力系数，也称为万有引力系数			

2.2　惯性导航系统中常用坐标系及其转换关系

2.2.1　常用坐标系

1. 地心惯性坐标系（i 系）—— $O_i x_i y_i z_i$

根据牛顿定律的定义，惯性坐标系就是没有旋转和加速度运动的坐标系，它是绝对静止或保持匀速直线运动的坐标系。地心惯性坐标系的原点选在地球的中心。习惯上将 $O_i z_i$ 轴选在沿地轴指向北极的方向上的，$O_i x_i$ 轴和 $O_i y_i$ 轴则在地球的赤道平面内，如图 2-2 所示。

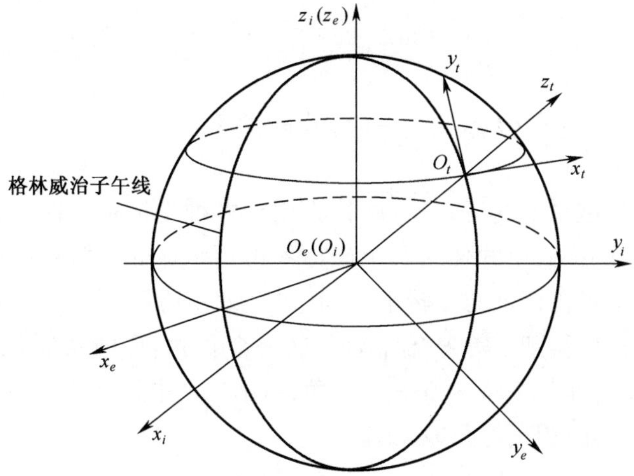

图 2-2　地心惯性坐标系、地球坐标系和地理坐标系示意图

2. 地球坐标系(e 系)—— $O_ex_ey_ez_e$

地球坐标系是原点位于地心,与地球固联,其中一个轴与极轴重合的右手笛卡儿坐标系。它相对惯性坐标系以地球自转角速度 ω_{ie} 旋转, ω_{ie} = 15.04107(°)/h ,在地球坐标系中, O_ex_e 轴指向格林威治子午线, O_ey_e 轴指向东经 90°,如图 2-2 所示。

3. 地理坐标系(t 系)—— $O_tx_ty_tz_t$

地理坐标系是在载体上用来表示载体所在位置的东向北向和垂向方向的坐标系。地理坐标系的原点选取在载体重心处, O_tx_t 指向东, O_ty_t 指向北, O_tz_t 沿垂线方向指天,通常称为东北天坐标系,如图 2-2 所示。地理坐标系是研究载体导航的一个重要坐标系。

4. 导航坐标系(n 系)—— $O_nx_ny_nz_n$

导航坐标系是在导航时根据导航系统工作的需要而选取的作为导航基准的坐标系。一般情况下,把导航坐标系选得与地理坐标系重合,也可选为水平面 $O_nx_ny_n$ 与地理坐标系重合,方位上有一个夹角。

5. 平台坐标系(p 系)—— $O_px_py_pz_p$

平台坐标系是用惯性导航系统来复现导航坐标系时所获得的坐标系,当惯性导航系统不存在误差时,此坐标系与导航坐标系重合;当存在误差时,两个坐标系之间的夹角即为对准误差角,即为失准角。

6. 载体坐标系(b 系)—— $O_bx_by_bz_b$

载体坐标系是固联在载体上的坐标系,它的原点位于载体的重心处,

O_bx_b 沿载体横轴指向右，O_by_b 沿载体纵轴指向前，O_bz_b 垂直于 $O_bx_by_b$ 指向上。

2.2.2 常用坐标系之间的转换关系

在分析导航系统的运动特性时,将用到多种坐标系。这些坐标系之间并不是相互孤立的,空间任何两个坐标系可用坐标变换联系起来。而坐标变换又可以通过坐标轴的旋转来得到,如图 2-3 所示，$Ox_0y_0z_0$ 坐标系绕坐标轴的 3 次旋转得到。首先绕 z_0 轴旋转一个 ψ 角,得中间坐标系 $Ox_1y_1z_1$；然后由 $Ox_1y_1z_1$ 坐标系绕 x_1 轴旋转 θ 角,得第二个中间坐标系 $Ox_2y_2z_2$；最后绕 y 轴旋转 γ 角,得坐标系 $Oxyz$ 。

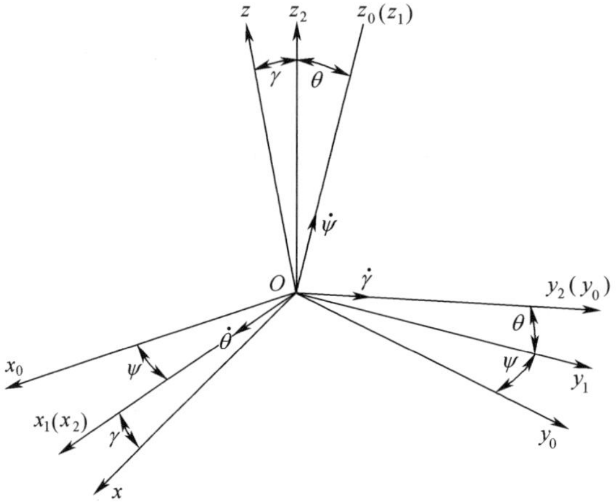

图 2-3 $Ox_0y_0z_0$ 坐标系与 $Oxyz$ 坐标系变换

假设矢量 $\boldsymbol{r}$ 在 $Ox_0y_0z_0$ 坐标系中,用它在 3 个坐标轴上的分量 r_{x_0} 、r_{y_0} 和 r_{z_0} 表示,也可用矩阵表示为

$$\boldsymbol{r} = \begin{bmatrix} r_{x_0} \\ r_{y_0} \\ r_{z_0} \end{bmatrix} \tag{2-4}$$

矢量 $\boldsymbol{r}$ 在 $Ox_1y_1z_1$ 坐标系中的投影为

$$\begin{bmatrix} r_{x_1} \\ r_{y_1} \\ r_{z_1} \end{bmatrix} = \begin{bmatrix} \cos\psi & \sin\psi & 0 \\ -\sin\psi & \cos\psi & 0 \\ 0 & 0 & 1 \end{bmatrix} \begin{bmatrix} r_{x_0} \\ r_{y_0} \\ r_{z_0} \end{bmatrix} \tag{2-5}$$

式(2-5)可改写为

$$\boldsymbol{r}_1 = \boldsymbol{C}_0^1\boldsymbol{r}_0 \tag{2-6}$$

第二次旋转 θ 角,矢量 $\boldsymbol{r}$ 在 $Ox_2y_2z_2$ 坐标系中的投影为

$$\begin{bmatrix} r_{x_2} \\ r_{y_2} \\ r_{z_2} \end{bmatrix} = \begin{bmatrix} 1 & 0 & 0 \\ 0 & \cos\theta & \sin\theta \\ 0 & -\sin\theta & \cos\theta \end{bmatrix} \begin{bmatrix} r_{x_1} \\ r_{y_1} \\ r_{z_1} \end{bmatrix} \tag{2-7}$$

记为

$$\boldsymbol{r}_2 = \boldsymbol{C}_1^2\boldsymbol{r}_1 \tag{2-8}$$

第三次旋转得 $Oxyz$ 坐标系,矢量 $\boldsymbol{r}$ 在 $Oxyz$ 坐标系中的投影为

$$\begin{bmatrix} r_x \\ r_y \\ r_z \end{bmatrix} = \begin{bmatrix} \cos\gamma & 0 & -\sin\gamma \\ 0 & 1 & 0 \\ \sin\gamma & 0 & \cos\gamma \end{bmatrix} \begin{bmatrix} r_{x_2} \\ r_{y_2} \\ r_{z_2} \end{bmatrix} \tag{2-9}$$

可表示为

$$\boldsymbol{r}_3 = \boldsymbol{C}_2^3 r_2 \tag{2-10}$$

将式(2-5)、式(2-6)代入式(2-9),可得

$$\begin{bmatrix} r_x \\ r_y \\ r_z \end{bmatrix} = \begin{bmatrix} \cos\gamma & 0 & -\sin\gamma \\ 0 & 1 & 0 \\ \sin\gamma & 0 & \cos\gamma \end{bmatrix} \begin{bmatrix} 1 & 0 & 0 \\ 0 & \cos\theta & \sin\theta \\ 0 & -\sin\theta & \cos\theta \end{bmatrix} \begin{bmatrix} \cos\psi & \sin\psi & 0 \\ -\sin\psi & \cos\psi & 0 \\ 0 & 0 & 1 \end{bmatrix} \begin{bmatrix} r_{x_0} \\ r_{y_0} \\ r_{z_0} \end{bmatrix} \tag{2-11}$$

可表示为

$$\boldsymbol{r}_3 = \boldsymbol{C}_2^3\boldsymbol{C}_1^2\boldsymbol{C}_0^1\boldsymbol{r}_0 = \boldsymbol{C}_0^3\boldsymbol{r}_0 \tag{2-12}$$

其中

$$\boldsymbol{C}_0^3 = \begin{bmatrix} \cos\gamma & 0 & -\sin\gamma \\ 0 & 1 & 0 \\ \sin\gamma & 0 & \cos\gamma \end{bmatrix} \begin{bmatrix} 1 & 0 & 0 \\ 0 & \cos\theta & \sin\theta \\ 0 & -\sin\theta & \cos\theta \end{bmatrix} \begin{bmatrix} \cos\psi & \sin\psi & 0 \\ -\sin\psi & \cos\psi & 0 \\ 0 & 0 & 1 \end{bmatrix} \tag{2-13}$$

根据矩阵乘法,可得

$$\boldsymbol{C}_0^3 = \begin{bmatrix} \cos\psi\cos\gamma - \sin\psi\sin\gamma\sin\theta & \cos\gamma\sin\psi - \sin\gamma\sin\theta\cos\psi & -\sin\gamma\cos\theta \\ -\cos\theta\sin\psi & \cos\psi\cos\theta & \sin\theta \\ \sin\gamma\cos\psi + \cos\gamma\sin\psi\sin\theta & \sin\gamma\sin\psi - \cos\gamma\sin\theta\cos\psi & \cos\gamma\cos\theta \end{bmatrix} \tag{2-14}$$

当ψ、θ、γ都是小角时,略去二阶小量,可得

$$\boldsymbol{C}_0^3=\begin{bmatrix}1 & \psi & -\gamma\\ -\psi & 1 & \theta\\ \gamma & -\theta & 1\end{bmatrix} \tag{2-15}$$

式中:$\boldsymbol{C}_0^3$ 即是由 $Ox_0y_0z_0$ 坐标系变换到 $Oxyz$ 坐标系的方向余弦矩阵。

由矩阵运算法则,用上述同样的方法,也可推导出由 $Oxyz$ 坐标系变换到 $Ox_0y_0z_0$ 坐标系的坐标变换矩阵:

$$\boldsymbol{r}_0=\boldsymbol{C}_3^0\boldsymbol{r}_3=[\boldsymbol{C}_0^3]^{-1}\boldsymbol{r} \tag{2-16}$$

在笛卡儿坐标系的变换中,方向余弦矩阵符合正交性定理,即方向余弦矩阵 $\boldsymbol{C}_0^3$ 的逆矩阵与 $\boldsymbol{C}_3^0$ 的转置矩阵相等,即

$$\boldsymbol{C}_3^0=[\boldsymbol{C}_0^3]^{-1}=[\boldsymbol{C}_0^3]^{\mathrm{T}}=\begin{bmatrix}1 & -\psi & \gamma\\ \psi & 1 & -\theta\\ -\gamma & \theta & 1\end{bmatrix} \tag{2-17}$$

用矩阵方法建立坐标系之间的方向余弦矩阵,可以方便地进行坐标系之间的变换。

2.3 惯性导航系统中的数理基础

2.3.1 地理坐标系在惯性空间的旋转角速度

引起地理坐标系 $Oxyz$ 在惯性空间旋转有两个原因:一是由于地球的自转运动,使坐标系在惯性空间的指向发生改变,地球自转运动的角速度 $\boldsymbol{\Omega}$,$\boldsymbol{\Omega}$ 在 y 轴上的分量为 $\boldsymbol{\Omega}\cos\varphi$,在 z 轴上的分量为 $\boldsymbol{\Omega}\sin\varphi$;二是由于船舶在地球表面运动,使坐标系原点的位置改变,因而坐标轴的指向也发生变化,有船舶运动引起的旋转角速度为 $\boldsymbol{\rho}$,则地理坐标系的旋转角速度为

$$\boldsymbol{\omega}=\boldsymbol{\Omega}+\boldsymbol{\rho} \tag{2-18}$$

假设船舶在水平面内的运动速度为 $\boldsymbol{v}$,船舶的航向为 K,则舰船航行速度分解如图 2-4 所示。

由图 2-4 可知,在 xOy 平面内的速度可以分解成东向速度 v_x 和北向速度 v_y,即

$$\begin{cases}v_x=\boldsymbol{v}\cdot\sin K\\ v_y=\boldsymbol{v}\cdot\cos K\end{cases} \tag{2-19}$$

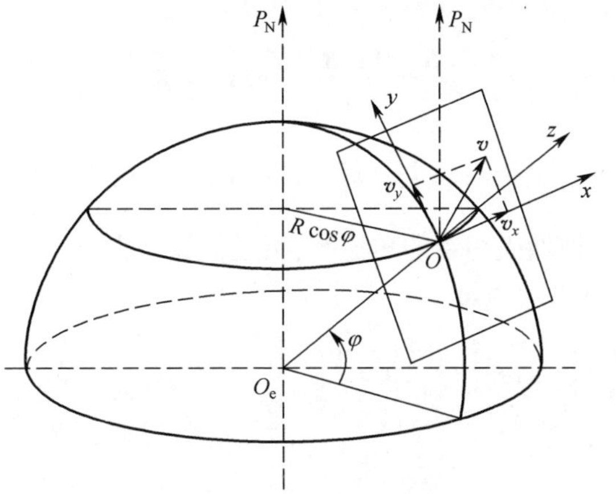

图 2-4　船舶航行速度分解

北向速度引起坐标系绕 x 轴的旋转,旋转角速度为 $v_y/(R+h)$,方向指向 x 轴的负向。$v_y/(R+h)$ 的变化恰好是纬度的变化,即

$$v_y/(R+h)=\dot{\varphi} \tag{2-20}$$

东向速度引起的坐标系绕地轴的旋转,旋转角速度为 $v_x/(R+h)\cdot\cos\varphi$,方向沿地轴向北。$v_x/(R+h)\cdot\cos\varphi$ 恰好是经度的变化率,即

$$v_x/(R+h)\cdot\cos\varphi=\dot{\lambda} \tag{2-21}$$

把东向速度引起的旋转角速度投影到 y 、z 轴上,则得到 $v_x/(R+h)$ 和 $v_x/(R+h)\cdot\tan\varphi$,所以

$$\boldsymbol{\rho}=-\frac{v_y}{(R+h)}\boldsymbol{i}+\frac{v_x}{(R+h)}\boldsymbol{j}+\frac{v_x}{(R+h)}\tan\varphi\boldsymbol{k} \tag{2-22}$$

把地球自转运动角速度 $\boldsymbol{\Omega}$ 也投影到地理坐标系上,得地理坐标系旋转角速度 ω 在其各轴上的分量为

$$\begin{cases}\omega_x=-\dfrac{\boldsymbol{v}\cos K}{(R+h)}\\ \omega_y=\boldsymbol{\Omega}\cos\varphi+\dfrac{\boldsymbol{v}\sin K}{(R+h)}\\ \omega_z=\boldsymbol{\Omega}\sin\varphi+\dfrac{\boldsymbol{v}\sin K}{(R+h)}\tan\varphi\end{cases} \tag{2-23}$$

2.3.2　绝对运动加速度表达式的推导

研究载体的运动要相对地球确定其位置和速度,因此取地球坐标系为

动系，惯性坐标系为定系，则矢量 $\boldsymbol{R}$ 的绝对变率为

$$\left.\frac{\mathrm{d}\boldsymbol{R}}{\mathrm{d}t}\right|_i = \left.\frac{\mathrm{d}\boldsymbol{R}}{\mathrm{d}t}\right|_e + \boldsymbol{\omega}_{ie} \times \boldsymbol{R} \tag{2-24}$$

式中：$\left.\frac{\mathrm{d}\boldsymbol{R}}{\mathrm{d}t}\right|_e$ 为平台坐标系原点相对地球坐标系的地速矢量，记为 $\boldsymbol{v}_{ep}$；$\boldsymbol{\omega}_{ie}$ 为地球坐标系相对惯性坐标系的角速率，可近似看为常量。

对式(2-24)再求绝对变率：

$$\left.\frac{\mathrm{d}^2\boldsymbol{R}}{\mathrm{d}t^2}\right|_i = \left.\frac{\mathrm{d}\boldsymbol{v}_{ep}}{\mathrm{d}t}\right|_i + \omega_{ie} \times \left.\frac{\mathrm{d}\boldsymbol{R}}{\mathrm{d}t}\right|_i = \left.\frac{\mathrm{d}\boldsymbol{v}_{ep}}{\mathrm{d}t}\right|_i + \boldsymbol{\omega}_{ie} \times \boldsymbol{v}_{ep} + \boldsymbol{\omega}_{ie} \times (\boldsymbol{\omega}_{ie} \times \boldsymbol{R}) \tag{2-25}$$

因为 $\boldsymbol{v}_{ep}$ 的各分量要在平台坐标系给出，所以求 $\left.\frac{\mathrm{d}\boldsymbol{v}_{ep}}{\mathrm{d}t}\right|_i$ 时，取平台坐标系为动系，式(2-25)可以写为

$$\begin{aligned}\left.\frac{\mathrm{d}^2\boldsymbol{R}}{\mathrm{d}t^2}\right|_i &= \left.\frac{\mathrm{d}\boldsymbol{v}_{ep}}{\mathrm{d}t}\right|_p + \boldsymbol{\omega}_{ip} \times \boldsymbol{v}_{ep} + \boldsymbol{\omega}_{ie} \times \boldsymbol{v}_{ep} + \boldsymbol{\omega}_{ie} \times (\boldsymbol{\omega}_{ie} \times \boldsymbol{R}) \\ &= \left.\frac{\mathrm{d}\boldsymbol{v}_{ep}}{\mathrm{d}t}\right|_p + (2\boldsymbol{\omega}_{ie} + \boldsymbol{\omega}_{ep}) \times \boldsymbol{v}_{ep} + \boldsymbol{\omega}_{ie} \times (\boldsymbol{\omega}_{ie} \times \boldsymbol{R})\end{aligned} \tag{2-26}$$

根据比力概念，考虑式(2-24)和式(2-26)，设 $\dot{\boldsymbol{v}}_{ep} = \left.\frac{\mathrm{d}\boldsymbol{v}_{ep}}{\mathrm{d}t}\right|_p$，矢量形式的惯性导航基本方程为

$$\begin{aligned}\dot{\boldsymbol{v}}_{ep} &= \boldsymbol{f} - (2\boldsymbol{\omega}_{ie} + \boldsymbol{\omega}_{ep}) \times \boldsymbol{v}_{ep} + \boldsymbol{g}_m - \boldsymbol{\omega}_{ie} \times (\boldsymbol{\omega}_{ie} \times \boldsymbol{R}) \\ &= \boldsymbol{f} - (2\boldsymbol{\omega}_{ie} + \boldsymbol{\omega}_{ep}) \times \boldsymbol{v}_{ep} + \boldsymbol{g}\end{aligned} \tag{2-27}$$

2.4 惯性导航系统的分类

2.4.1 平台惯性导航系统

运载体的运动形式包括两类：角运动和线运动。无论哪一种运动形式均是在三维空间里进行的，描述运载体的运动形式需要建立一个三维空间坐标系，因此势必要建立一个三轴惯性平台来提供测量三自由度线加速度的基准。测得已知方位的 3 个线加速度分量，通过计算机计算出运载体的运动速度和位置。当然，有了三轴惯性平台，运载体的 3 个角运动测量也能够

解决了,所以第一大类惯性导航系统方案是平台惯性导航系统。

平台惯性导航系统方案有很多种。早期分类方法以结构形式分为解析式惯性导航系统、半解析式惯性导航系统和几何式惯性导航系统。由于几何式惯性导航系统有两个平台,即稳定在惯性空间的陀螺稳定平台及跟踪地理坐标系的加速度计平台,结构复杂,此方案逐渐被淘汰。现在的分类方法是根据惯性平台跟踪并稳定在哪个导航参考坐标系内来分类的,即分为空间稳定惯性导航系统和当地水平惯性导航系统。

空间稳定型惯性导航系统的稳定平台是稳定在惯性坐标系内,导航参数是相对惯性坐标系的,需要经过坐标变换才能用于导航定位。当地水平惯性导航系统是惯性平台稳定在地理坐标系内,所得导航参数是相对地理坐标系的,无须转换而用于导航定位。

1. 空间稳定惯性导航系统

空间稳定惯性导航系统又称解析式惯性导航系统。它有一个三轴陀螺稳定平台,此平台相对惯性空间稳定,它是利用陀螺仪在惯性空间保持方向不变的定轴性,通过 3 套随动系统而实现的空间稳定惯性平台。在稳定平台上装有 3 个相互垂直的加速度计。由于惯性平台相对于惯性空间没有转动角速度,因此加速度计输出信号不必消除有害加速度。但是,由于平台是稳定在惯性空间,在不同位置下重力场矢量发生变化,这样加速度计的输出信号内将出现重力加速度的分量。所以,必须时刻对重力加速度分量进行补偿,然后进行积分才能得到速度和位置坐标。

由于加速度计测得的是惯性坐标系内的加速度信息,所得速度和位置是相对惯性坐标系的,而通常导航定位是相对地球表面。所以,必须进行坐标变换,才能得到相对地球表面的速度和经纬度位置坐标。

这种用陀螺稳定平台,加速度计和计算机组成的系统,根据加速度计输出信号,经过计算机分析计算才能求得运载体的速度及位置参数,故一般称为解析式惯性导航系统。这种惯性导航系统需要解决重力加速度修正、坐标变换等问题。

解析式惯性导航系统有如下几个特点:

(1) 由于陀螺稳定平台的方向相对惯性空间稳定,平台相对惯性空间没有转动角速度,加速度计测量运载体相对惯性空间的加速度,加速度计输出信号中不包含科里奥利(简称哥氏)加速度分量,因此不需要进行有害加速度补偿。

(2) 由于陀螺稳定平台稳定在惯性空间,陀螺仪不加控制力矩,减少了产生干扰信号的来源。同时,因为陀螺仪的力矩器没有控制电流输入,所以对陀螺仪力矩器的线性度降低了要求。可以看到,由于陀螺有漂移,为了补偿漂移,也需要给陀螺力矩器输入电流。

(3) 陀螺稳定平台上的加速度计作用的重力加速度矢量是随时在变化的,所以要对重力加速度分量进行修正,才能得到运载体的线加速度。

(4) 由于测得惯性坐标系轴向的加速度,得到相对惯性空间的速度和位置,所以要想得到相对地球的速度和位置,必须进行坐标变换。

(5) 因为解析式惯性导航系统要进行重力加速度修正、导航参数计算、坐标变换计算等复杂的计算,因而对导航数字计算机要求较为严格并且较复杂。

(6) 系统中只有一个平台,加速度计与陀螺仪都集中装在平台上,因为平台尺寸小、质量小、结构也比较简单。

解析式惯性导航系统,适合在使用时间比较短的运载体上的导航或制导,最早用在弹道式导弹制导中,现正在扩展到其他运载体的导航或制导中。

2. 当地水平惯性导航系统

当地水平惯性导航系统,也称为半解析式惯性导航系统,它的稳定平台是跟踪并稳定在当地水平面内,而惯性平台是测量三度空间线运动和角运动的基准,水平面只是二度空间。根据方位上的不同控制方法分为当地水平指北惯性导航系统、自由方位惯性导航系统及游动方位惯性导航体统。

当地水平指北惯性导航系统,也称为固定方位半解析式惯性导航系统,它的平台坐标系跟踪并稳定在地理坐标系内,即平台水平指北;自由方位惯性导航系统方案是平台的两个水平轴稳定在水平面内,其方位上不加以控制,稳定在惯性空间;游动方位惯性导航系统方案是平台的两个水平轴稳定在水平面内,而方位轴用同于地球自转角速度垂直分量来控制,相对惯性空间运动。如果在静基座条件下,固定指北和游动方位两种方案就一样了。其中,固定指北惯性导航系统方案是最常用的一种惯性导航系统方案,该方案适合于舰船、飞机等近地表面运载体的导航定位,现在其他运载体上也得到广泛地应用。

这种固定方位半解析式惯性导航系统有如下特点:

(1) 由于采用指示垂线的惯性平台,重力方向与平台方向之间不断变化,因此重力加速度对陀螺的影响也不变,所以陀螺漂移比较稳定,容易实现陀螺漂移的补偿。

(2) 具有指示垂线和定向的惯性平台,可以提供水平及方位基准,这样容易测出运载体的姿态,并且可以供其他武器设备使用。

(3) 无须对重力加速度进行修正,但是对有害加速度需要补偿,总地说来,计算机比较简单就可以满足要求。

(4) 由于陀螺仪要加以控制,因此对陀螺仪力矩器及平台闭环系统中各元部件的线性度要求较高。

(5) 固定方位惯性导航系统在极区无法使用。

目前,飞机和舰船上所使用的惯性导航系统很多采用此种方案。

2.4.2　捷联惯性导航系统

这里没有“机电”平台,将惯性元件的陀螺仪及加速度计直接安装在运载体上,在计算机中建立一个“数学”平台,通过复杂计算及变换,得到运载体的速度和位置,即为第二大类惯性导航系统方案——无平台惯性导航系统,也称为捷联惯性导航系统。

捷联惯性导航系统方案的根本特点是将陀螺仪组件和加速度计组件直接固连于运载体上,不再采用电气机械式平台。但是,“平台”的概念在捷联惯性导航系统中依然存在,而且是实现捷联惯性导航系统的关键,是用数学描述于计算机中完成平台的作用。有了数学平台的概念,捷联惯性导航系统与平台惯性导航系统概念上就相一致了,捷联惯性导航系统方案也就容易理解了。

由于将陀螺仪和加速度计直接固连于运载体上,省去了复杂的框架系统、电气稳定系统以及接触滑环等,代之以数学平台方程写入计算机,这样势必会增加计算机的负担,这是区别于平台惯性导航系统的主要地方。另外,由于直接将惯性元件固连在运载体上,所以惯性元件测量范围要大、工作环境更加恶劣,因此对惯性器件的要求更加苛刻了。

为了进一步理解捷联惯性导航系统的概念,我们对比平台惯性导航系统中机械平台所起到的作用。平台惯性导航系统原理如图 2-5 所示。

从原理上来说,惯性导航用于测量运载体相对惯性空间的线运动和角运动参数,通过计算机计算出运载体的姿态、速度和位置等导航参数,以便引导航行,完成预定的航行任务。而惯性导航系统中的平台起到如下作用。

(1) 给加速度计提供测量基准。平台通过加给陀螺仪的施矩信息可以稳定在预定的坐标系内,正交安装在平台上的加速度计分别测量出沿坐标

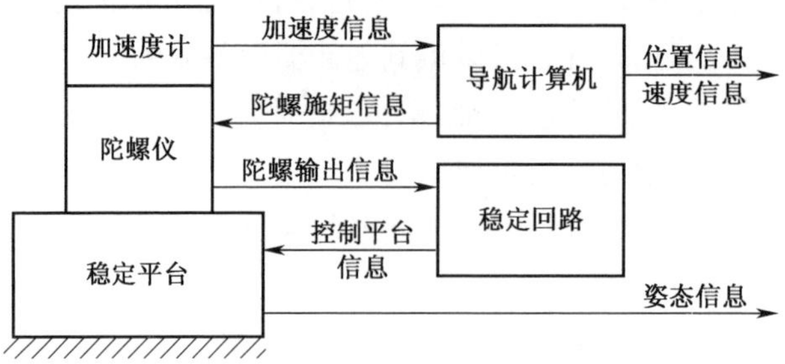

图 2-5　平台惯性导航系统原理图

轴向加速度分量，这样可以简化导航参数计算的工作量。

(2) 平台隔离惯性元件与运载体角运动。安装在不受运载体角运动干扰平台上的惯性元件，工作环境相对稳定，这样可以放松对惯性元件某些性能指标的要求。

(3) 从框架轴拾取运载体姿态角信息。

在捷联惯性导航系统中，平台的概念和作用体现在计算机中，它是写在计算机中的方向余弦矩阵。惯性元件直接固联在运载体上，它测量相对惯性空间的速率和加速度是沿运载体坐标轴向的分量，经过坐标变换，可以换算成所要求的计算坐标系内的分量。例如，由运载体坐标系变换到地理坐标系，这样就将沿运载体坐标轴测量的加速度分量经过变换得到地理坐标系上的分量，再经过计算机计算，得到导航各参数。捷联惯性导航系统原理如图 2-6 所示。

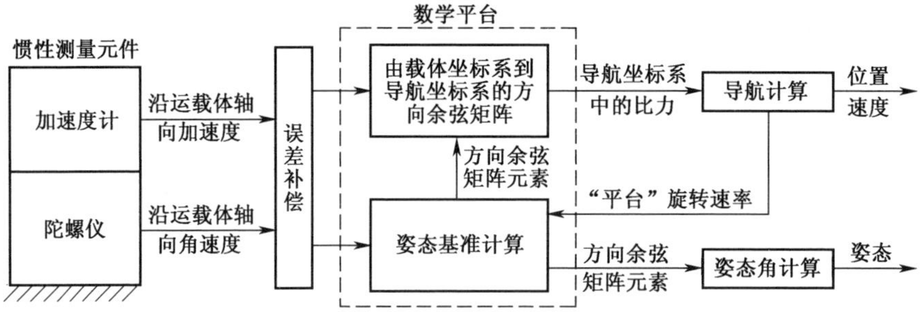

图 2-6　捷联惯性导航系统原理图

从图 2-6 可以看出，导航计算机项姿态基准计算提供相当于陀螺施矩信息，以便根据运载体当时的位置将计算机中建立的地理坐标系保持在所需要的方位上。另外，图中数学平台部分相当于起了平台的作用。捷联惯性导航系统除了能够提供平台惯性导航系统所有的导航参数外，还可以提供沿运载体坐标系三轴速率及加速度信息,便于运载体控制使用,而且这些速率及加速度是经过误差补偿后的精确值。随着挠性陀螺仪和挠性加速度计等惯性器件的飞跃发展,捷联惯性导航系统方案也逐渐应用于飞机、舰船等运载体上,因此它将在理论和时间等方面更加完善和成熟。

2.5　船用捷联惯性导航系统的基本方程及模型编排

2.5.1　基本方程

1. 位置基本方程

由于载体的运动,而使运载体所在的地理经纬度和高度变化,如图 2-7 所示。

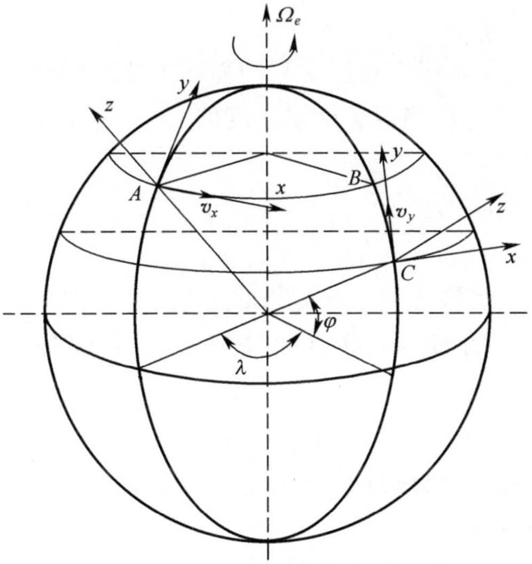

图 2-7　经纬度变化图

当运载体由 C 点沿子午线运动到 B 点时,纬度有变化,而经度不变。纬度变化与运载体北向速度 v_y 方向变化相联系,所以纬度变化率为

$$\dot{\varphi} = \frac{v_y}{(R + h)} \tag{2-28}$$

当运载体沿东西向运动,从 A 点到 B 点,经度变化率与东向速度 v_x 有关,并且还与纬度 φ 有关。从图 2-7 中不难得到经度变化率为

$$\dot{\lambda} = \frac{v_x}{(R+h)\cos\varphi} \tag{2-29}$$

当运载体沿天向运动,高度变化只与天向速度有关。高度的变化率为

$$\dot{h} = v_z \tag{2-30}$$

式(2-28)~式(2-30)就是惯性导航系统理想的位置方程,这里 v_x 、v_y 、v_z 、φ 是客观真实值,是得不到的量,只能用计算机计算值代替,而 R 常值,所以将式(2-28)~式(2-30)写为

$$\begin{cases} \dot{\varphi}_c = \dfrac{v_{cx}}{(R+h)} \\ \dot{\lambda}_c = \dfrac{v_{cx}}{(R+h)}\sec\varphi_c \\ \dot{h}_c = v_z \end{cases} \tag{2-31}$$

式(2-31)就是计算机计算地理位置的位置控制方程。

2. 速度基本方程

惯性导航系统就是建立在测量运动物体加速度的基础上进行导航定位的。在前面,已经推导出绝对运动加速度的表示式,得到矢量形式的惯性导航系统速度方程:

$$\begin{aligned} \dot{v}_{ep} &= \boldsymbol{f} - (2\boldsymbol{\omega}_{ie} + \boldsymbol{\omega}_{ep}) \times \boldsymbol{v}_{ep} + \boldsymbol{g}_m - \boldsymbol{\omega}_{ie} \times (\boldsymbol{\omega}_{ie} \times \boldsymbol{R}) \\ &= \boldsymbol{f} - (2\boldsymbol{\omega}_{ie} + \boldsymbol{\omega}_{ep}) \times \boldsymbol{v}_{ep} + \boldsymbol{g} \end{aligned} \tag{2-32}$$

式(2-32)就是惯性导航系统理想的速度方程,其中 v_{ep}、f、ω_{ep} 是客观真实值,是测量不到的量,只能用计算机计算值代替,而 R 常值,所以将式(2-32)写为

$$\dot{\boldsymbol{v}}_{epc} = \boldsymbol{f}_c - (2\boldsymbol{\omega}_{ie} + \boldsymbol{\omega}_{epc}) \times \boldsymbol{v}_{epc} + \boldsymbol{g} \tag{2-33}$$

式(2-33)就是计算机计算地理位置的速度控制方程。

3. 角速度基本方程

地理坐标系(在载体定位中常被作为导航坐标系)在惯性空间旋转角速度在地理坐标系轴上的分量为

$$\begin{cases} \omega_x = -\dfrac{v_y}{(R+h)} \\ \omega_y = \Omega\cos\varphi + \dfrac{v_x}{(R+h)} \\ \omega_z = \Omega\sin\varphi + \dfrac{v_x}{(R+h)}\tan\varphi \end{cases} \tag{2-34}$$

地理坐标系相对惯性坐标系的转动角速度对应于平台惯性导航系统中陀螺控制基本方程,式(2-34)中的 ω_x 、ω_y 、ω_z 为真实值,是得不到的量,用惯性导航系统解算的值代替,即

$$\begin{cases}\omega_{cx}=-\dfrac{v_{cy}}{(R+h)}\\ \omega_{cy}=\Omega\cos\varphi_c+\dfrac{v_{cx}}{(R+h)}\\ \omega_{cz}=\Omega\sin\varphi_c+\dfrac{v_{cx}}{(R+h)}\tan\varphi_c\end{cases}\tag{2-35}$$

由式(2-31)、式(2-33)及式(2-35)就构成了固定指北半解析式捷联惯性导航系统的基本方程。

2.5.2　捷联矩阵的微分方程

在捷联惯性导航系统中,惯性测量组件是直接固联在运载体上,因此不存在传统意义上的平台机械结构。惯性导航平台已被计算机及计算机软件所替代了,捷联惯性导航系统通过计算机实现导航平台的功能,即所谓的"数学平台"。数学平台的工作原理是通过惯性测量装置测量出运载体的角速度信息,然后根据测得的角速度信息计算出运载体的姿态矩阵,姿态矩阵也就是运载体的捷联矩阵。捷联矩阵描述了载体坐标系与地理坐标系之间的转换关系,捷联矩阵就起到了惯性导航平台的作用。描述运载体的载体坐标系与地理坐标系之间的转换关系,通常有欧拉角法、方向余弦法及四元数法 3 种方法。本节将根据不同的方法建立捷联矩阵的微分方程。

1. 方向余弦微分方程

捷联惯性导航系统的姿态矩阵定义为 $\boldsymbol{C}_b^n$,它是载体坐标系到导航坐标系的转换,导航坐标系依次转过 ψ、θ、γ 可以得到载体坐标系。根据方向余弦的微分方程可以写出捷联惯性导航系统的姿态矩阵微分方程为

$$\dot{\boldsymbol{C}}_b^n=\boldsymbol{C}_b^n(\overline{\boldsymbol{\omega}}_{nb}^b\times)\tag{2-36}$$

式中:$(\overline{\boldsymbol{\omega}}_{nb}^b\times)$ 为 $(\boldsymbol{\omega}_{nb}^b\times)$ 的计算值,其中 $(\boldsymbol{\omega}_{nb}^b\times)=\begin{bmatrix}0 & -\omega_{nbz}^b & \omega_{nby}^b\\ \omega_{nbz}^b & 0 & -\omega_{nbx}^b\\ -\omega_{nby}^b & \omega_{nbx}^b & 0\end{bmatrix}$;

$$C_b^n = \begin{bmatrix} \cos\gamma\cos\psi - \sin\gamma\sin\theta\sin\psi & -\cos\theta\sin\psi & \sin\gamma\cos\psi + \cos\gamma\sin\theta\sin\psi \\ \cos\gamma\sin\psi + \sin\gamma\sin\theta\cos\psi & \cos\theta\cos\psi & \sin\gamma\sin\psi - \cos\gamma\sin\theta\cos\psi \\ -\sin\gamma\cos\theta & \sin\theta & \cos\gamma\cos\theta \end{bmatrix}。$$

为了描述方便,将 C_b^n 表示为

$$C_b^n = \begin{bmatrix} C_{11} & C_{12} & C_{13} \\ C_{21} & C_{22} & C_{23} \\ C_{31} & C_{32} & C_{33} \end{bmatrix} \tag{2-37}$$

则式(2-36)可以改写为

$$\begin{bmatrix} \dot{C}_{11} & \dot{C}_{12} & \dot{C}_{13} \\ \dot{C}_{21} & \dot{C}_{22} & \dot{C}_{23} \\ \dot{C}_{31} & \dot{C}_{32} & \dot{C}_{33} \end{bmatrix} = \begin{bmatrix} C_{11} & C_{12} & C_{13} \\ C_{21} & C_{22} & C_{23} \\ C_{31} & C_{32} & C_{33} \end{bmatrix} \begin{bmatrix} 0 & -\omega_{nbz}^b & \omega_{nby}^b \\ \omega_{nbz}^b & 0 & -\omega_{nbx}^b \\ -\omega_{nby}^b & \omega_{nbx}^b & 0 \end{bmatrix} \tag{2-38}$$

求解式(2-38)结果需要解 9 个微分方程,但是只需要进行加减乘运算,采用方向余弦法可以直接求出姿态矩阵 C_b^n 。另外,方向余弦微分方程可以写成其他的形式:

$$\begin{cases} \dot{C}_b^n = C_b^n(\overline{\omega}_{nb}^b \times) \\ \dot{C}_b^n = (\overline{\omega}_{nb}^b \times)C_b^n \\ \dot{C}_n^b = -C_n^b(\overline{\omega}_{nb}^b \times) \\ \dot{C}_n^b = -(\overline{\omega}_{nb}^b \times)C_n^b \end{cases} \tag{2-39}$$

2. 欧拉角微分方程

设运载体的航向角 ψ ,俯仰角 θ 以及横摇角 γ 。导航坐标系依次转过 ψ、θ、γ 可以得到载体坐标系,因此姿态速率 $\boldsymbol{\omega}_{nb}^b$ 可以表示为

$$\begin{bmatrix} \omega_{nbx}^b \\ \omega_{nby}^b \\ \omega_{nbz}^b \end{bmatrix} = \begin{bmatrix} -\sin\gamma\cos\theta & \cos\gamma & 0 \\ \sin\theta & 0 & 1 \\ \cos\gamma\cos\theta & \sin\gamma & 0 \end{bmatrix} \begin{bmatrix} \dot{\psi} \\ \dot{\theta} \\ \dot{\gamma} \end{bmatrix} \tag{2-40}$$

故可以得到

$$\begin{bmatrix} \dot{\psi} \\ \dot{\theta} \\ \dot{\gamma} \end{bmatrix} = \begin{bmatrix} -\sin\gamma\cos\theta & \cos\gamma & 0 \\ \sin\theta & 0 & 1 \\ \cos\gamma\cos\theta & \sin\gamma & 0 \end{bmatrix} - 1 \begin{bmatrix} \omega_{nbx}^b \\ \omega_{nby}^b \\ \omega_{nbz}^b \end{bmatrix} = \begin{bmatrix} -\dfrac{\sin\gamma}{\cos\theta} & 0 & \dfrac{\cos\gamma}{\cos\theta} \\ \cos\gamma & 0 & \sin\gamma \\ \sin\gamma\tan\theta & 1 & -\cos\gamma\tan\theta \end{bmatrix} \begin{bmatrix} \omega_{nbx}^b \\ \omega_{nby}^b \\ \omega_{nbz}^b \end{bmatrix} \tag{2-41}$$

即得欧拉微分方程:

$$\begin{cases}\dot{\psi} = -\dfrac{\sin\gamma}{\cos\theta}\omega_{nbx}^{b} + \dfrac{\cos\gamma}{\cos\theta}\omega_{nbz}^{b} \\ \dot{\theta} = \cos\gamma\omega_{nbx}^{b} + \sin\gamma\omega_{nbz}^{b} \\ \dot{\gamma} = \sin\gamma\tan\theta\omega_{nbx}^{b} + \omega_{nby}^{b} - \cos\gamma\tan\theta\omega_{nbz}^{b}\end{cases} \tag{2-42}$$

解式(2-42)便可以得到 ψ、θ、γ 三个参数,将它们代入到姿态矩阵 $\boldsymbol{C}_b^n$ 中即可得到捷联矩阵内各元素的值。

3. 四元数微分方程

载体坐标系相对于导航坐标系的转动可用转动四元数 $\boldsymbol{Q}$ 表示,即

$$\boldsymbol{Q} = q_0 + q_1 i_b + q_2 j_b + q_3 k_b \tag{2-43}$$

式中:四元数的基取向于载体坐标系 3 个轴一致,四元素的微分方程为

$$\dot{\boldsymbol{Q}} = \frac{1}{2}\boldsymbol{Q}\boldsymbol{\omega} \tag{2-44}$$

式中:$\boldsymbol{\omega} = 0 + \omega_{nbx}^{b} i_b + \omega_{nby}^{b} j_b + \omega_{nbz}^{b} k_b$。

四元数微分方程式(2-44)可以改写为

$$\begin{bmatrix}\dot{q}_0 \\ \dot{q}_1 \\ \dot{q}_2 \\ \dot{q}_3\end{bmatrix} = \frac{1}{2}\begin{bmatrix}0 & -\omega_{nbx}^{b} & -\omega_{nby}^{b} & -\omega_{nbz}^{b} \\ \omega_{nbx}^{b} & 0 & \omega_{nbz}^{b} & -\omega_{nby}^{b} \\ \omega_{nby}^{b} & -\omega_{nbz}^{b} & 0 & \omega_{nbx}^{b} \\ \omega_{nbz}^{b} & \omega_{nby}^{b} & -\omega_{nbx}^{b} & 0\end{bmatrix}\begin{bmatrix}q_0 \\ q_1 \\ q_2 \\ q_3\end{bmatrix} \tag{2-45}$$

对四元素微分方程式(2-45)求解,实时的求出 q_0、q_1、q_2、q_3,捷联矩阵可以根据下式计算,即

$$\boldsymbol{C}_b^n = \begin{bmatrix}q_0^2 + q_1^2 - q_2^2 - q_3^2 & 2(q_1 q_2 - q_0 q_3) & 2(q_1 q_3 + q_0 q_2) \\ 2(q_1 q_2 + q_0 q_3) & q_0^2 - q_1^2 + q_2^2 - q_3^2 & 2(q_2 q_3 - q_0 q_1) \\ 2(q_1 q_3 - q_0 q_2) & 2(q_2 q_3 + q_0 q_1) & q_0^2 - q_1^2 - q_2^2 + q_3^2\end{bmatrix} \tag{2-46}$$

2.5.3 捷联矩阵的即时修正算法

前面已经指出捷联矩阵的即时修正就是实时地给出捷联矩阵 $\boldsymbol{C}_b^n$,而这要通过一系列算法来完成。进行捷联矩阵的算法很多,典型的有欧拉角法、方向

余弦法和四元数法。其中欧拉角法求解的方程数只有3个,但在进行数值计算时计算量却较大;方向余弦法需要求解9个方程计算量也很大,而四元数法需要求解4个方程,并且只需要进行加减法运算和乘法运算,求解的计算量较小,本书采用的是四元数法。下面介绍四元数法修正捷联矩阵算法。

四元数 $\boldsymbol{Q}$ 定义为

$$\boldsymbol{Q} = q_0 1 + q_1 i_1 + q_2 i_2 + q_3 i_3 \tag{2-47}$$

式中:q_0、q_1、q_2、q_3 为4个实数,1是实数部分的基,可以略去不写;i_1、i_2、i_3 为四元数的另外3个基,四元数的基具有双重性质,即矢量代数中的矢量性质及复数运算中的虚数的性质。

载体坐标系相对平台坐标系的转动可用转动四元数 $\boldsymbol{Q}$ 来表示,即

$$\boldsymbol{Q} = q_0 + q_1 i_b + q_2 j_b + q_3 k_b \tag{2-48}$$

式中,四元数的基 i_b、j_b、k_b 取值与载体坐标系的基相一致。

用四元数描述从载体坐标系到地理坐标系的转动运动时,可得

$$\begin{bmatrix} x_n \\ y_n \\ z_n \end{bmatrix} = \begin{bmatrix} q_0^2 + q_1^2 - q_2^2 - q_3^2 & 2(q_1 q_2 - q_0 q_3) & 2(q_1 q_3 + q_0 q_2) \\ 2(q_1 q_2 + q_0 q_3) & q_0^2 - q_1^2 + q_2^2 - q_3^2 & 2(q_2 q_3 - q_0 q_1) \\ 2(q_1 q_3 - q_0 q_2) & 2(q_2 q_3 + q_0 q_1) & q_0^2 - q_1^2 - q_2^2 + q_3^2 \end{bmatrix} \begin{bmatrix} x_b \\ y_b \\ z_b \end{bmatrix} \tag{2-49}$$

式(2-49)中的系数矩阵和姿态矩阵 $\boldsymbol{C}_b^n$ 是完全等效的,它们对应元素相等,只要知道了四元数 $\boldsymbol{Q}$ 中的4个数,即可求出姿态矩阵中的9个元素。

同姿态矩阵中的元素一样,四元数中的元数也是 θ 、γ 、ψ 的函数,只有求解四元数微分方程,才能求出四元数中的元素值。而四元数微分方程为

$$\dot{\boldsymbol{Q}} = \frac{1}{2}\boldsymbol{Q}\boldsymbol{\omega} \tag{2-50}$$

式中:$\boldsymbol{\omega} = 0 + \omega_x i_b + \omega_y j_b + \omega_z k_b$ 。

将式(2-50)写成矩阵形式,得

$$\begin{bmatrix} \dot{q}_0 \\ \dot{q}_1 \\ \dot{q}_2 \\ \dot{q}_3 \end{bmatrix} = \frac{1}{2} \begin{bmatrix} 0 & -\omega_{bx} & -\omega_{by} & -\omega_{bz} \\ \omega_{bx} & 0 & \omega_{bz} & -\omega_{by} \\ \omega_{by} & -\omega_{bz} & 0 & \omega_{bx} \\ \omega_{bz} & \omega_{by} & -\omega_{bx} & 0 \end{bmatrix} \begin{bmatrix} q_0 \\ q_1 \\ q_2 \\ q_3 \end{bmatrix} \tag{2-51}$$

以上分析说明,只要从式(2-51)中求出四元数的元数值 q_0、q_1、q_2、q_3,就可得到姿态矩阵中的元素值。

2.5.4　船用捷联惯性导航系统的模型编排

通过前面的介绍和分析,我们对捷联惯性导航系统的工作机理有了较为全面的认识,在此基础上可以获得整个捷联惯性导航系统的数学模型及其机上执行算法。捷联惯性导航系统原理如图 2-8 所示。

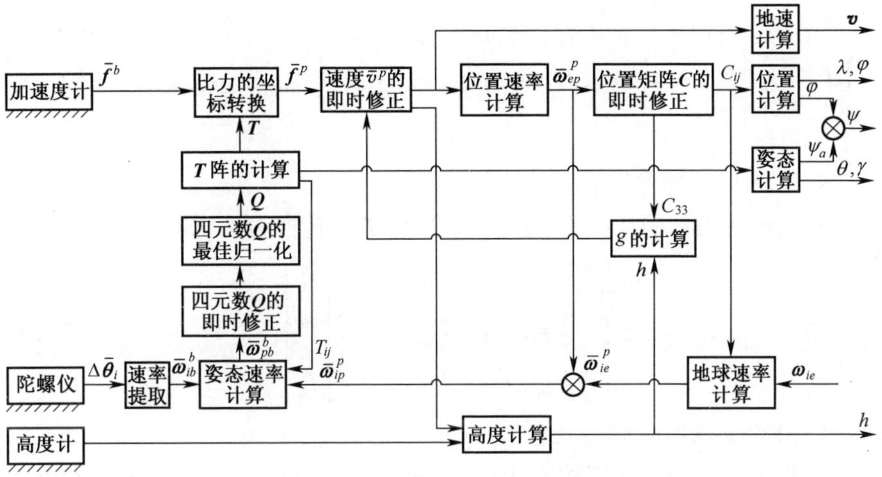

图 2-8　捷联惯性导航系统原理图

1. 四元数的即时修正

根据捷联惯性导航系统完成导航定位功能的需求,捷联系统首先完成姿态矩阵的计算,采用四元数法算法简单,计算无奇点,计算量小。设载体坐标系相对平台坐标系得转动四元数为

$$\boldsymbol{Q} = q_0 + q_1 i_b + q_2 j_b + q_3 k_b \tag{2-52}$$

式中, $\boldsymbol{Q}$ 的即时修正可通过求解下面的四元数微分方程实现:

$$\begin{bmatrix} \dot{q}_0 \\ \dot{q}_1 \\ \dot{q}_2 \\ \dot{q}_3 \end{bmatrix} = \begin{bmatrix} 0 & -\omega_{pbx}^b & -\omega_{pby}^b & -\omega_{pbz}^b \\ \omega_{pbx}^b & 0 & \omega_{pbz}^b & -\omega_{pby}^b \\ \omega_{pby}^b & -\omega_{pbz}^b & 0 & \omega_{pbx}^b \\ \omega_{pbz}^b & \omega_{pby}^b & -\omega_{pbx}^b & 0 \end{bmatrix} \cdot \begin{bmatrix} q_0 \\ q_1 \\ q_2 \\ q_3 \end{bmatrix} \tag{2-53}$$

2. 四元数 $\boldsymbol{Q}$ 的最佳归一化

以欧几里得范数最小为指标的四元数最佳归一化可由下式计算,即

$$\hat{Q} = \hat{q}_0 + \hat{q}_1 i_b + \hat{q}_2 j_b + \hat{q}_3 k_b \tag{2-54}$$

$$\mathring{Q} = \mathring{q}_0 + \mathring{q}_1 i_b + \mathring{q}_2 j_b + \mathring{q}_3 k_b = \frac{\hat{Q}}{\sqrt{\hat{q}_0^2 + \hat{q}_1^2 + \hat{q}_2^2 + \hat{q}_3^2}} \tag{2-55}$$

3. 捷联矩阵 $\boldsymbol{T}$ 的计算

捷联矩阵可表示为

$$\boldsymbol{T} = \begin{bmatrix} T_{11} & T_{12} & T_{13} \\ T_{21} & T_{22} & T_{23} \\ T_{31} & T_{32} & T_{33} \end{bmatrix} = \begin{bmatrix} q_0^2 + q_1^2 - q_2^2 - q_3^2 & 2(q_1q_2 - q_0q_3) & 2(q_1q_3 + q_0q_2) \\ 2(q_1q_2 + q_0q_3) & q_0^2 - q_1^2 + q_2^2 - q_3^2 & 2(q_2q_3 - q_0q_1) \\ 2(q_1q_3 - q_0q_2) & 2(q_2q_3 + q_0q_1) & q_0^2 - q_1^2 - q_2^2 + q_3^2 \end{bmatrix} \tag{2-56}$$

4. 比力的坐标变换

加速度计测量的比力 $\boldsymbol{f}^b$ 通过姿态矩阵 $\boldsymbol{T}$ 可转换为 $\boldsymbol{f}^p$，即

$$\begin{bmatrix} f_x^p \\ f_y^p \\ f_z^p \end{bmatrix} = \begin{bmatrix} T_{11} & T_{12} & T_{13} \\ T_{21} & T_{22} & T_{23} \\ T_{31} & T_{32} & T_{33} \end{bmatrix} \begin{bmatrix} f_x^b \\ f_y^b \\ f_z^b \end{bmatrix} \tag{2-57}$$

5. 速度 $\boldsymbol{v}$ 的即时修正

根据绝对运动加速度的表达式 $\boldsymbol{A} = \dot{\boldsymbol{v}}_e + (\boldsymbol{\Omega} + \boldsymbol{\omega}) \times \boldsymbol{v}_e - \boldsymbol{G}$，可以得到指北方位的惯性导航系统速度计算方程为

$$\dot{\boldsymbol{v}}_e = \boldsymbol{A} - (\boldsymbol{\Omega} + \boldsymbol{\omega}) \times \boldsymbol{v}_e + \boldsymbol{G} \tag{2-58}$$

可以用矩阵形式表示为

$$\begin{bmatrix} \dot{v}_x^p \\ \dot{v}_y^p \\ \dot{v}_z^p \end{bmatrix} = \begin{bmatrix} f_x^p \\ f_y^p \\ f_z^p \end{bmatrix} - \begin{bmatrix} 0 & -(2\omega_{iez}^p + \omega_{epz}^p) & 2\omega_{iey}^p + \omega_{epy}^p \\ 2\omega_{iez}^p + \omega_{epz}^p & 0 & -(2\omega_{iex}^p + \omega_{epx}^p) \\ -(2\omega_{iey}^p + \omega_{epy}^p) & 2\omega_{iex}^p + \omega_{epx}^p & 0 \end{bmatrix} \cdot \begin{bmatrix} v_x^p \\ v_y^p \\ v_z^p \end{bmatrix} + \begin{bmatrix} 0 \\ 0 \\ -g \end{bmatrix} \tag{2-59}$$

6. 地速计算

通常将飞行器相对地球的运动速度在水平面的投影称为地速 $\boldsymbol{v}$，它可由下式计算：

$$\boldsymbol{v} = \sqrt{v_x^2 + v_y^2} \tag{2-60}$$

7. 位置矩阵的即时修正

位置矩阵 $\boldsymbol{C}=\boldsymbol{C}_e^p$ 可以通过求解下列的矩阵微分方程得到

$$\begin{bmatrix} \dot{C}_{11} & \dot{C}_{12} & \dot{C}_{13} \\ \dot{C}_{21} & \dot{C}_{22} & \dot{C}_{23} \\ \dot{C}_{31} & \dot{C}_{32} & \dot{C}_{33} \end{bmatrix} = \begin{bmatrix} 0 & 0 & -\omega_{epy}^p \\ 0 & 0 & \omega_{epx}^p \\ \omega_{epy}^p & -\omega_{epx}^p & 0 \end{bmatrix} \cdot \begin{bmatrix} C_{11} & C_{12} & C_{13} \\ C_{21} & C_{22} & C_{23} \\ C_{31} & C_{32} & C_{33} \end{bmatrix} \tag{2-61}$$

将位置矩阵 $\boldsymbol{C}$ 与姿态矩阵(即捷联矩阵) $\boldsymbol{T}$ 的即时修正相比较可以看出,由于位置矩阵的变化比姿态矩阵慢得多,因此它要求的即时修正的频率也要慢得多,而且不存在明显的非正交化误差,无须进行正交化处理。于是用方向余弦法进行即时修正与用四元数法进行即时修正所费的时机相差不多,而且又可直接求出位置矩阵 $\boldsymbol{C}$,免去了四元数法用类似于式(2-56)的公式计算矩阵 $\boldsymbol{T}$ 的麻烦。因此,对于位置矩阵的即时修正往往采用方向余弦法。

8. 位置速率计算

对于游动方位系统,由于 $\omega_{epx}^p=0$,则

$$\begin{bmatrix} \omega_{epx}^p \\ \omega_{epy}^p \end{bmatrix} = \begin{bmatrix} -\dfrac{1}{\tau_{\mathrm{a}}} & -\dfrac{1}{R_{yp}} \\ \dfrac{1}{R_{xp}} & \dfrac{1}{\tau_a} \end{bmatrix} \begin{bmatrix} v_x \\ v_y \end{bmatrix} \tag{2-62}$$

其中, R_{xp} 、R_{yp} 、τ_{a} 可以通过下式计算:

$$\begin{cases} R_{xp} = \dfrac{1}{R}(1 - fC_{33}^2 + 2fC_{23}^2) \\ R_{yp} = \dfrac{1}{R}(1 - fC_{33}^2 + 2fC_{13}^2) \\ \tau_{\mathrm{a}} = \dfrac{2f}{R}C_{13}C_{23} \end{cases} \tag{2-63}$$

式中:位置矩阵 $\boldsymbol{C}$ 的元素在位置矩阵的即时修正中获得; $R=6378.393km$, $\dfrac{1}{R}=0.15678\times10^{-6}/\mathrm{m}$, $f=\dfrac{1}{298.25}$ 。

9. 地球速率计算

地球速率 $\overline{\boldsymbol{\omega}}_{ie}^e$ 经矩阵 $\boldsymbol{C}$ 转换为 $\overline{\boldsymbol{\omega}}_{ie}^p$,即

$$\overline{\boldsymbol{\omega}}_{ie}^{p}=\begin{bmatrix}\omega_{iex}^{p}\\ \omega_{iey}^{p}\\ \omega_{iez}^{p}\end{bmatrix}=\begin{bmatrix}C_{11} & C_{12} & C_{13}\\ C_{21} & C_{22} & C_{23}\\ C_{31} & C_{32} & C_{33}\end{bmatrix}\begin{bmatrix}0\\ 0\\ \omega_{ie}\end{bmatrix}=\begin{bmatrix}\omega_{ie}C_{13}\\ \omega_{ie}C_{23}\\ \omega_{ie}C_{33}\end{bmatrix} \tag{2-64}$$

10. 姿态速率计算

姿态速率 $\overline{\boldsymbol{\omega}}_{pb}^{b}$ 计算表达式为

$$\overline{\boldsymbol{\omega}}_{pb}^{b}=\overline{\boldsymbol{\omega}}_{ib}^{b}-\overline{\boldsymbol{\omega}}_{ip}^{b}=\overline{\boldsymbol{\omega}}_{ib}^{b}-\boldsymbol{T}^{-1}(\overline{\boldsymbol{\omega}}_{ie}^{p}+\overline{\boldsymbol{\omega}}_{ep}^{p}) \tag{2-65}$$

11. 姿态角计算

姿态矩阵可以表示为 ψ 、θ 、ϕ 的关系,即

$$\boldsymbol{T}=\begin{bmatrix}\cos\phi\cos\psi-\sin\phi\sin\theta\sin\psi & -\cos\theta\sin\psi & \sin\phi\cos\psi+\cos\phi\sin\theta\sin\psi\\ \cos\phi\sin\psi+\sin\phi\sin\theta\cos\psi & \cos\theta\cos\psi & \sin\phi\sin\psi-\cos\phi\sin\theta\cos\psi\\ -\sin\phi\cos\theta & \sin\theta & \cos\phi\cos\theta\end{bmatrix} \tag{2-66}$$

航向角、横摇角和纵摇角可以按照下式计算:

$$\begin{cases}\theta_{主}=\arcsin T_{32}\\ \gamma_{主}=\arctan\dfrac{-T_{31}}{T_{33}}\\ \psi_{G主}=\arctan\dfrac{-T_{12}}{T_{22}}\end{cases} \tag{2-67}$$

由 $\theta_{主}$、$\gamma_{主}$、$\psi_{G主}$ 判断其真值 θ 、γ 、ψ_{G} 的公式为

$$\theta=\theta_{主} \tag{2-68}$$

$$\gamma=\begin{cases}\gamma_{主}, & T_{33}>0\\ \gamma_{主}+180°, & T_{33}<0\text{且}\begin{cases}\gamma_{主}<0\\ \gamma_{主}>0\end{cases}\\ \gamma_{主}-180°, & \end{cases} \tag{2-69}$$

$$\psi_{G}=\begin{cases}\psi_{G主}, & T_{22}>0\text{且}\begin{cases}\psi_{G主}>0\\ \psi_{G主}<0\end{cases}\\ \psi_{G主}+360°, & \\ \psi_{G主}+180°, & T_{22}<0\end{cases} \tag{2-70}$$

12. 位置计算

位置矩阵 $\boldsymbol{C}$ 可以表示成 λ 、φ 、α 的关系,即

$$\boldsymbol{C}=\begin{bmatrix}-\sin\alpha\sin\varphi\cos\lambda-\cos\alpha\sin\lambda & -\sin\alpha\sin\varphi\sin\lambda+\cos\alpha\cos\lambda & \sin\alpha\cos\varphi\\ -\cos\alpha\sin\varphi\cos\lambda+\sin\alpha\sin\lambda & -\cos\alpha\sin\varphi\sin\lambda-\sin\alpha\cos\lambda & \cos\alpha\cos\varphi\\ \cos\varphi\cos\lambda & \cos\varphi\sin\lambda & \sin\varphi\end{bmatrix} \tag{2-71}$$

根据位置矩阵 $\boldsymbol{C}$ 的元素,可以计算的主值,即

$$\begin{cases}\varphi_{主} = \arcsin C_{33} \\ \lambda_{主} = \arcsin \dfrac{C_{32}}{C_{31}} \\ \alpha_{主} = \arctan \dfrac{C_{31}}{C_{23}}\end{cases} \tag{2-72}$$

由 $\varphi_{主}$、$\lambda_{主}$、$\alpha_{主}$判断其真值 φ 、λ 、α 的公式为

$$\varphi = \varphi_{主} \tag{2-73}$$

$$\lambda = \begin{cases}\lambda_{主}, & C_{31} > 0 \\ \lambda_{主} + 180°, & C_{31} < 0 \text{ 且 } \begin{cases}\lambda_{主} < 0 \\ \lambda_{主} > 0\end{cases} \\ \lambda_{主} - 180°, & \end{cases} \tag{2-74}$$

$$\alpha = \begin{cases}\alpha_{主}, & C_{23} > 0 \text{ 且 } \begin{cases}\alpha_{主} > 0 \\ \alpha_{主} < 0\end{cases} \\ \alpha_{主} + 360°, & \\ \alpha_{主} + 180°, & C_{23} < 0\end{cases} \tag{2-75}$$

13. 重力加速度 g 的计算

在速度 $\bar{v}$ 的即时修正计算公式(2-59)中包含有重力加速度 g ,而 g 并非常量。根据地球模型可以给出计算的近似公式,即

$$g = g_0\left(1 - \frac{2h}{R}\right) \tag{2-76}$$

式中, g 随高度 h 而变。

当考虑地球的椭球度时, g 还与纬度 φ 有关,则 g 的计算公式经换算后可得

$$g = 9.7803 + 0.051799C_{33}^2 - 0.94114 \times 10^{-6}h(\mathrm{m/s^2}) \tag{2-77}$$

式中: $C_{33} = \sin\varphi$,其值在矩阵 $\boldsymbol{C}$ 的即时修正时给出。

本 章 小 结

本章首先介绍了地球数学模型、惯性导航系统中常用坐标系及其相互转化关系,并在此基础上推导了惯性导航系统的基本方程;然后介绍了惯性导航系统的分类,并着重介绍了捷联式惯性导航系统的基本方程及其模型编排。

第3章 船用捷联惯性导航系统误差分析

3.1 船用捷联惯性导航系统误差方程

捷联惯性导航是现在导航技术中比较热门的技术，由于它的成本低，因此受到了越来越多的导航界人士的青睐，而且通过捷联惯导系统与其他导航传感器的组合，利用卡尔曼滤波技术可以提高导航系统的精度。如何建立导航系统的误差模型是近30年来反复讨论的一个问题，在此期间，各种各样的误差方程逐渐建立起来。本节从惯性导航基本方程出发，对捷联惯性导航系统的误差方程进行了推导，建立了捷联惯性导航系统的数学误差模型，为进一步开展捷联惯性导航系统的研究提供了理论依据。先给出如下定义：

纬度误差定义为

$$\delta\varphi = \varphi_c - \varphi \tag{3-1}$$

经度误差定义为

$$\delta\lambda = \lambda_c - \lambda \tag{3-2}$$

高度误差定义为

$$\delta h = h_c - h \tag{3-3}$$

速度误差定义为

$$\delta \boldsymbol{v} = \boldsymbol{v}_c - \boldsymbol{v} \tag{3-4}$$

3.1.1 速度误差方程

要想推导捷联惯性导航系统的速度误差方程要先给出惯性导航系统的速度基本方程，其矢量形式为

$$\dot{\boldsymbol{v}}_{ep} = \boldsymbol{f} - (2\boldsymbol{\omega}_{ie} + \boldsymbol{\omega}_{ep}) \times \boldsymbol{v}_{ep} + \boldsymbol{g} \tag{3-5}$$

式中：$\dot{\boldsymbol{v}}_{ep}$ 为进行导航计算需要获得的载体（也即平台系）相对地球的加速度矢量；$\boldsymbol{f}$ 为加速度计所测量的比力矢量；$-(2\boldsymbol{\omega}_{ie} + \boldsymbol{\omega}_{ep}) \times \boldsymbol{v}_{ep}$ 为由地球自转和载体相对地球运动而产生的加速度，被加速度计所感受，为计算 $\dot{\boldsymbol{v}}_{ep}$ 需要把它从 $\boldsymbol{f}$ 中消除掉，因此称为有害加速度；$\boldsymbol{g}$ 为重力加速度矢量。

将式(3-4)对时间求导，可得

$$\delta\dot{\boldsymbol{v}}^n = \dot{\boldsymbol{v}}_{\mathrm{c}}^n - \dot{\boldsymbol{v}}^n \tag{3-6}$$

由惯性导航系统速度基本方程式(3-5)，可以得到捷联惯性导航系统用于导航解算的速度方程为

$$\begin{cases} \dot{v}_{\mathrm{c}x} = f_{\mathrm{c}x} + \left(2\omega_{ie}\sin\varphi_{\mathrm{c}} + \dfrac{v_{\mathrm{c}x}\tan\varphi_{\mathrm{c}}}{R+h}\right) \cdot v_{\mathrm{c}y} - \left(2\omega_{ie}\cos\varphi_{\mathrm{c}} + \dfrac{v_{\mathrm{c}x}}{R+h}\right) \cdot v_{\mathrm{c}z} \\ \dot{v}_{\mathrm{c}y} = f_{\mathrm{c}y} - \left(2\omega_{ie}\sin\varphi_{\mathrm{c}} + \dfrac{v_{\mathrm{c}x}\tan\varphi_{\mathrm{c}}}{R+h}\right) \cdot v_{\mathrm{c}x} - \dfrac{v_{\mathrm{c}y}v_{\mathrm{c}z}}{R+h} \\ \dot{v}_{\mathrm{c}z} = f_{\mathrm{c}z} + \left(2\omega_{ie}\cos\varphi_{\mathrm{c}} + \dfrac{v_{\mathrm{c}x}}{R+h}\right) \cdot v_{\mathrm{c}x} + \dfrac{v_{\mathrm{c}y}^2}{R+h} - g \end{cases} \tag{3-7}$$

$$\begin{cases} \dot{v}_x^n = f_x^n + \left(2\omega_{ie}\sin\varphi + \dfrac{v_x^n\tan\varphi}{R+h}\right) \cdot v_y^n - \left(2\omega_{ie}\cos\varphi + \dfrac{v_x^n}{R+h}\right) \cdot v_z^n \\ \dot{v}_y^n = f_y^n - \left(2\omega_{ie}\sin\varphi + \dfrac{v_x^n\tan\varphi}{R+h}\right) \cdot v_x^n - \dfrac{v_y^n v_z^n}{R+h} \\ \dot{v}_z^n = f_z^n + \left(2\omega_{ie}\cos\varphi + \dfrac{v_x^n}{R+h}\right) \cdot v_x^n + \dfrac{(v_y^n)^2}{R+h} - g \end{cases} \tag{3-8}$$

式中：$f_{\mathrm{c}x}$、$f_{\mathrm{c}y}$、$f_{\mathrm{c}z}$ 为沿东向、北向、天向三轴加速度计的实际输出；f_x、f_y、f_z 为沿东向、北向、天向三轴比力的真实值，真实值并不能得到；ω_{ie} 为地球自转角速率。

由于计算的误差和陀螺的漂移，平台坐标系 p 系和导航坐标系 n 系存在着小角度误差，即姿态误差角（数学平台误差角）ϕ_x、ϕ_y、ϕ_z。因为小角度可视为角矢量，这样可建立起 p 系和 n 系的坐标转换关系，即

$$\boldsymbol{C}_n^p = \begin{bmatrix} 1 & \phi_z & -\phi_y \\ -\phi_z & 1 & \varphi_x \\ \phi_y & -\phi_x & 1 \end{bmatrix} \tag{3-9}$$

则

$$\begin{bmatrix} f_{cx} \\ f_{cy} \\ f_{cz} \end{bmatrix} = \boldsymbol{C}_n^p \begin{bmatrix} f_x^n \\ f_y^n \\ f_z^n \end{bmatrix} + \begin{bmatrix} \nabla_x \\ \nabla_y \\ \nabla_z \end{bmatrix} \tag{3-10}$$

式中：∇_x、∇_y、∇_z 为三轴加速度计的零位偏置。

由以上各式可以推得速度误差方程为

$$\begin{cases} \delta\dot{v}_x = \varphi_z f_y - \varphi_y f_z + \left(\dfrac{v_y}{R+h}\tan\phi - \dfrac{v_z}{R+h}\right)\delta v_x + \left(2\omega_{ie}\sin\phi + \dfrac{v_x}{R+h}\tan\phi\right)\delta v_y - \\ \quad \left(2\omega_{ie}\cos\phi + \dfrac{v_x}{R+h}\right)\delta v_y + \left(2\omega_{ie}\cos\phi v_y + 2\omega_{ie}\sin\phi v_z + \dfrac{v_x v_y}{R+h}\sec^2\phi\right)\delta\phi + \\ \quad \dfrac{v_x v_z}{(R+h)^2}(1-\tan\phi)\delta h + \nabla_x \\ \delta\dot{v}_y = -\varphi_z f_x + \varphi_x f_z - \left(2\omega_{ie}\sin\phi v_y + \dfrac{2v_x}{R+h}\tan\phi\right)\delta v_x - \dfrac{v_z}{R+h}\delta v_y - \\ \quad \dfrac{v_y}{R+h}\delta v_y - \left(2\omega_{ie}\cos\phi v_x + \dfrac{v_x^2}{R+h}\sec^2\phi\right)\delta\phi + \dfrac{v_y v_z + v_x^2\tan\phi}{(R+h)^2}\delta h + \nabla_y \\ \delta\dot{v}_z = \varphi_y f_x - \varphi_x f_y + \left(2\omega_{ie}\cos\phi + \dfrac{v_x}{R+h}\tan\phi\right)\delta v_x + \dfrac{2v_y}{R+h}\delta v_y - \\ \quad 2\omega_{ie}\sin\phi v_x\delta\phi - \dfrac{v_y^2 + v_x^2}{(R+h)^2}\delta h + \nabla_z \end{cases} \tag{3-11}$$

3.1.2 位置误差方程

根据纬度误差 $\delta\varphi = \varphi_c - \varphi$，速度误差 $\delta\boldsymbol{v} = \boldsymbol{v}_c - \boldsymbol{v}$ 的定义，纬度误差方程可写为

$$\delta\dot{\varphi} = \dot{\varphi}_c - \dot{\varphi} = \frac{\delta v_y}{(R+h)} - \frac{v_y}{(R+h)^2}\delta h \tag{3-12}$$

根据经度误差 $\delta\lambda = \lambda_c - \lambda$，速度误差 $\delta\boldsymbol{v} = \boldsymbol{v}_c - \boldsymbol{v}$ 的定义，经度误差方程可写为

$$\delta\dot{\lambda} = \dot{\lambda}_c - \dot{\lambda} = \frac{\delta v_x}{R+h}\sec\varphi + \frac{v_x}{R+h}\tan\varphi\sec\varphi\delta\varphi - \frac{v_x}{(R+h)^2}\sec\varphi\delta h \tag{3-13}$$

根据高度误差 $\delta h = h_c - h$，速度误差 $\delta \boldsymbol{v} = \boldsymbol{v}_c - \boldsymbol{v}$的定义，高度误差方程可写为

$$\delta \dot{h} = \dot{h}_c - \dot{h} = \delta v_z \tag{3-14}$$

式(3-12)~式(3-14)就是惯性导航系统的位置误差方程，有

$$\begin{cases} \delta \dot{\varphi} = \dfrac{\delta v_y}{(R+h)} - \dfrac{v_y}{(R+h)^2}\delta h \\ \delta \dot{\lambda} = \dfrac{\delta v_x}{R+h}\sec\varphi + \dfrac{v_x}{R+h}\tan\varphi\sec\varphi\delta\varphi - \dfrac{v_x}{(R+h)^2}\sec\varphi\delta h \\ \delta \dot{h} = \delta v_z \end{cases} \tag{3-15}$$

3.1.3　姿态误差方程

在捷联惯性导航系统中，模拟导航坐标系的“数学平台”和导航坐标系之间存在误差角。把其写为列矢量，即 $\boldsymbol{\phi}^n = [\phi_x \quad \phi_y \quad \phi_z]^{\mathrm{T}}$，则

$$\dot{\boldsymbol{\phi}}^n = \delta \boldsymbol{\omega}_{en}^n - (\boldsymbol{\omega}_{ie}^n + \boldsymbol{\omega}_{en}^n) \times \boldsymbol{\phi}^n + \boldsymbol{\varepsilon} \tag{3-16}$$

式中：$\boldsymbol{\varepsilon}$ 为等效陀螺漂移。

由于

$$\boldsymbol{\omega}_{ie}^n = \begin{bmatrix} 0 \\ \omega_{ie}\cos\varphi \\ \omega_{ie}\sin\varphi \end{bmatrix}, \quad \boldsymbol{\omega}_{en}^n = \begin{bmatrix} \dfrac{-v_y}{R+h} \\ \dfrac{v_x}{R+h} \\ \dfrac{v_x}{R+h}\tan\varphi \end{bmatrix}$$

则

$$\delta \boldsymbol{\omega}_{ie}^n = \begin{bmatrix} 0 \\ -\delta\omega_{ie}\cos\varphi\delta\varphi \\ \delta\omega_{ie}\sin\varphi\delta\varphi \end{bmatrix} \tag{3-17}$$

$$\delta \boldsymbol{\omega}_{en}^n = \begin{bmatrix} \dfrac{-\delta v_y}{R+h} \\ \dfrac{\delta v_x}{R+h} \\ \dfrac{\delta v_x}{R+h}\tan\varphi + \dfrac{v_x}{R+h}\sec^2\varphi\delta\varphi \end{bmatrix} \tag{3-18}$$

将式(3-17)和式(3-18)代入式(3-16)中并展开,可得姿态误差角为

$$\begin{cases}\dot{\phi}_x = -\dfrac{\delta v_y}{R+h} + \left(\omega_{ie}\sin\phi + \dfrac{v_x\tan\varphi}{R+h}\right)\phi_y - \left(\omega_{ie}\cos\varphi + \dfrac{v_x}{R+h}\right)\phi_z + \\ \qquad \dfrac{v_y}{(R+h)^2}\delta h + \varepsilon_x \\ \dot{\phi}_y = \dfrac{\delta v_x}{R+h} - \left(\omega_{ie}\sin\phi + \dfrac{v_x\tan\varphi}{R+h}\right)\phi_x - \dfrac{v_y}{R+h}\phi_z - \omega_{ie}\sin\varphi\delta\varphi - \\ \qquad \dfrac{v_x}{(R+h)^2}\delta h + \varepsilon_y \\ \dot{\phi}_z = \tan\varphi\dfrac{\delta v_x}{R+h} + \left(\omega_{ie}\cos\phi + \dfrac{v_x}{R+h}\right)\phi_x + \dfrac{v_y}{R+h}\phi_y + \\ \qquad \left(\omega_{ie}\cos\varphi + \dfrac{v_x}{R+h}\sec^2\varphi\right)\delta\varphi - \dfrac{v_x\tan\varphi}{(R+h)^2}\delta h + \varepsilon_z\end{cases} \tag{3-19}$$

3.2 船用捷联惯性导航系统的误差类型

捷联惯性导航系统的误差类型主要有以下几个方面：

(1) 数学模型的近似性引起的误差。在捷联惯性导航系统的数学模型建模中,不可避免地采用了一些简化模型,如地球重力场模型、地球形状模型等。这些模型如果取得精度不够,会直接影响惯性导航系统计算的结果。模型的选取与航行器工作地理位置状态和需要的定位精度有关。模型取得复杂,会直接增加导航计算机的计算量。因此选取模型时,还必须兼顾导航计算机的性能。

(2) 惯性器件的误差。惯性器件由于在原理、加工和装配工艺等方面存在不完善的因素,从而造成输出信号中存在误差。另外,捷联惯性导航系统中惯性器件直接安装在航行器上,承受由于航行器运动带来的影响,航行器做大范围机动时会造成惯性器件的输出误差增大。

(3) 算法误差。数学解析平台的计算误差是捷联惯性导航系统特有的误差源。这项误差在计算机技术不发达的过去,曾经制约过捷联惯性导航系统的发展,也是捷联惯性导航系统中一项非常重要的误差源。目前,随着计算机技术的飞速发展和四元数法的采用,这项误差已在整个系统误差中占的比重很小。

（4）初始对准误差。初始对准技术是惯性导航系统的关键技术之一。初始对准技术的好坏与惯性导航系统的精度和启动准备时间有着直接的联系，是惯性导航界研究的热点。一旦出现初始对准误差，它将在系统中传播，直接影响导航系统的精度。

捷联惯性导航系统误差源主要有以下几个方面：

（1）仪表误差，主要指陀螺的漂移误差、指示角速率刻度系数误差、加速度计的刻度系数误差等。

（2）安装误差，主要指加速度计和陀螺在航行器上安装造成的误差。

（3）初始条件误差，包括位置、姿态和航向的初始误差，以及陀螺和加速度计的零位误差。

（4）计算误差，主要考虑姿态、航向系统的计算误差，即数学平台的计算误差。

3.3　静基座下船用捷联惯性导航系统误差模型及特性分析

由于惯性导航系统的垂直通道是发散的，实际应用中高度误差采用外部输入法补偿，因此在系统误差分析时，不考虑高度误差的影响；而经度误差在系统回路之外，对系统动态特性不产生影响，因此也不予考虑。在静基座条件下，采用东北天导航坐标系的误差模型为

$$\begin{cases}\dot{\phi}_E=-\dfrac{\delta v_N}{R_m}+\omega_{ie}\sin L\phi_N-\omega_{ie}\cos L\phi_U+\varepsilon_E\\ \dot{\phi}_N=-\omega_{ie}\sin L\delta L+\dfrac{\delta v_E}{R_N}-\omega_{ie}\sin L\phi_E+\varepsilon_N\\ \dot{\phi}_U=\omega_{ie}\cos L\delta L+\tan L\dfrac{\delta v_E}{R_N}+\omega_{ie}\cos L\phi_E+\varepsilon_U\\ \delta\dot{L}=\dfrac{\delta v_N}{R_m}\\ \delta\dot{\lambda}=\dfrac{\delta v_E}{R_N}\sec L\\ \delta\dot{v}_E=2\omega_{ie}\sin L\delta v_N-g\phi_N+\nabla_E\\ \delta\dot{v}_N=-2\omega_{ie}\sin L\delta v_E+g\phi_E+\nabla_N\end{cases}\tag{3-20}$$

式中：R_m 为子午圈平面曲率半径；R_n 为卯酉圈平面曲率半径。

令 $\boldsymbol{X}=[\delta v_E\quad \delta v_N\quad \delta L\quad \varphi_E\quad \varphi_N\quad \varphi_U]^T$，则式(3-20)可以写为

$$\dot{\boldsymbol{X}}(t)=\boldsymbol{F}(t)\boldsymbol{X}(t)+\boldsymbol{G}(t)\boldsymbol{W}(t)\tag{3-21}$$

系统的特征方程为

$$\Delta(\boldsymbol{S}) = |\boldsymbol{SI} - \boldsymbol{F}(\boldsymbol{S})| \tag{3-22}$$

解算出系统的特征根为

$$\begin{cases} S_{1,2} = \pm \mathrm{j}(\sqrt{g/R} + \omega_{ie}\sin L) \\ S_{3,4} = \pm \mathrm{j}(\sqrt{g/R} - \omega_{ie}\sin L) \\ S_{5,6} = \pm \mathrm{j}\omega_{ie} \end{cases} \tag{3-23}$$

对应 3 种振荡周期为舒勒周期 $T_s = 2\pi\sqrt{R/g} \approx 84.4\text{min}$，地球周期 $T_e = 2\pi/\omega_{ie} = 24\text{h}$，傅科周期 $T_c = 2\pi/\omega_{ie}\sin L$。可以看出，系统的误差是由地球周期与被傅科周期调制的舒勒周期叠加形成的。

下面将根据此误差模型，通过解析和仿真的方式具体分析静基座条件下各误差源对系统误差特性的影响。

3.3.1 陀螺常值漂移下的系统误差特性

设三轴陀螺漂移均为 0.01(°)/h，初始纬度和经度分别为(45.7381°，126.4138°)。当东向、北向、方位陀螺漂移分别存在时，系统误差的仿真曲线如图 3-1～图 3-9 所示。

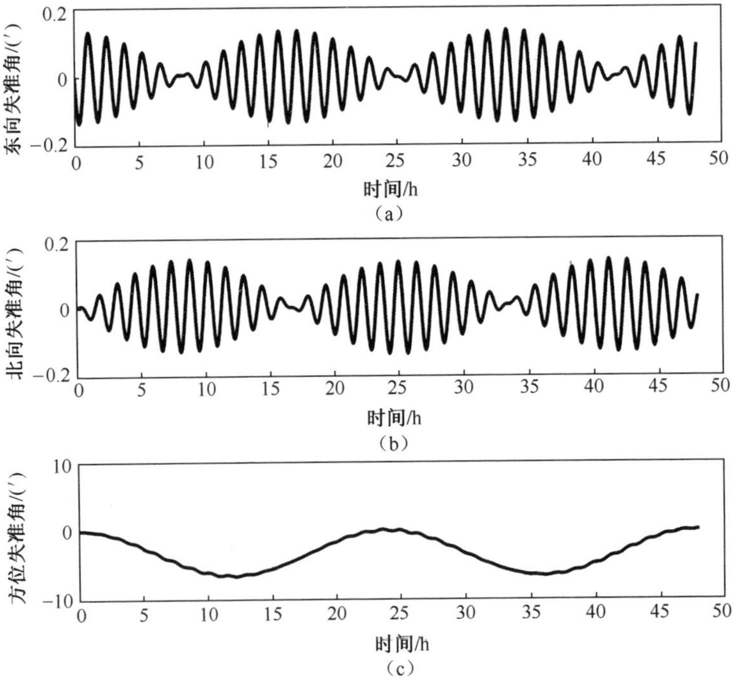

图 3-1　东向陀螺漂移引起的姿态误差曲线

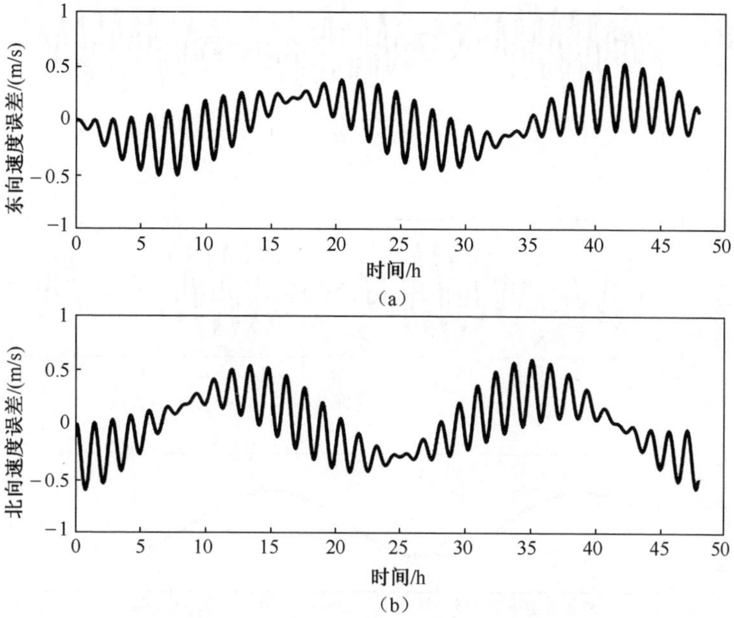

图 3-2　东向陀螺漂移引起的速度误差曲线

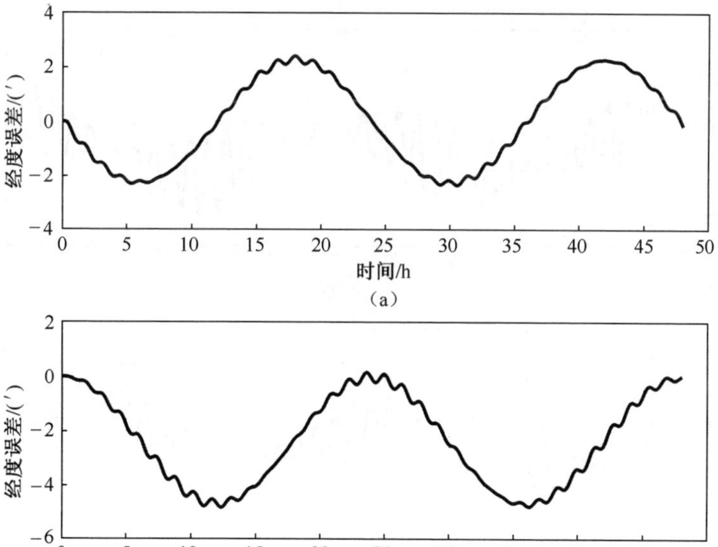

图 3-3　东向陀螺漂移引起的位置误差曲线

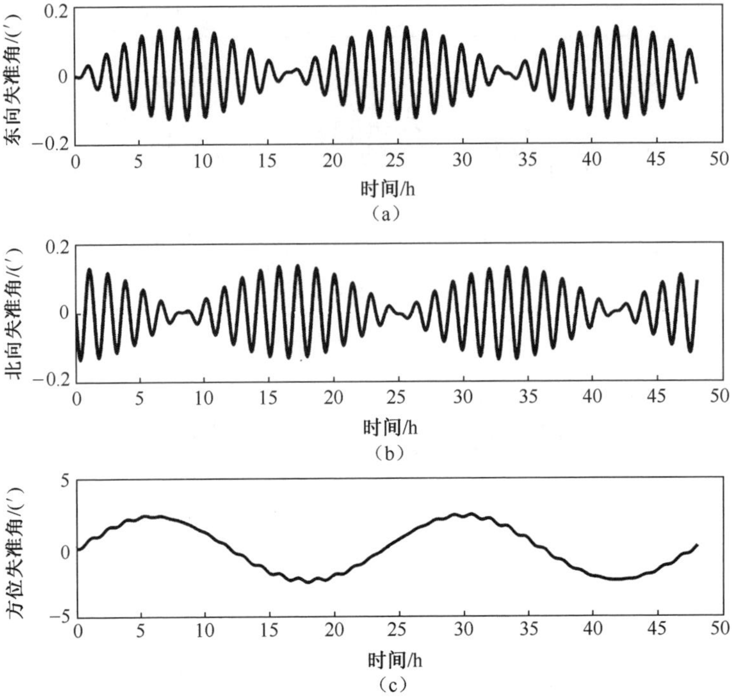

图 3-4　北向陀螺漂移引起的姿态误差曲线

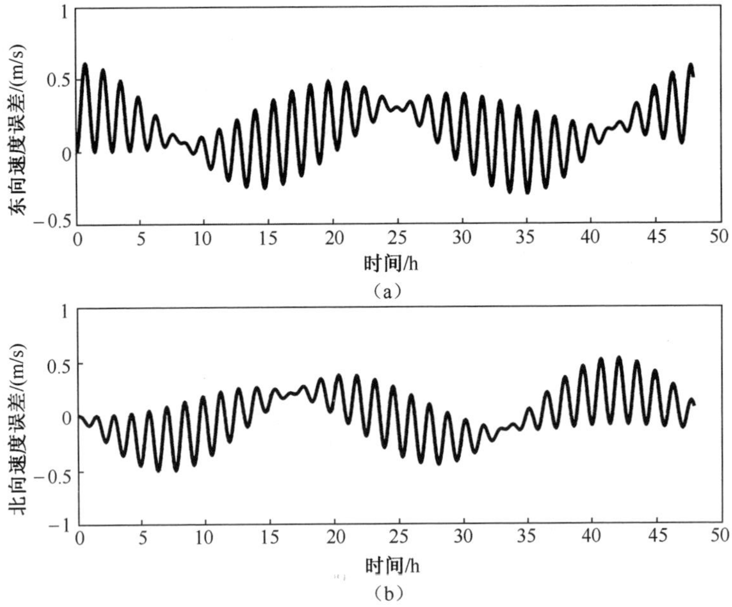

图 3-5　北向陀螺漂移引起的速度误差曲线

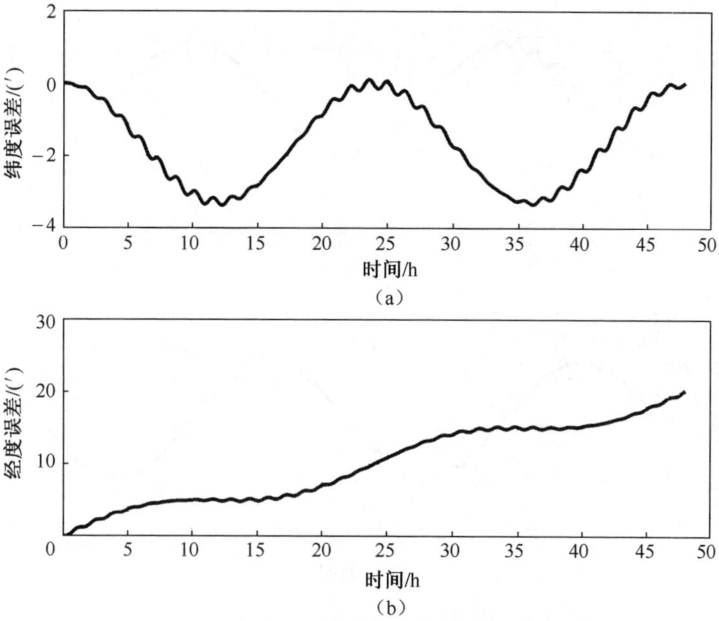

图 3-6　北向陀螺漂移引起的位置误差曲线

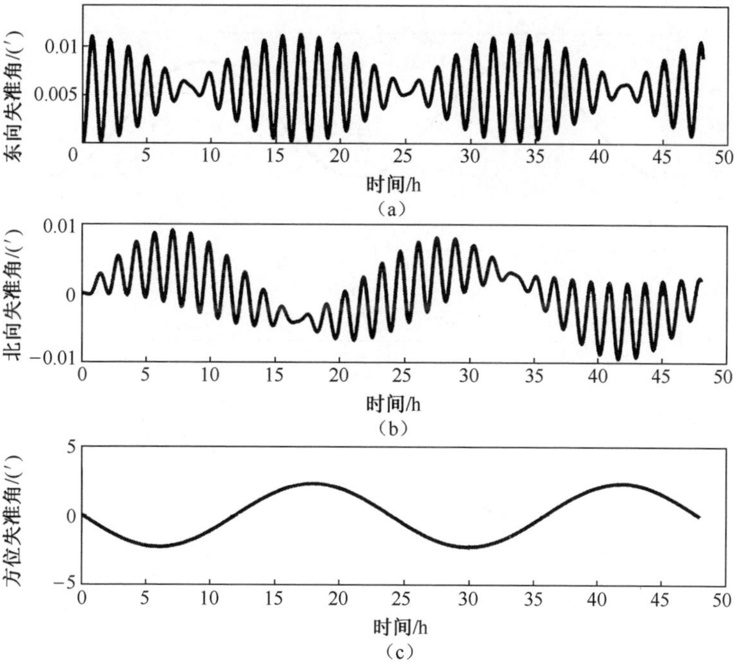

图 3-7　方位陀螺漂移引起的姿态误差曲线

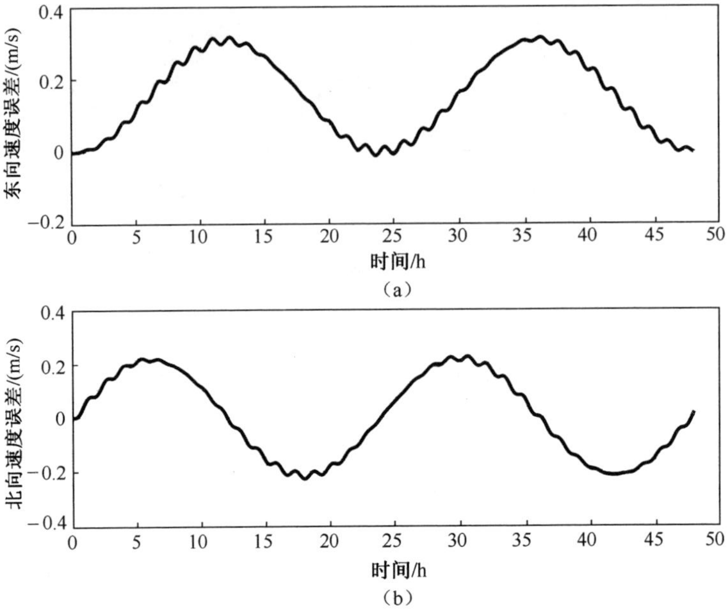

图 3-8　方位陀螺漂移引起的速度误差曲线

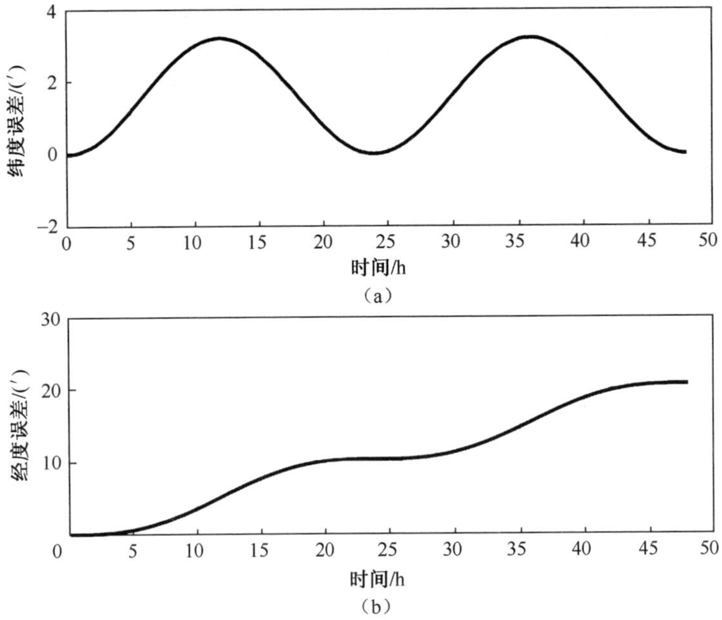

图 3-9　方位陀螺漂移引起的位置误差曲线

由图 3-1～图 3-9 的曲线分析和解析式分析均可以看出：

(1) 在静基座条件下，东向陀螺漂移对经度及方位产生常值误差，分别为 $\frac{\tan L}{\omega_{ie}}\varepsilon_E$ 及 $\frac{1}{\omega_{ie}\cos L}\varepsilon_E$，而不引起随时间累积的误差。

(2) 北向陀螺漂移产生常值纬度误差 $\frac{\sin L}{\omega_{ie}}\varepsilon_N$、常值东向速度误差 $-R\cos^2 L\varepsilon_N$，同时产生随时间积累的经度误差 $-\cos L\varepsilon_N t$。

(3) 方位陀螺漂移产生常值纬度误差 $-\frac{\cos L}{\omega_{ie}}\varepsilon_U$，常值东向速度误差 $-R\sin L\cos L\varepsilon_U$，同时产生随时间积累的经度误差 $-\sin L\varepsilon_U t$。

(4) 北向陀螺漂移与方位陀螺漂移引起的系统误差相似，均产生常值纬度误差和常值东向速度误差，同时还产生随时间积累的经度误差。这说明，惯性导航系统的定位误差随时间而积累。

(5) 三轴陀螺漂移对 7 个输出的导航参数均产生 3 种周期振荡的误差。

3.3.2　加速度计零位误差下的系统误差特性

设三轴加速度计零位误差均为 $1\times10^{-4}g$（g 为重力加速度），初始纬度和经度分别为(45.7381°,126.4138°)。当东向、北向加速度计零位误差分别存在时，系统误差的仿真曲线如图 3-10～图 3-15 所示。

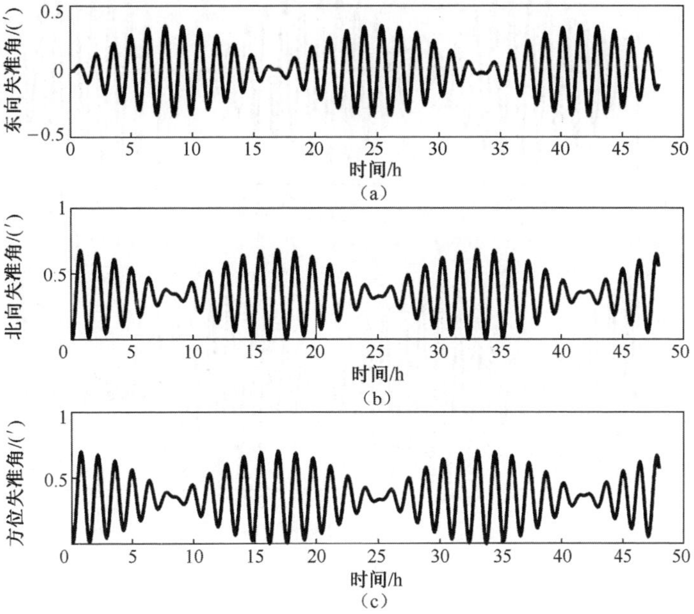

图 3-10　东向加速度计零位误差引起的姿态误差曲线

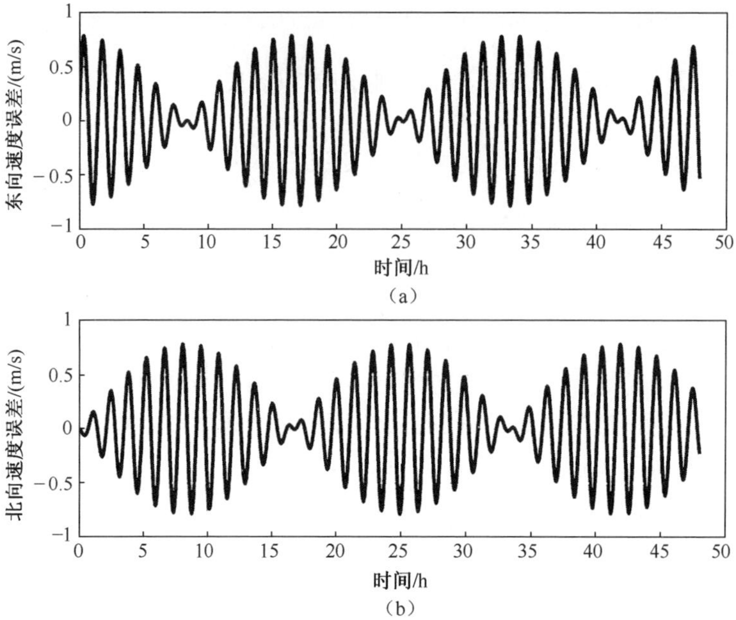

图 3-11　东向加速度计零位误差引起的速度误差曲线

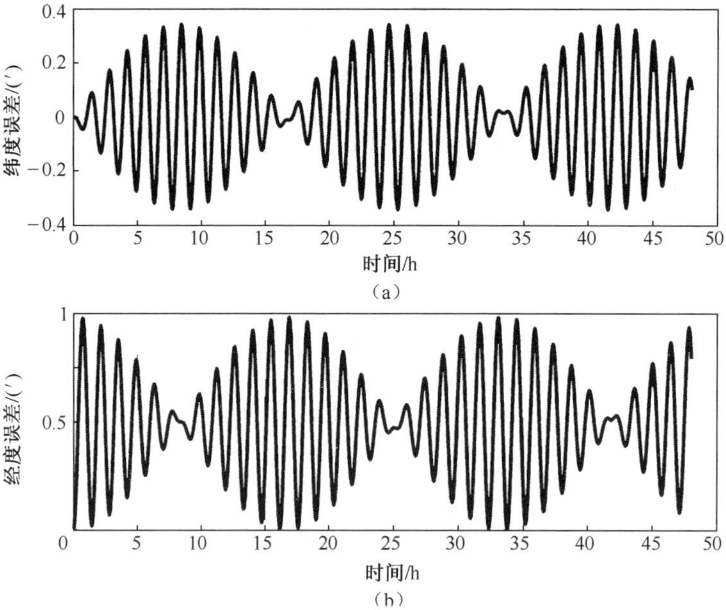

图 3-12　东向加速度计零位误差引起的位置误差曲线

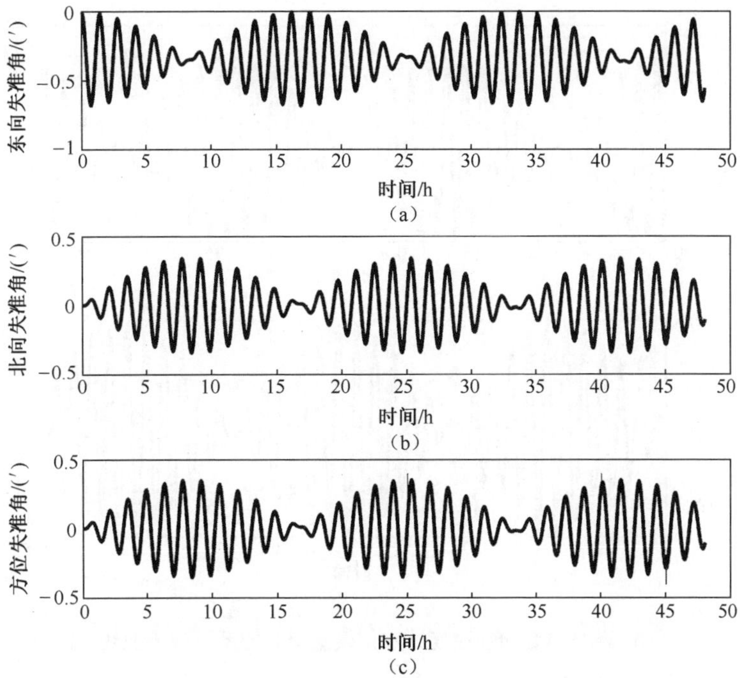

图 3-13　北向加速度计零位误差引起的姿态误差曲线

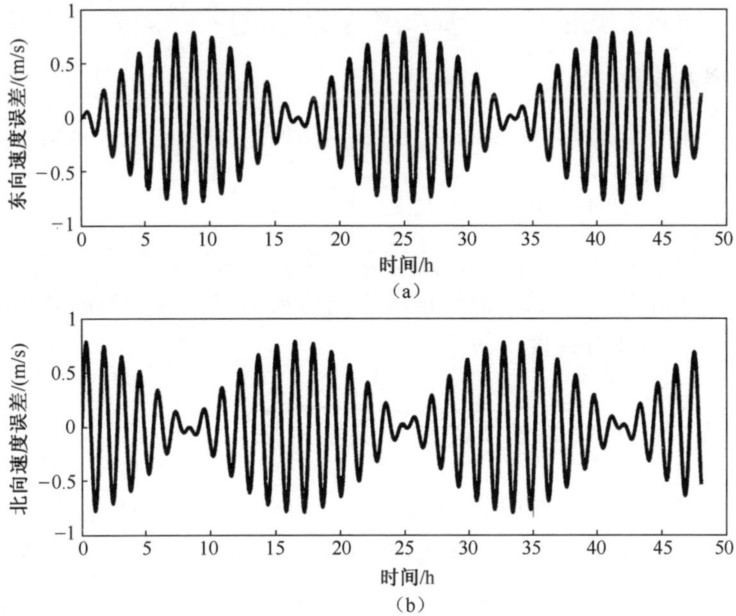

图 3-14　北向加速度计零位误差引起的速度误差曲线

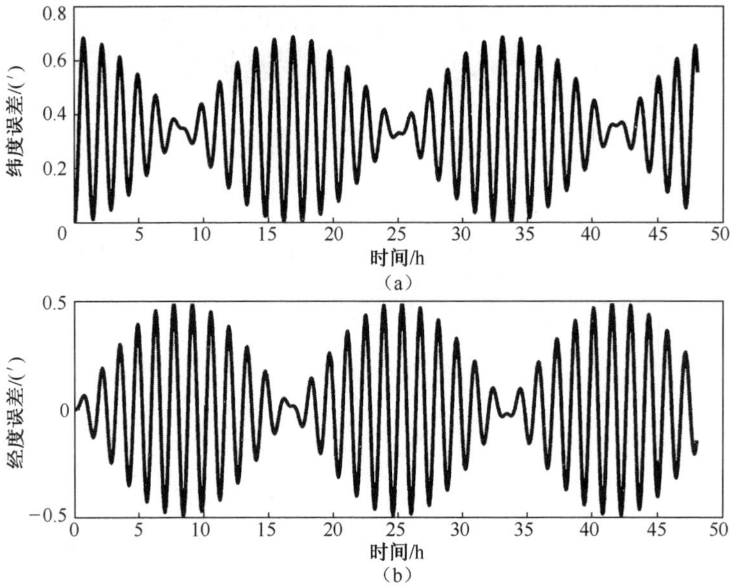

(a)
(b)

图 3-15　北向加速度计零位误差引起的系统误差曲线

由图 3-10~图 3-15 的曲线分析和解析式分析均可以看出:

(1) 在静基座条件下,东向加速度计零位误差引起常值北向失准角误差 $\frac{\nabla_E}{g}$、常值方位失准角误差 $\frac{\nabla_E}{g}\tan L$、常值经度误差 $-\frac{\nabla_E}{g}\sec L$,而不引起常值的速度误差分量。

(2) 北向加速度计零位误差引起常值东向失准角 $-\frac{\nabla_N}{g}$、常值纬度误差 $\frac{\nabla_N}{g}-\frac{\nabla_E}{g}\sec L$,而不引起常值的速度误差分量。

(3) 加速度计零位误差引起舒勒周期振荡和傅科周期振荡分量,而不引起地球周期振荡。可以说,惯性导航系统的水平精度是由加速度计的零位误差决定的,即由加速度计的精度决定。

3.3.3　初始误差下的系统误差特性

初始误差主要包括初始失准角、初始速度误差、初始位置误差,分别设初始姿态失准角为 1′、1′、5′,初始速度误差为 0.1m/s,初始经纬度误差均为 0.05°,初始纬度和经度分别为(45.7381°,126.4138°)。各初始误差分别存在时,仿真曲线如图 3-16~图 3-24 所示。

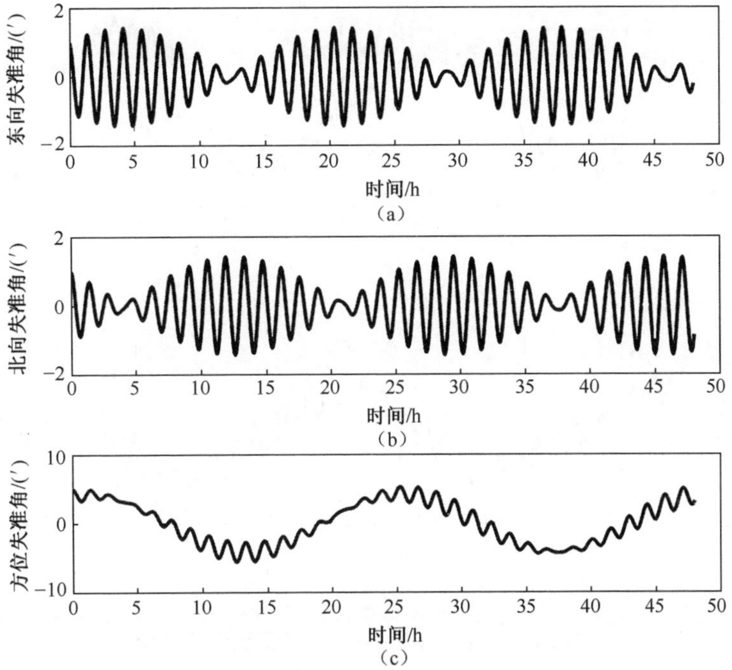

图 3-16　初始姿态失准角引起的姿态误差曲线

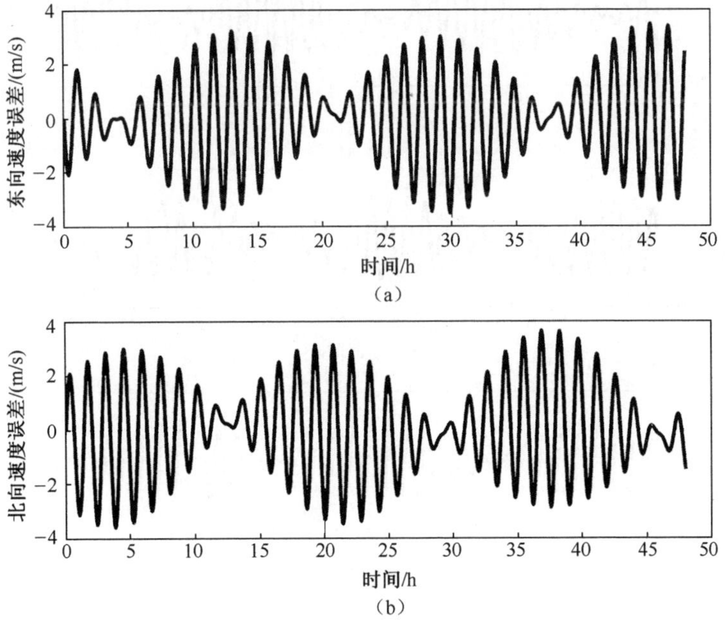

图 3-17　初始姿态失准角引起的速度误差曲线

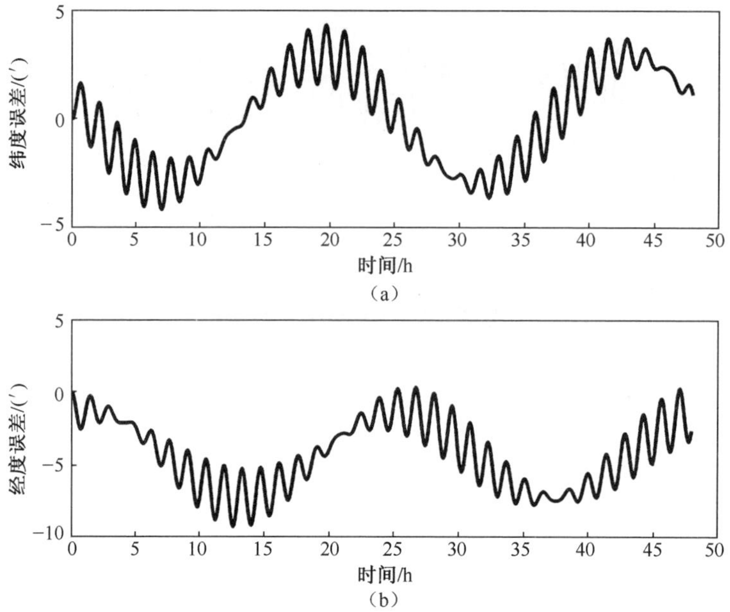

图 3-18 初始姿态失准角引起的位置误差曲线

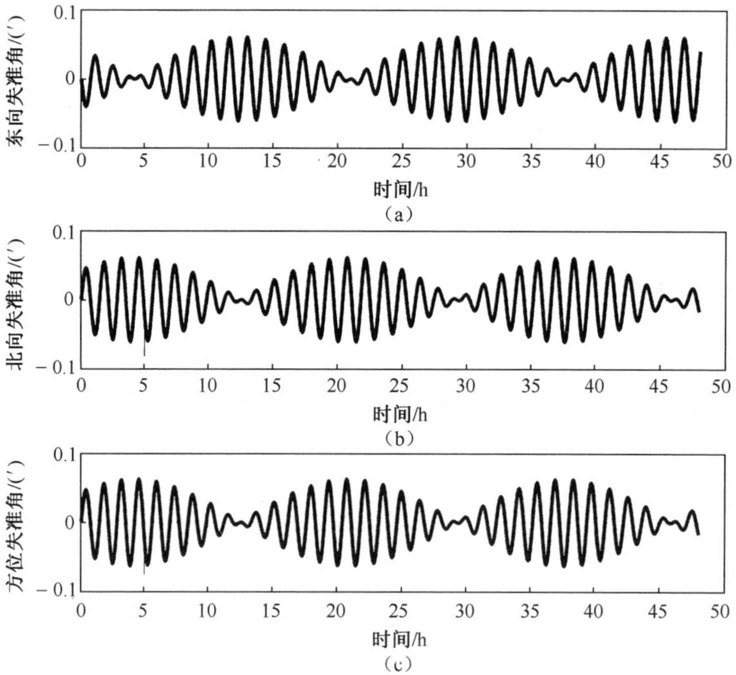

图 3-19 初始速度误差引起的姿态误差曲线

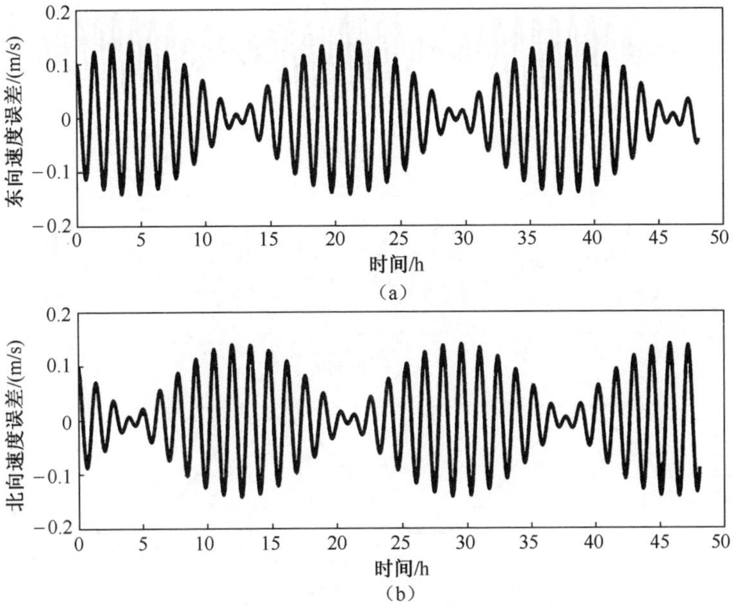

图 3-20 初始速度误差引起的速度误差曲线

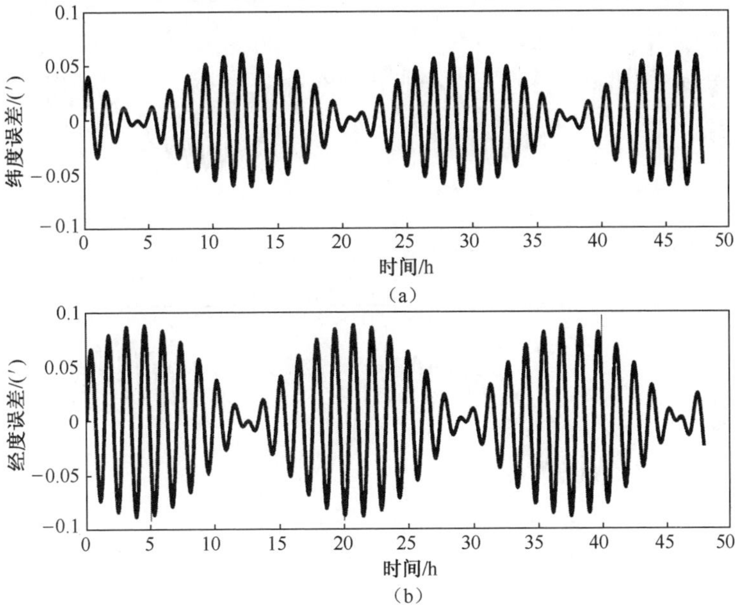

图 3-21 初始速度误差引起的位置误差曲线

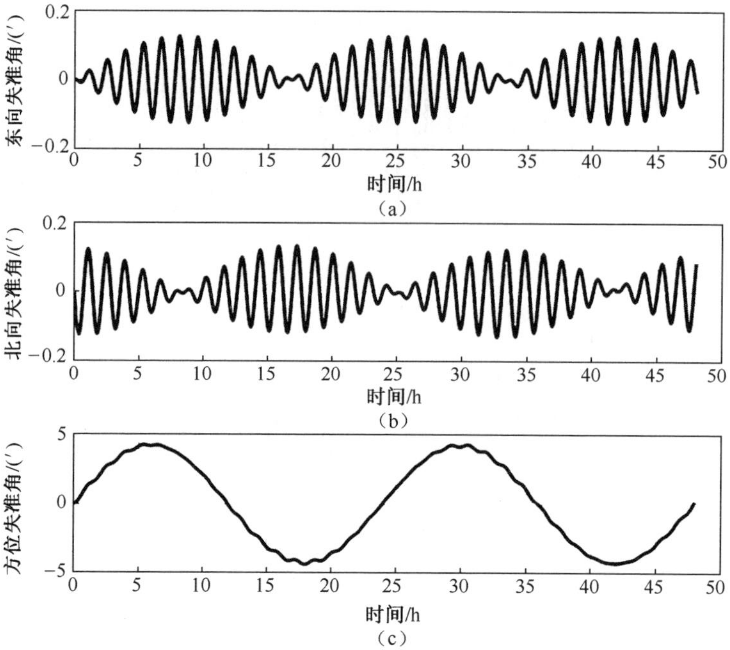

图 3-22　初始纬度误差引起的姿态误差曲线

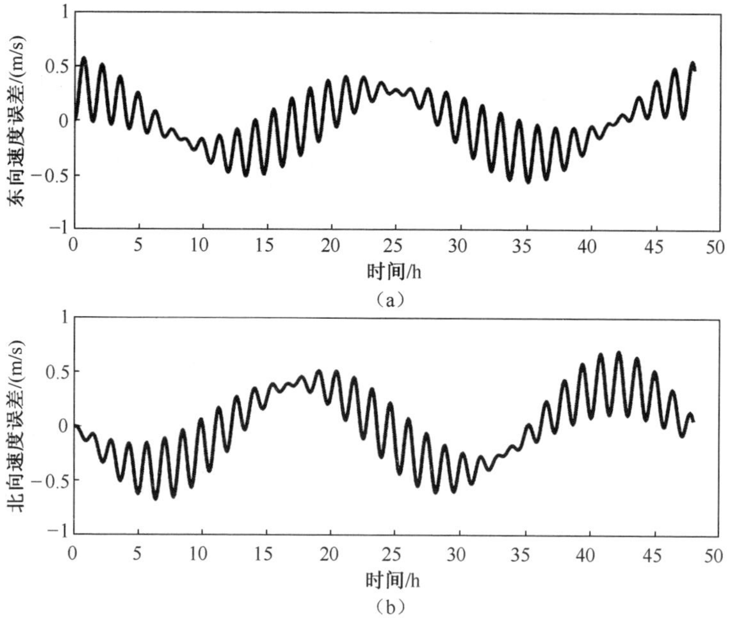

图 3-23　初始纬度误差引起的速度误差曲线

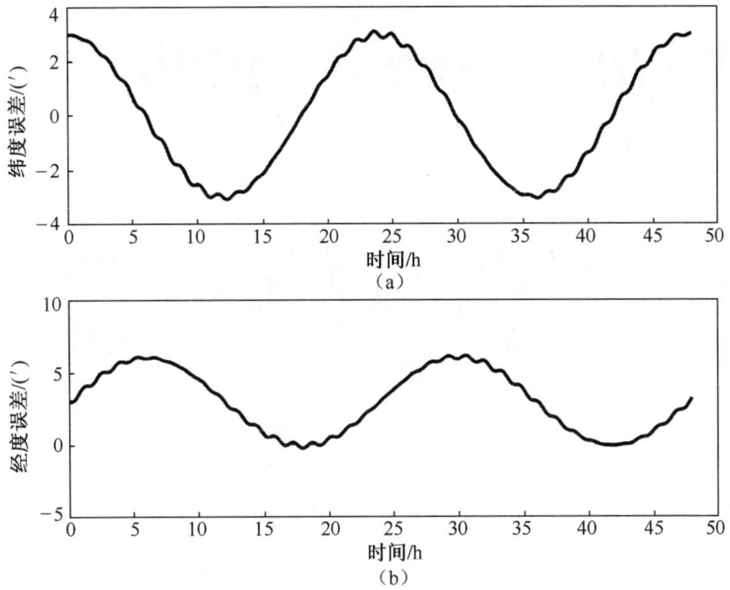

图 3-24　初始纬度误差引起的位置误差曲线

由图 3-16~图 3-24 的曲线分析和解析式分析均可以看出：

(1) 在静基座条件下，初始纬度误差不引起常值的系统误差，但仍引起呈 3 种周期振荡的系统误差，这从陀螺常值漂移引起的系统误差的分析中可以知道；初始经度误差对系统没有影响。

(2) 初始姿态失准角引起常值的经度误差，同时引起呈 3 种周期振荡的系统误差，即系统误差按 3 种周期振荡来传播。

(3) 初始速度误差不引起常值的系统误差，也不引起地球周期振荡的误差，但仍引起舒勒周期和傅科周期振荡的误差。

3.3.4　3 种误差源条件下系统总的误差特性

由前面的分析可知，系统的主要误差源有陀螺漂移、加速度计零位误差和初始值误差，这 3 种误差源对导航系统误差有不同程度的影响。下面，对静基座条件下 3 种误差源同时存在的情况进行仿真，设三轴陀螺漂移均为 0.01(°)/h，三轴加速度计零位误差均为 $1\times10^{-4}g$（g 为重力加速度），初始纬度和经度分别为(45.7381°，126.4138°)，初始经纬度误差为 0.05°，初始姿态失准角为 1′、1′、5′，初始速度误差为 0.1m/s，得到系统总的误差曲线如图 3-25~图 3-27 所示。

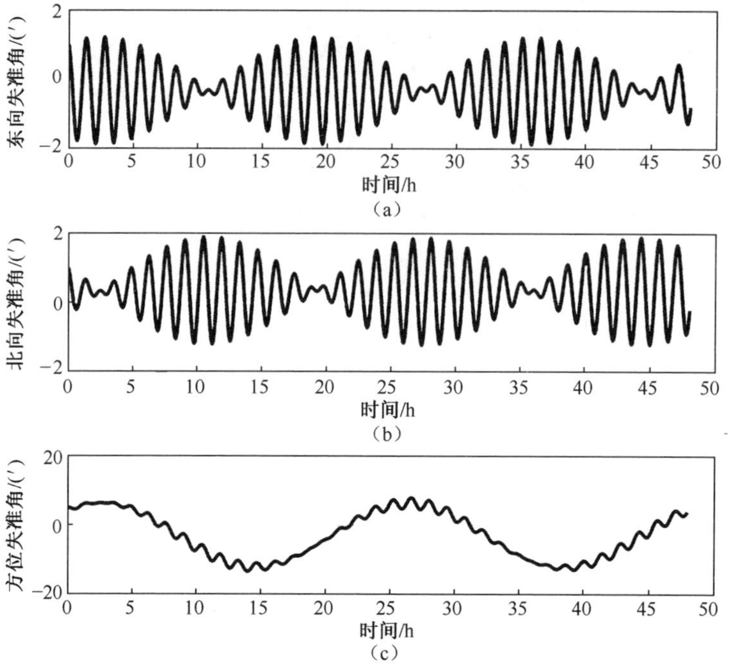

图 3-25　3 种误差源引起的系统总的姿态误差曲线

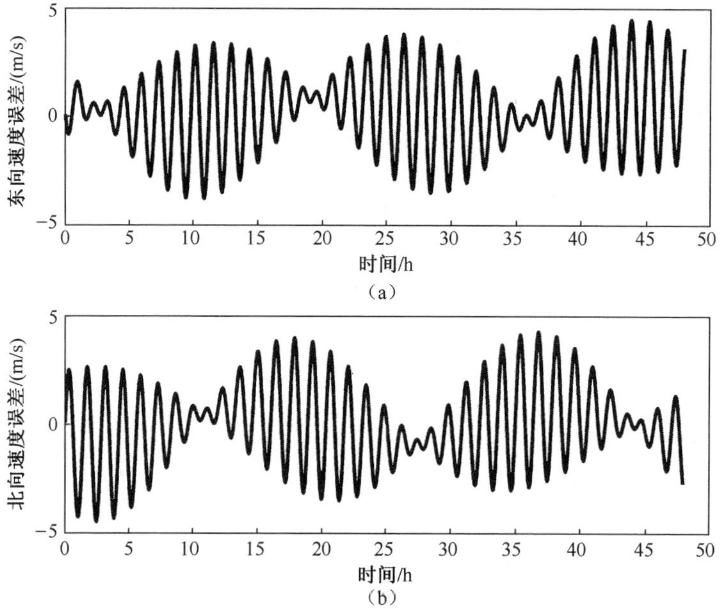

图 3-26　3 种误差源引起的系统总的速度误差曲线

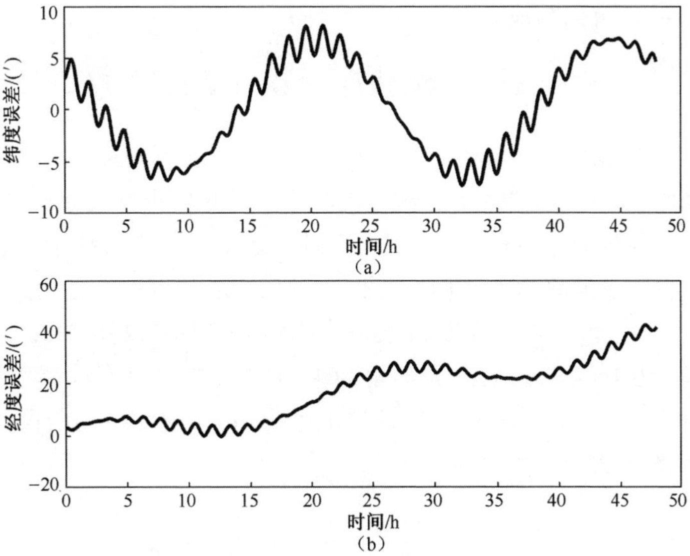

图 3-27　3 种误差源引起的系统总的位置误差曲线

由上面的误差曲线可以看出,系统总的误差是 3 种主要误差源共同作用下的综合反映,系统误差是地球周期与被傅科周期调制的舒勒周期叠加后的产物;同时,静基座下的 3 种振荡均为等幅振荡,只有经度误差是发散的。

3.4　动基座下船用捷联惯性导航系统误差模型及特性分析

动基座下的误差模型为

$$\begin{cases}
\dot{\phi}_E = -\dfrac{\delta v_N}{R_m} + \left(\omega_{ie}\sin L + \dfrac{v_E \tan L}{R_n}\right)\phi_N - \left(\omega_{ie}\cos L + \dfrac{v_E}{R_n}\right)\phi_U + \varepsilon_E \\
\dot{\phi}_N = -\omega_{ie}\sin L\delta L + \dfrac{\delta v_E}{R_n} - \left(\omega_{ie}\sin L + \dfrac{v_E \tan L}{R_n}\right)\phi_E - \dfrac{v_N}{R_m}\phi_U + \varepsilon_N \\
\dot{\phi}_U = \left(\omega_{ie}\cos L + \dfrac{v_E}{R_n}\sec^2 L\right)\delta L + \tan L\dfrac{\delta v_E}{R_n} + \left(\omega_{ie}\cos L + \dfrac{v_E}{R_n}\right)\phi_E + \dfrac{v_N}{R_m}\phi_N + \varepsilon_U \\
\delta\dot{L} = \dfrac{\delta v_N}{R_m} \\
\delta\dot{\lambda} = \dfrac{\delta v_E}{R_n}\sec L + \dfrac{v_E}{R_n}\tan L\sec L\delta L \\
\delta\dot{v}_E = \dfrac{v_N}{R_n}\tan L\delta v_E + \left(2\omega_{ie}\sin L + \dfrac{v_E}{R_n}\tan L\right)\delta v_N + \left(2\omega_{ie}\cos L v_N + \dfrac{v_E v_N}{R_n}\sec^2 L\right)\delta L + \\
\qquad \phi_U f_N - \phi_N f_U + \nabla_E \\
\delta\dot{v}_N = -\left(2\omega_{ie}\sin L + \dfrac{2v_E}{R_n}\tan L\right)\delta v_E - \left(2\omega_{ie}\cos L v_E + \dfrac{v_E^2}{R_n}\sec^2 L\right)\delta L - \phi_U f_E + \phi_E f_U + \\
\qquad \nabla_N
\end{cases} \tag{3-24}$$

式(3-24)可以写成

$$\dot{\boldsymbol{X}}(t)=\boldsymbol{F}(t)\boldsymbol{X}(t)+\boldsymbol{G}(t)\boldsymbol{W}(t) \tag{3-25}$$

式中：$\boldsymbol{X}(t)$ 为导航误差组成的状态矢量；$\boldsymbol{W}(t)$ 为系统噪声矢量。

当基座运动时，误差状态方程中的状态转移矩阵形式复杂，为非线性时变函数。下面将通过仿真的方式分析载体的运动对系统误差特性的影响。

设三轴陀螺漂移均为 0.01(°)/h，三轴加速度计零位误差均为 $1\times10^{-4}g$（g 为重力加速度），初始纬度和经度分别为(45.7381°，126.4138°)，初始经纬度误差为 0.05°，初始姿态失准角为 1′、1′、5′，初始速度误差为 0.1m/s。在速度分别为 3m/s 和 10m/s 的条件下进行仿真，由此得到的误差曲线如图 3-28～图 3-33 所示。

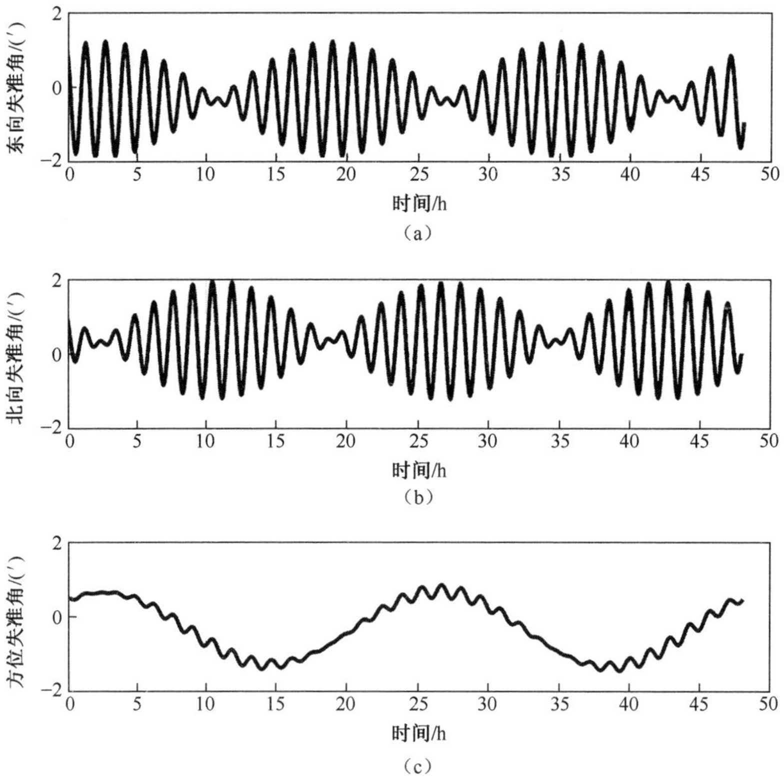

图 3-28 北向匀速运动速度为 3m/s 时姿态误差曲线

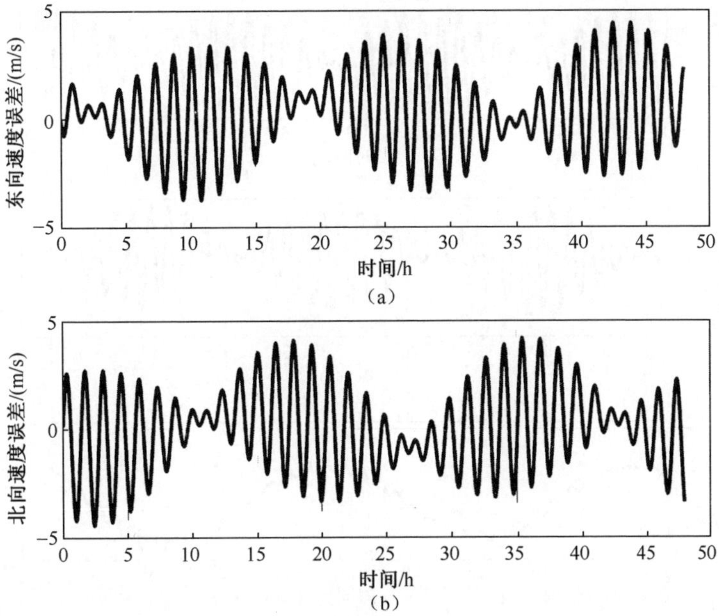

图 3-29　北向匀速运动速度为 3m/s 时速度误差曲线

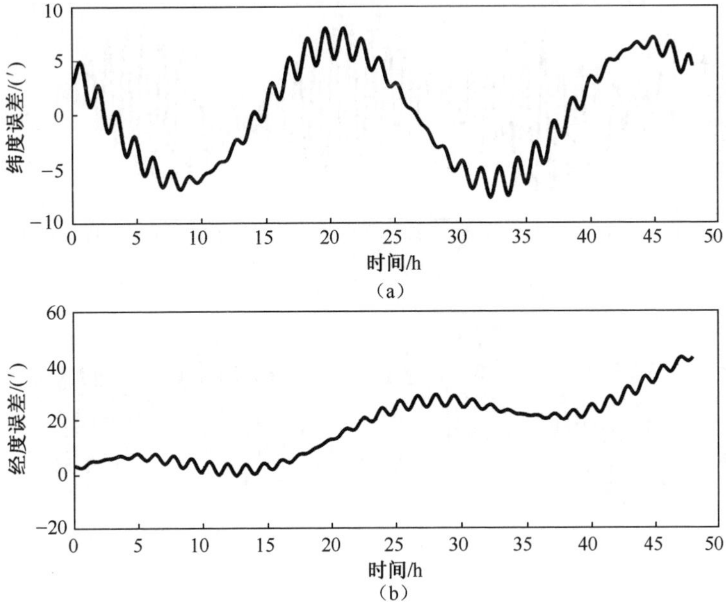

图 3-30　北向匀速运动速度为 3m/s 时位置误差曲线

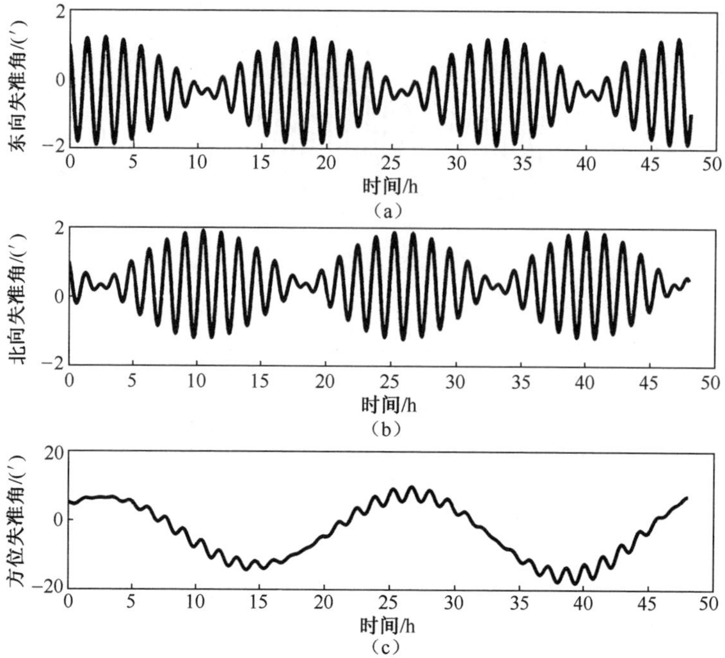

图 3-31　北向匀速运动速度为 10m/s 时姿态误差曲线

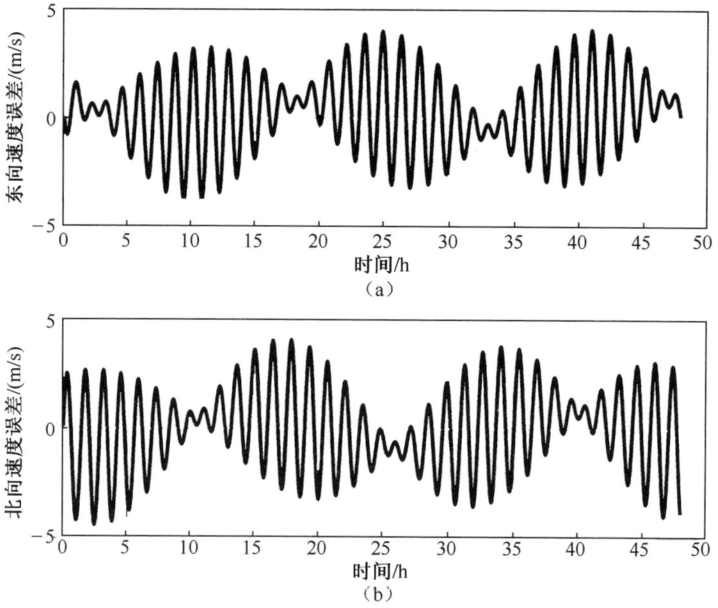

图 3-32　北向匀速运动速度为 10m/s 时速度误差曲线

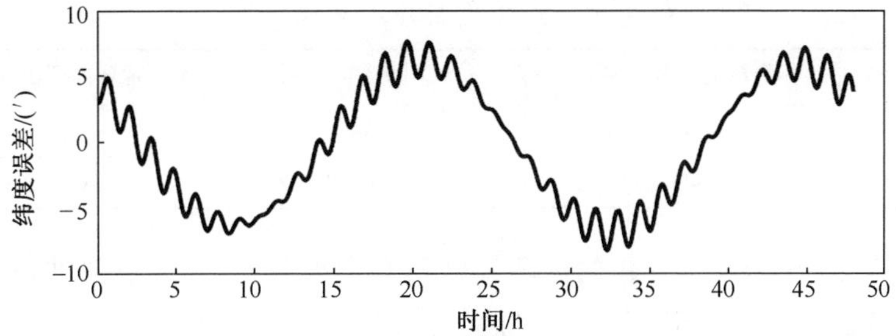

（a）

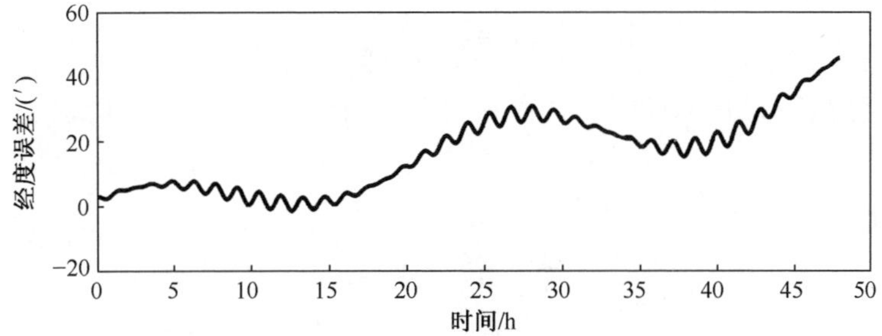

（b）

图 3-33　北向匀速运动速度为 10m/s 时位置误差曲线

当载体沿北向做匀速运动时,载体所处的地理纬度将不断变化。此时,载体的北向速度和所处地理位置的纬度对系统误差都会有影响。对比图 3-25～图 3-33,同时根据动基座下的误差方程,可以得出以下结论:

(1) 载体的运动不引起常值的系统误差,常值误差只由 3 种主要误差源(陀螺漂移、加速度计零位误差和初始值误差) 决定。这一结论从动基座误差方程中也可以看出。

(2) 载体所处的地理纬度对系统误差有影响。随着纬度的不断增大,傅科周期和地球周期均发生了明显变化。式(3-23)可以写为

$$S_{1,2} = \mathrm{j}(\omega_s + \omega_c), \quad S_{3,4} = \mathrm{j}(\omega_s - \omega_c), \quad S_{5,6} = \mathrm{j}\omega_e \tag{3-26}$$

式中:ω_e、ω_s、ω_c 分别为地球角频率、舒勒角频率、傅科角频率。

利用式(2-24)可由系统的特征根计算出相应的振荡周期。纬度及振荡周期的变化如表 3-1 所列。纬度的变化范围从 30°～50.5992°时,傅科周期变化明显,从 47.9486h 连续减小到 31.0557h,地球周期有一定变化,但变化较小,而对舒勒周期则没有影响。

载体的运动速度对系统误差有影响,主要体现振荡周期上。对比图 3-28～图 3-33 的曲线可知,载体的运动速度越大,傅科周期和地球周期越小;而对舒勒周期则没有影响。

表 3-1　纬度及振荡周期的变化

纬度/(°)	舒勒周期 T_s /min	傅科周期 T_c /h	地球周期 T_e /h
30	84.4	47.9486	24.0003
50.5992	84.4	31.0557	24.0013

图 3-31 中方位失准角的振荡幅度略有增大,是因为方位失准角 φ_U 与东向陀螺漂移 ε_E 和纬度 L 有关,即

$$\varphi_U = \frac{\varepsilon_E}{\omega_{ie}\cos L} \tag{3-27}$$

当存在陀螺漂移时,必然存在方位失准角,并且随着纬度的升高而增大。

本章小结

本章首先对捷联惯性导航系统的误差方程进行了推导和分析,包括速度误差方程、位置误差方程和姿态误差方程,并对捷联惯性导航系统的主要误差源进行了简单介绍;随后通过数值仿真分别分析了静基座和动基座情况下惯性器件误差对系统误差的影响。

第4章 基于卡尔曼滤波的最优估计理论

4.1 卡尔曼滤波

所谓滤波就是从混合在一起的诸多信号中提取出所需要的信号,信号是传递和运载信息的时间或空间函数。有一类信号的变化规律是既定的,如调幅广播中的载波信号、阶跃信号、脉宽固定的矩形脉冲信号等,它们都具有确定的频谱,这类信号称为确定性信号。另一类信号没有既定的变化规律,在相同的初始条件和环境条件下,信号的每次实现都不一样,如陀螺漂移、海浪、做水平飞行的飞机飞越山区时无线电高度表的输出信号、惯性导航系统的导航输出误差、GPS 的可用性选择误差等,它们没有确定的频谱,这类信号称为随机信号。

由于确定性信号具确定的频谱,因此可根据各信号频带的不同,设置具有相应频率特性的滤波器,如低通、高通、带通、带阻滤波器,使有用信号无衰减地通过,使干扰信号受到抑制。这类滤波器可用物理方法实现,此即模拟滤波器,也可用计算机通过算法实现,此即数字滤波器。对确定性信号的滤波处理也称常规滤波。

随机信号没有确定的频谱,无法用常规滤波提取或抑制信号,但是随机信号具有确定的功率谱,所以可根据有用信号和干扰信号的功率谱设计滤波器。卡尔曼滤波从与被提取信号有关的量测量中通过算法估计出所需信号。其中被估计信号是由白噪声激励引起的随机响应,激励源与响应之间的传递结构(系统方程)已知,量测量与被估计量之间的函数关系(量测方程)也已知。估计过程中利用了如下信息:系统方程、量测方程、白噪声激励的统计特性、量测误差的统计特性。由于所用信息都是时域内的量,因此卡尔曼滤波器是在时域内设计的,且适用于多维情况[15]。

从以上简述中可看出卡尔曼滤波有如下特点:

(1) 卡尔曼滤波处理的对象是随机信号。

(2) 被处理信号无有用和干扰之分,滤波的目的是要估计出所有被处理信号。

(3) 系统的白噪声激励和量测噪声并不是需要滤除的对象,它们的统计特性正是估计过程中需要利用的信息。

确切地说,卡尔曼滤波应称为最优估计理论,就实现形式而言卡尔曼滤波器实质上是一套由数字计算机实现的递推算法,每个递推周期中包含对被估计量的时间更新和量测更新两个过程。时间更新由上一步的量测更新结果和设计卡尔曼滤波器的先验信息确定,量测更新则是在时间更新的基础上根据实时获得的量测值确定。因此,量测量可看作卡尔曼滤波器的输入,估计值可看作卡尔曼滤波器的输出。下面给出离散型卡尔曼滤波的基本方程。

设 t_k 时刻的被估计状态 $\boldsymbol{X}_k$ 受到系统噪声序列 $\boldsymbol{W}_{k-1}$ 驱动,驱动机理由下述状态方程描述:

$$\boldsymbol{X}_k = \boldsymbol{\Phi}_{k,k-1}\boldsymbol{X}_{k-1} + \boldsymbol{\Gamma}_{k-1}\boldsymbol{W}_{k-1} \tag{4-1}$$

对 $\boldsymbol{X}_k$ 的量测满足线性关系,量测方程为

$$\boldsymbol{Z}_k = \boldsymbol{H}_k\boldsymbol{X}_k + \boldsymbol{V}_k \tag{4-2}$$

式中:$\boldsymbol{\Phi}_{k,k-1}$ 为 t_{k-1} 时刻至 t_k 时刻的一步转移阵;$\boldsymbol{\Gamma}_{k-1}$ 为系统驱动噪声阵;$\boldsymbol{H}_k$ 为量测阵;$\boldsymbol{V}_k$ 为量测噪声序列;$\boldsymbol{W}_{k-1}$ 为系统激励噪声序列。

同时,$\boldsymbol{W}_k$ 和 $\boldsymbol{V}_k$ 满足:

$$\begin{cases} E[\boldsymbol{W}_k] = 0 \\ \mathrm{Cov}[\boldsymbol{W}_k, W_j] = E[\boldsymbol{W}_k\boldsymbol{W}_j^{\mathrm{T}}] = \boldsymbol{Q}_k\delta_{kj} \\ E[\boldsymbol{V}_k] = 0 \\ \mathrm{Cov}[\boldsymbol{V}_k, \boldsymbol{V}_j] = E[\boldsymbol{V}_k\boldsymbol{V}_j^{\mathrm{T}}] = R_k\delta_{kj} \\ \mathrm{Cov}[\boldsymbol{W}_k, \boldsymbol{V}_j] = E[\boldsymbol{W}_k\boldsymbol{V}_j^{\mathrm{T}}] = 0 \end{cases} \tag{4-3}$$

式中:$\boldsymbol{Q}_k$ 为系统过程噪声 $\boldsymbol{W}_k$ 的 $p \times p$ 维对称非负定方差矩阵;$\boldsymbol{R}_k$ 为系统观测噪声 $\boldsymbol{V}_k$ 的 $m \times m$ 维对称正定方差阵;δ_{kj} 为克罗内克-δ(Kronecker-δ) 函数,其统计特性为

$$\delta_{kj} = \begin{cases} 1, & k = j \\ 0, & k \neq j \end{cases} \tag{4-4}$$

下面直接给出线性离散系统基本卡尔曼滤波方程。

状态一步预测:

$$\hat{X}_{k,k-1} = \boldsymbol{\Phi}_{k,k-1}\hat{X}_{k-1} \tag{4-5a}$$

状态估计：

$$\hat{X}_k = \hat{X}_{k,k-1} + K_k[Z_k - H_k\hat{X}_{k,k-1}] \tag{4-5b}$$

滤波增益矩阵：

$$K_k = P_{k,k-1}H_k^{\mathrm{T}}[H_kP_{k,k-1}H_k^{\mathrm{T}} + R_k]^{-1} \tag{4-5c}$$

一步预测误差方差阵：

$$P_{k,k-1} = \boldsymbol{\Phi}_{k,k-1}P_{k-1}\boldsymbol{\Phi}_{k,k-1}^{\mathrm{T}} + \boldsymbol{\Gamma}_{k,k-1}Q_{k-1}\boldsymbol{\Gamma}_{k,k-1}^{\mathrm{T}} \tag{4-5d}$$

估计误差方差阵：

$$P_k = [I - K_kH_k]P_{k,k-1}[I - K_kH_k]^{\mathrm{T}} + K_kR_kK_k^{\mathrm{T}} \tag{4-5e}$$

式(4-5e)可以写为

$$P_k = [I - K_kH_k]P_{k,k-1} \tag{4-5e1}$$

或

$$P_k^{-1} = P_{k,k-1}^{-1} + H_k^{\mathrm{T}}R_kH_k \tag{4-5e2}$$

式(4-5)为线性离散系统卡尔曼滤波基本方程。只要给定初值 $\hat{X}_0$ 和 P_0，根据 k 时刻的观测值 Z_k，就可以递推计算得 k 时刻的状态估计 $\tilde{X}_k$。

4.2 基于卡尔曼滤波的非线性系统滤波

4.2.1 扩展卡尔曼滤波

在许多实际应用问题中，状态方程或量测方程为非线性而噪声为非高斯情况时，滤波问题也表现为非线性。解决非线性滤波问题的最优方案是需要得到其条件后验概率的完整描述，然而这种精确的描述需要无尽的参数而无法实际应用，为此人们提出了大量次优的近似方法[16-22]。对于非线性滤波问题的次优近似，有两大途径：

（1）将非线性环节线性化，对高阶项采用忽略或逼近措施；

（2）用采样方法近似非线性分布。

对非线性函数进行线性化近似，对高阶项采用忽略或逼近是解决非线性问题的传统途径。其中最广泛使用的是扩展卡尔曼滤波器(Extended Kalman Filter，EKF)，EKF 通过对非线性函数的泰勒展开式进行一阶线性化截断，从而将非线性问题转化为线性。EKF 算法实现简单，通过泰勒展开法对非线性系统进行线性化，用雅可比矩阵代替了卡尔曼滤波方程式中的线性转换。下面给出 EKF 滤波方程。

设连续非线性动态方程为

$$\dot{\boldsymbol{x}}=f(\boldsymbol{x}(t))+\boldsymbol{\Gamma}(t)\boldsymbol{w}_t \tag{4-6}$$

式中：$E(\boldsymbol{w}_t\boldsymbol{w}_{t'}^{\mathrm{T}})=\boldsymbol{Q}(t)\boldsymbol{\delta}(t-t')$。

当采样间隔 $t_{k+1}-t_k=T$ 较小时，在区间 $[t_k,t_{k+1}]$ 内可把 $f(\boldsymbol{x}(t))$ 近似展开，并代入动态方程进行积分，得

$$\boldsymbol{x}_{k+1}=\boldsymbol{x}_k+f(\boldsymbol{x}_k)T+\boldsymbol{A}(\boldsymbol{x}_k)f(\boldsymbol{x}_k)T^2/2+\boldsymbol{\Gamma}_k\boldsymbol{q}_k \tag{4-7}$$

式中：$\boldsymbol{x}_k=\boldsymbol{x}(t_k)$；$\boldsymbol{A}(x_k)=\dfrac{\partial f(\boldsymbol{x})}{\partial \boldsymbol{x}}$；$\boldsymbol{\Gamma}_k=\boldsymbol{\Gamma}(t_k)$；$\boldsymbol{\Gamma}_k\boldsymbol{q}_k=\int_k^{t_{k+1}}\boldsymbol{\Gamma}(t)\boldsymbol{w}_t\mathrm{d}t$；系统噪声满足 $E(q_kq_k^{\mathrm{T}})=\boldsymbol{Q}_k$，其中 $Q_k=Q(t_k)$。

量测方程为离散非线性方程：

$$\boldsymbol{y}=h(\boldsymbol{x}_{k+1})+\boldsymbol{v}_{k+1} \tag{4-8}$$

式中：观测噪声 $\boldsymbol{v}_{k+1}$ 满足 $\boldsymbol{E}(\boldsymbol{v}_{k+1}\boldsymbol{v}_{k+1}^{\mathrm{T}})=\boldsymbol{R}_{k+1}$。

从而可以得到以下滤波递推方程。

计算预报值：

$$\boldsymbol{x}_{k+1|k}=\boldsymbol{x}_{k|k}+f(\boldsymbol{x}_{k|k})T+\boldsymbol{A}(\boldsymbol{x}_{k|k})f(\boldsymbol{x}_{k|k})T^2/2 \tag{4-9a}$$

计算预报误差方差矩阵定义为

$$\boldsymbol{P}_{k+1|k}=\boldsymbol{\Phi}_k\boldsymbol{P}_{k|k}\boldsymbol{\Phi}_k^{\mathrm{T}}+\boldsymbol{Q}_k \tag{4-9b}$$

式中：$\boldsymbol{\Phi}_k=\boldsymbol{I}+\boldsymbol{A}(\boldsymbol{x}_{k|k})T$。

记 $\boldsymbol{B}(\boldsymbol{x})=\dfrac{\partial h(\boldsymbol{x})}{\partial \boldsymbol{x}}$，则计算增益矩阵：

$$\boldsymbol{K}_{k+1}=\boldsymbol{P}_{k+1|k}\boldsymbol{B}_{k+1}^{\mathrm{T}}(\boldsymbol{B}_{k+1}\boldsymbol{P}_{k+1|k}\boldsymbol{B}_{k+1}^{\mathrm{T}}+\boldsymbol{R}_{k+1})^{-1} \tag{4-9c}$$

计算滤波值：

$$\hat{\boldsymbol{x}}_{k+1|k+1}=\hat{\boldsymbol{x}}_{k+1|k}+\boldsymbol{K}_{k+1}[\boldsymbol{y}_{k+1}-h(\hat{\boldsymbol{x}}_{k+1|k})] \tag{4-9d}$$

计算滤波误差方差阵：

$$\boldsymbol{P}_{k+1|k+1}=(\boldsymbol{I}-\boldsymbol{K}_{k+1}\boldsymbol{B}_{k+1})\boldsymbol{P}_{k+1|k} \tag{4-9e}$$

4.2.2 无迹卡尔曼滤波

状态空间形式的离散非线性系统为

$$\begin{cases}\boldsymbol{x}_k=f(\boldsymbol{x}_{k-1})+\boldsymbol{w}_{k-1}\\ z_k=h(\boldsymbol{x}_k)+\boldsymbol{v}_k\end{cases} \tag{4-10}$$

式中：$f(\boldsymbol{x}_{k-1})$ 和 $h(\boldsymbol{x}_k)$ 为已知任意函数，随机系统噪声 $\boldsymbol{w}_{k-1} \sim N(0,Q)$，随机观测噪声 $\boldsymbol{v}_k \sim N(0,R)$。

非线性滤波是根据当前时刻及此前的含噪观测量估计未知的系统状态。

由于均值和方差能够完全表达高斯分布，从而可以使用卡尔曼滤波器结构的高斯滤波器处理状态估计任务，其一般形式为

$$\begin{cases}\boldsymbol{x}_{k|k} = \hat{\boldsymbol{x}}_{k|k-1} + \boldsymbol{W}_k(z_k - \hat{z}_k) \\ \boldsymbol{P}_{k|k} = \boldsymbol{P}_{k|k-1} - \boldsymbol{W}_k\boldsymbol{P}_{zz}\boldsymbol{W}_k^{\mathrm{T}} \\ \boldsymbol{W}_k = \boldsymbol{P}_{xz}\boldsymbol{P}_{zz}^{-1}\end{cases} \tag{4-11}$$

上述变量的具体表达式如下：

$$\begin{aligned}\hat{\boldsymbol{x}}_{k|k-1} &= E[f(\boldsymbol{x}_{k-1})] = \int_{\mathcal{R}} f(\boldsymbol{x}_{k-1})p(\boldsymbol{x}_{k-1})\mathrm{d}\boldsymbol{x}_{k-1} \\ &= \int_{\mathcal{R}} f(\boldsymbol{x}_{k-1}) \times N(\boldsymbol{x}_{k-1};\boldsymbol{P}_{k-1|k-1})\mathrm{d}\boldsymbol{x}_{k-1}\end{aligned} \tag{4-12}$$

$$\begin{aligned}\boldsymbol{P}_{k|k-1} &= E[(\boldsymbol{x}_k - \hat{\boldsymbol{x}}_{k|k-1})(\boldsymbol{x}_k - \hat{\boldsymbol{x}}_{k|k-1})^{\mathrm{T}}] \\ &= -\hat{\boldsymbol{x}}_{k|k-1}\hat{\boldsymbol{x}}_{k|k-1}^{\mathrm{T}} + \int_{\mathcal{R}} f(\boldsymbol{x}_{k-1})f^{\mathrm{T}}(\boldsymbol{x}_{k-1}) \times \\ &\quad N(\boldsymbol{x}_{k-1};\boldsymbol{P}_{k-1|k-1})\mathrm{d}\boldsymbol{x}_{k-1} + \boldsymbol{Q}_{k-1}\end{aligned} \tag{4-13}$$

$$\hat{z}_x = E[h(\boldsymbol{x}_k)] = \int_{\mathcal{R}} h(\boldsymbol{x}_k) \times N(\boldsymbol{x}_k;\boldsymbol{P}_{k|k-1})\mathrm{d}\boldsymbol{x}_k \tag{4-14}$$

$$\begin{aligned}\boldsymbol{P}_{zz} &= E[(z_k - \hat{z}_x)(z_k - \hat{z}_x)^{\mathrm{T}}] \\ &= \int_{\mathcal{R}} h(\boldsymbol{x}_k)h^{\mathrm{T}}(\boldsymbol{x}_k) \times \boldsymbol{N}(\boldsymbol{x}_k;\boldsymbol{P}_{k|k-1})\mathrm{d}\boldsymbol{x}_k - \hat{z}_{k|k-1}\hat{z}_{k|k-1}^{\mathrm{T}} + \boldsymbol{R}_k\end{aligned} \tag{4-15}$$

$$\begin{aligned}\boldsymbol{P}_{xz} &= E[(\boldsymbol{x}_k - \hat{\boldsymbol{x}}_x)(z_k - \hat{z}_x)^{\mathrm{T}}] \\ &= \int_{\mathcal{R}} \boldsymbol{x}_k h^{\mathrm{T}}(\boldsymbol{x}_k) \times N(\boldsymbol{x}_k;\boldsymbol{P}_{k|k-1})\mathrm{d}\boldsymbol{x}_k - \hat{\boldsymbol{x}}_{k|k-1}\hat{z}_{k|k-1}^{\mathrm{T}}\end{aligned} \tag{4-16}$$

上述数学期望的计算涉及 5 个与系统状态同维积分。考虑如下形式的多维积分：

$$\boldsymbol{I}(f) = \int_{\mathcal{R}} f(\boldsymbol{x})\exp(-\boldsymbol{x}^{\mathrm{T}}\boldsymbol{x})\mathrm{d}\boldsymbol{x} \tag{4-17}$$

式中：$f(x)$ 为任意函数；$\mathcal{R}$ 为积分区域。

如何求解上述积分是滤波器需解决的问题。在一般情况下，上述积分

的解析值无法得到,因此需要用近似的方法获得其解析值的近似解。

无迹卡尔曼滤波(Unscented Kalman Filter, UKF)方法以无迹变换(Unscented Transform,UT)为基础,采用确定性采样的方式和传统卡尔曼滤波算法的框架来实现非线性滤波。

1. Unscented 变换

Julier 和 Uhlmann 等学者认为“近似非线性函数的概率密度分布要比近似非线性函数更容易”,进而提出采用无迹变换(Unscented Transform, UT)推演概率分布[16]。无迹变换推演概率分布是一种计算经过非线性变换后的随机变量的统计特性的方法:首先采用一组确定的 Sigma 点近似系统的状态变量的分布;然后对每个 Sigma 点分别进行非线性变换;最后通过加权计算得到变换后的统计特性。

采用对称采样策略采样,对于均值为 $\bar{\boldsymbol{x}}$,方差为 $\boldsymbol{P}_x$ 的 n 维随机变量 $\boldsymbol{x}$,产生的 $2n+1$ 个 Sigma 点 $\tilde{\boldsymbol{x}}$ 为

$$\begin{cases}\tilde{\boldsymbol{x}}_i=\bar{\boldsymbol{x}}, & i=0\\ \tilde{\boldsymbol{x}}_i=\bar{\boldsymbol{x}}-[\sqrt{(n+k)\boldsymbol{P}_x}]_i, & i=1,2,\cdots,n\\ \tilde{\boldsymbol{x}}_i=\bar{\boldsymbol{x}}+[\sqrt{(n+k)\boldsymbol{P}_x}]_i, & i=n+1,n+2,\cdots,2n\end{cases} \tag{4-18}$$

式中: $[\sqrt{(n+k)\boldsymbol{P}_x}]_i$ 为矩阵 $(n+k)\boldsymbol{P}_x$ 的平方根的第 i 行或第 i 列。若 $\boldsymbol{P}$ 的矩阵平方根为 $\boldsymbol{A}$,且 $\boldsymbol{P}$ 可表示为 $\boldsymbol{P}=\boldsymbol{A}^{\mathrm{T}}\boldsymbol{A}$ 时, $(\sqrt{P})_i$ 取 $\boldsymbol{A}$ 的第 i 行;当 $\boldsymbol{P}=\boldsymbol{A}\boldsymbol{A}^{\mathrm{T}}$ 时, $(\sqrt{P})_i$ 取 $\boldsymbol{A}$ 的第 i 列。

每个 Sigma 点相应的权值分别为

$$\begin{cases}\boldsymbol{w}_i^m=\boldsymbol{w}_i^c=\dfrac{\kappa}{n+\kappa}, & i=0\\ \boldsymbol{w}_i^m=\boldsymbol{w}_i^c=\dfrac{1}{2(n+\kappa)}, & i\neq 0\end{cases} \tag{4-19}$$

式中: κ 为自由参数,用于控制每个点到均值的距离,它对系统非线性函数的均值和协方差的估计精度有着直接的影响。考虑满足高斯分布的状态变量来说,通常取 $\kappa=3-n$ 。$\boldsymbol{w}_i^m$ 为与每个 Sigma 点相对应均值的加权值, $\boldsymbol{w}_i^c$ 为对应方差的权值,并满足 $\sum \boldsymbol{w}_i^m=\sum \boldsymbol{w}_i^c=1$。

将上述每个 Sigma 点通过非线性传递函数 $z=f(x)$ 进行非线性变换,得到变换后的各个 Sigma 点为

$$z_i = f(\tilde{\boldsymbol{x}}_i) \tag{4-20}$$

因此,可以通过下述公式计算得到 z 的均值和协方差:

$$\bar{z} = \sum_{i=0}^{2n} \boldsymbol{w}_i^m z_i \tag{4-21}$$

$$\boldsymbol{P}_z = \sum_{i=0}^{2n} \boldsymbol{w}_i^m (z_i - \bar{z})(z_i - \bar{z})^{\mathrm{T}} \tag{4-22}$$

Unscented 变换原理如图 4-1 所示。

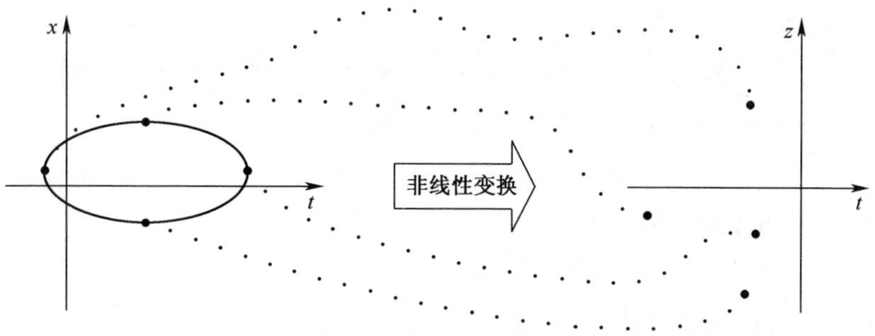

图 4-1 Unscented 变换原理图

2. UKF 滤波过程

根据前面的 Unscented 变换可知,最初选择的 Sigma 点集 $[\boldsymbol{\eta}_i, \boldsymbol{w}_i]$ 如下:

$$\begin{cases} \boldsymbol{\eta}_i = 0, \boldsymbol{w}_i = \boldsymbol{w}_i^m = \boldsymbol{w}_i^c = \dfrac{\kappa}{n+\kappa}, & i = 0 \\ \boldsymbol{\eta}_i = \sqrt{\dfrac{n+k}{2}}\,[1]_i, \boldsymbol{w}_i = \boldsymbol{w}_i^m = \boldsymbol{w}_i^c = \dfrac{1}{2(n+\kappa)}, & i = 1,2,\cdots,2n \end{cases} \tag{4-23}$$

同理,使用 Sigma 点集 $[\boldsymbol{\eta}_i, \boldsymbol{w}_i]$ 计算式(4-12)~式(4-16)得出 UKF 滤波算法,在每个滤波周期内进行时间更新和量测更新。

1) 时间更新

假设 $k-1$ 时刻后验密度函数 $p(\boldsymbol{x}_{k-1}) = N(\hat{\boldsymbol{x}}_{k-1|k-1}, \boldsymbol{P}_{k-1|k-1})$ 已知,通过 Cholesky 分解误差协方差 $\boldsymbol{P}_{k-1|k-1}$:

$$\boldsymbol{P}_{k-1|k-1} = \boldsymbol{S}_{k-1|k-1}\boldsymbol{S}_{k-1|k-1}^{\mathrm{T}} \tag{4-24}$$

计算 Sigma 点($i = 0,1,2,\cdots,m; m = 2n$):

$$\boldsymbol{X}_{i,k-1|k-1} = \boldsymbol{S}_{k-1|k-1}\boldsymbol{\eta}_i + \hat{\boldsymbol{x}}_{k-1|k-1} \tag{4-25}$$

通过状态方程传播 Sigma 点:

$$\boldsymbol{X}_{i,k|k-1}^{*} = f(\boldsymbol{X}_{i,k-1|k-1}) \tag{4-26}$$

k 时刻的状态预测值:

$$\hat{\boldsymbol{x}}_{k|k-1} = \sum_{i=0}^{m} \boldsymbol{w}_i^m \boldsymbol{X}_{i,k|k-1}^* \tag{4-27}$$

k 时刻的状态误差协方差预测值：

$$\boldsymbol{P}_{k|k-1} = \sum_{i=0}^{m} \boldsymbol{w}_i^m (\boldsymbol{X}_{i,k|k-1}^* - \hat{\boldsymbol{x}}_{k|k-1})(\boldsymbol{X}_{i,k|k-1}^* - \hat{\boldsymbol{x}}_{k|k-1})^{\mathrm{T}} + \boldsymbol{Q}_{k-1} \tag{4-28}$$

2）量测更新

通过 Cholesky 分解 $\boldsymbol{P}_{k|k-1}$ ：

$$\boldsymbol{P}_{k|k-1} = \boldsymbol{S}_{k|k-1} \boldsymbol{S}_{k|k-1}^{\mathrm{T}} \tag{4-29}$$

计算 Sigma 点（ $i = 0,1,2,\cdots,m;m = 2n$ ）：

$$\boldsymbol{X}_{i,k|k-1} = \boldsymbol{S}_{k|k-1} \boldsymbol{\eta}_i + \hat{\boldsymbol{x}}_{k|k-1} \tag{4-30}$$

通过观测方程传播 sigma 点：

$$\boldsymbol{Z}_{i,k|k-1} = h(\boldsymbol{X}_{i,k|k-1}) \tag{4-31}$$

k 时刻的观测预测值：

$$\hat{\boldsymbol{z}}_{k|k-1} = \sum_{i=0}^{m} \boldsymbol{w}_i^c \boldsymbol{Z}_{i,k|k-1} \tag{4-32}$$

自相关协方差矩阵：

$$\boldsymbol{P}_{zz,k|k-1} = \sum_{i=0}^{m} \boldsymbol{w}_i^c (\boldsymbol{Z}_{i,k|k-1} - \hat{\boldsymbol{z}}_{k|k-1})(\boldsymbol{Z}_{i,k|k-1} - \hat{\boldsymbol{z}}_{k|k-1})^{\mathrm{T}} + \boldsymbol{R}_k \tag{4-33}$$

互相关协方差矩阵：

$$\boldsymbol{P}_{xz,k|k-1} = \sum_{i=0}^{m} \boldsymbol{w}_i^c (\boldsymbol{X}_{i,k|k-1} - \hat{\boldsymbol{x}}_{k|k-1})(\boldsymbol{Z}_{i,k|k-1} - \hat{\boldsymbol{z}}_{i,k|k-1})^{\mathrm{T}} \tag{4-34}$$

卡尔曼增益：

$$\boldsymbol{W}_k = \boldsymbol{P}_{xz,k|k-1} \boldsymbol{P}_{zz,k|k-1}^{-1} \tag{4-35}$$

k 时刻状态估计值：

$$\hat{\boldsymbol{x}}_{k|k} = \hat{\boldsymbol{x}}_{k|k-1} + \boldsymbol{W}_k (z_k - \hat{\boldsymbol{z}}_{k|k-1}) \tag{4-36}$$

k 时刻状态误差协方差估计值：

$$\boldsymbol{P}_{k|k} = \boldsymbol{P}_{k|k-1} - \boldsymbol{W}_k \boldsymbol{P}_{zz,k|k-1} \boldsymbol{W}_k^{\mathrm{T}} \tag{4-37}$$

由此可见，UKF 是通过一组具有权重的点集经过非线性系统方程的转换计算这组转换后的点集给出下一时刻系统状态的预测，避免了对非线性模型的线性化处理。因此，不依赖于具体系统模型的非线性方程，算法相对独立，适用于任何形式的非线性模型。然而，UKF 缺乏严格的数学推导过程,Sigma 点集是 Unscented 转换的结果,在权值和点集的选择上具有一定的随机性,UKF 选用奇数($2n+1$ 个) 及不同权值的点集;在滤波稳定性上,UKF 中的自由调节参数 κ 随机性很大,若 $\kappa<0$,则权值 $w_0<0$,从而方差阵变为非正定,引起滤波精度下降。

4.2.3　容积卡尔曼滤波

容积卡尔曼滤波(Cubature Kalman Filter, CKF) 与 UKF 有很多相同之处,不过其理论推导更加严谨(UKF 缺乏严格数学推导) ,CKF 根据 Cubature 准则,通过 $2n$ 个同等权值的 Cubature 点经非线性系统方程转换后产生新的点来给出下一时刻系统状态的预测。同样,无须对非线性模型线性化,但比 UKF 使用的采样点更少[23]。

1. 球面径向容积准则

CKF 是采用球面径向变换为基础的球面径向容积(Spherical-Radial Cubature) 准则来实现系统的多维积分。取 $\boldsymbol{x}=r\boldsymbol{y}(\boldsymbol{y}^{\mathrm{T}}\boldsymbol{y}=\boldsymbol{I},r\in[0,\infty))$,因此积分式(4-17)在 Spherical-Radial 坐标系可写为

$$I(f)=\int_0^{\infty}\int_{U_n}f(r\boldsymbol{y})r^{n-1}\mathrm{e}^{-r^2}\mathrm{d}\sigma(\boldsymbol{y})\mathrm{d}r \tag{4-38}$$

式中:U_n 为 n 维单位球面,$\sigma(\cdot)$ 为 U_n 上的元素。

积分 $I(f)$ 可分离为 Spherical 积分和 Radial 积分:

$$S(r)=\int_{U_n}f(r\boldsymbol{y})\mathrm{d}\sigma(\boldsymbol{y}) \tag{4-39a}$$

$$R=\int_0^{\infty}S(r)r^{n-1}\mathrm{e}^{-r^2}\mathrm{d}r \tag{4-39b}$$

完全对称的 Spherical Cubature 规则可以用下式表示:

$$S(r)=\sum_{i=1}^{2n}b_i f(rs_i) \tag{4-40}$$

$2n$ 个点 s_i 位于 n 维单位球面与其坐标轴相交处且 $s_i=[1]_i$,具有如下相同的权值:

$$b_i=\frac{1}{2n}\frac{2\sqrt{\pi^n}}{\Gamma(n/2)} \tag{4-41}$$

其中

$$\Gamma(n)=\int_0^{\infty}x^{n-1}\mathrm{e}^{-x}\mathrm{d}x \tag{4-42}$$

对于二维系统，即 $n=2$ 时，有

$$[1]=\{(1,0)^{\mathrm{T}},(-1,0)^{\mathrm{T}},(0,1)^{\mathrm{T}},(0,-1)^{\mathrm{T}}\} \tag{4-43}$$

通过变换，Radial 积分可转换为

$$R=\frac{1}{2}\int_0^{\infty}S(\sqrt{r})\,r^{\frac{n}{2}-1}\mathrm{e}^{-r}\mathrm{d}r \tag{4-44}$$

式(4-44)为著名的广义拉格朗日公式，根据一次幂拉格朗日规则，$S(\sqrt{r})=1$ 或者 $S\sqrt{r}=r$ 时，式(4-44)能够得出准确的积分值，即 $S(r)=1$ 或者 $S(r)=r^2$ 时，式(4-44)可以精确积分，即

$$R=\frac{1}{2}\Gamma\left(\frac{n}{2}\right)S\left(\sqrt{\frac{n}{2}}\right) \tag{4-45}$$

为了便于推导，根据广义的高斯-拉格朗日积分规则，式(4-44)还可以近似表示为

$$R\approx\sum_{j=1}^{m}a_jS(r_j) \tag{4-46}$$

结合式(4-40)和式(4-46)得出 Spherical-Radial Cubature 规则：

$$I(f)\approx\sum_{i=1}^{2n}\sum_{j=1}^{m}a_jb_if(r_js_i) \tag{4-47}$$

对于三次幂 Spherical-Radial Cubature 准则，有 $m=1$，再结合式(4-45)和式(4-46)得出 $r_j=\sqrt{n/2}$，从而式(4-38) 变为

$$I(f)\approx\frac{\sqrt{\pi^n}}{2n}\sum_{i=1}^{2n}f\left(\sqrt{\frac{n}{2}}\,[1]_i\right) \tag{4-48}$$

对于标准高斯分布，有

$$I_N(f)=\int_{\mathcal{R}}f(\boldsymbol{x})N(\boldsymbol{x};0,I)\,\mathrm{d}x=\frac{1}{\sqrt{\pi^n}}\int_{\mathcal{R}}f(\sqrt{2}x)\exp(-\boldsymbol{x}^{\mathrm{T}}\boldsymbol{x})\,\mathrm{d}x \tag{4-49}$$

结合式(4-17)和式(4-48)，有

$$I_N(f)\approx\frac{1}{\sqrt{\pi^n}}\left[\frac{\sqrt{\pi^n}}{2n}\sum_{i=1}^{2n}f\left(\sqrt{2}\sqrt{\frac{n}{2}}\,[1]_i\right)\right]=\sum_{i=1}^{m}\boldsymbol{\omega}_if(\boldsymbol{\xi}_i) \tag{4-50}$$

$$\begin{cases}\boldsymbol{\xi}_i=\sqrt{\dfrac{m}{2}}\,[1]_i,\\ \boldsymbol{\omega}_i=\dfrac{1}{m},\end{cases}\quad i=1,2,\cdots,m;m=2n \tag{4-51}$$

对于一般的高斯分布而言，有

$$\int_{\mathcal{R}} f(\boldsymbol{x}) N(\boldsymbol{x};\boldsymbol{u},\boldsymbol{\Sigma}) \mathrm{d}x = \int_{\mathcal{R}} f(\sqrt{\boldsymbol{\Sigma}}\boldsymbol{x} + \boldsymbol{u}) N(\boldsymbol{x};0,\boldsymbol{I}) \mathrm{d}x = \sum_{i=1}^{m} \boldsymbol{\omega}_i f(\sqrt{\boldsymbol{\Sigma}}\boldsymbol{\xi}_i + \boldsymbol{u}) \tag{4-52}$$

由此可见,CKF 选取 $2n$ 个 Cubature 点及同等的权值计算高斯权重积分。

2. CKF 滤波过程

使用 Cubature 点集 $[\boldsymbol{\xi}_i,\boldsymbol{\omega}_i]$ 计算式(4-12)~式(4-16),得出 CKF 滤波算法,在每个滤波周期内进行时间更新和量测更新。

1）时间更新

假设 $k-1$ 时刻后验密度函数 $p(\boldsymbol{x}_{k-1}) = N(\hat{\boldsymbol{x}}_{k-1|k-1},\boldsymbol{P}_{k-1|k-1})$ 已知,通过 Cholesky 分解误差协方差 $\boldsymbol{P}_{k-1|k-1}$：

$$\boldsymbol{P}_{k-1|k-1} = \boldsymbol{S}_{k-1|k-1}\boldsymbol{S}_{k-1|k-1}^{\mathrm{T}} \tag{4-53}$$

计算 Cubature 点：

$$\boldsymbol{X}_{i,k-1|k-1} = \boldsymbol{S}_{k-1|k-1}\boldsymbol{\xi}_i + \hat{\boldsymbol{x}}_{k-1|k-1} \tag{4-54}$$

通过状态方程传播 Cubature 点：

$$\boldsymbol{X}_{i,k|k-1}^{*} = f(\boldsymbol{X}_{i,k-1|k-1}) \tag{4-55}$$

k 时刻的状态预测值：

$$\hat{\boldsymbol{x}}_{k|k-1} = \frac{1}{m}\sum_{i=1}^{m}\boldsymbol{X}_{i,k|k-1}^{*} \tag{4-56}$$

k 时刻的状态误差协方差预测值：

$$\boldsymbol{P}_{k|k-1} = \frac{1}{m}\sum_{i=1}^{m}\boldsymbol{X}_{i,k|k-1}^{*}\boldsymbol{X}_{i,k|k-1}^{*\mathrm{T}} - \hat{\boldsymbol{x}}_{k|k-1}\hat{\boldsymbol{x}}_{k|k-1}^{\mathrm{T}} + \boldsymbol{Q}_{k-1} \tag{4-57}$$

2）量测更新

通过 Cholesky 分解 $\boldsymbol{P}_{k|k-1}$：

$$\boldsymbol{P}_{k|k-1} = \boldsymbol{S}_{k|k-1}\boldsymbol{S}_{k|k-1}^{\mathrm{T}} \tag{4-58}$$

计算 Cubature 点：

$$\boldsymbol{X}_{i,k|k-1} = \boldsymbol{S}_{k|k-1}\boldsymbol{\xi}_i + \hat{\boldsymbol{x}}_{k|k-1} \tag{4-59}$$

通过观测方程传播 Cubature 点：

$$\boldsymbol{Z}_{i,k|k-1} = h(\boldsymbol{X}_{i,k|k-1}) \tag{4-60}$$

k 时刻的观测预测值：

$$\hat{\boldsymbol{z}}_{k|k-1} = \frac{1}{m}\sum_{i=1}^{m}\boldsymbol{Z}_{i,k|k-1} \tag{4-61}$$

自相关协方差矩阵：

$$\boldsymbol{P}_{zz,k|k-1}=\frac{1}{m}\sum_{i=1}^{m}\boldsymbol{Z}_{i,k|k-1}Z_{i,k|k-1}^{\mathrm{T}}-\hat{z}_{k|k-1}\hat{z}_{k|k-1}^{\mathrm{T}}+\boldsymbol{R}_k \tag{4-62}$$

互相关协方差矩阵：

$$\boldsymbol{P}_{xz,k|k-1}=\frac{1}{m}\sum_{i=1}^{m}\boldsymbol{X}_{i,k|k-1}\boldsymbol{Z}_{i,k|k-1}^{\mathrm{T}}-\hat{\boldsymbol{x}}_{k|k-1}\hat{z}_{k|k-1}^{\mathrm{T}} \tag{4-63}$$

卡尔曼增益：

$$\boldsymbol{W}_k=\boldsymbol{P}_{xz,k|k-1}\boldsymbol{P}_{zz,k|k-1}^{-1} \tag{4-64}$$

k 时刻状态估计值：

$$\hat{\boldsymbol{x}}_{k|k}=\hat{\boldsymbol{x}}_{k|k-1}+\boldsymbol{W}_k(z_k-\hat{z}_{k|k-1}) \tag{4-65}$$

k 时刻状态误差协方差估计值：

$$\boldsymbol{P}_{k|k}=\boldsymbol{P}_{k|k-1}-\boldsymbol{W}_k\boldsymbol{P}_{zz,k|k-1}\boldsymbol{W}_k^{\mathrm{T}} \tag{4-66}$$

4.3 平方根滤波

虽然 KF、EKF 等滤波算法在工程实践中被广泛应用，但是完善的理论并不意味着完美的结果，要想有效地实现这些算法，还要克服一些工程技术上的障碍。在上述卡尔曼滤波方程进行协方差矩阵的传递过程中，最容易发生的数值问题就是由于舍入误差的影响，状态协方差矩阵失去对称性和正定性，从而导致滤波器失效。针对这个问题，学者们提出了平方根滤波这一方案。即在卡尔曼滤波方程中不传递易失去正定性的协方差矩阵，取而代之的是传递其平方根，这样这个分解因子的平方在任何时候都能保证正定性。平方根滤波结合了良好的数值特性和中等的计算负担，在工程实现中表现出优良的性质，同时在处理病态矩阵时，它的双精度特性也能够在滤波器性能上给出重要的改进，在航空、航天、航海等领域成为传统卡尔曼滤波算法的有力替代者[24]。

4.3.1 平方根卡尔曼滤波

以往的平方根滤波算法，大都建立在标量更新的基础上，采用序贯处理方法，所提出算法较为烦琐又不易直观理解。本小节结合卡尔曼滤波的 Joseph 形式，给出一种平方根卡尔曼滤波算法。在保证了更新结果的正定性和对称性的同时，使算法更加简洁直观。

1. 初始矩阵的分解

在实现平方根卡尔曼滤波器的过程中，对于初始给定的方差，在保证其正定性的前提下，进行分解：

$$P = P^{1/2}\,(P^{1/2})^{\mathrm{T}} = SS^{\mathrm{T}} \tag{4-67}$$

一般地，矩阵的平方根分解不是唯一的，此处采用的分解是 Cholesky 分解。

2. 计算预测状态协方差矩阵

将预测状态协方差式简写为

$$\bar{P} = \phi P \phi^{\mathrm{T}} + Q \tag{4-68}$$

式中：$\bar{P}$ 为预测状态协方差，并且要求的是 $P = SS^{\mathrm{T}}$ 。

假设已经进行了分解 $Q = \sqrt{Q}\sqrt{Q}^{\mathrm{T}}$ ，则有

$$\bar{P} = AA^{\mathrm{T}} = \phi SS^{\mathrm{T}}\phi^{\mathrm{T}} + \sqrt{Q}\sqrt{Q}^{\mathrm{T}}$$

其中

$$A = [\phi S \quad \sqrt{Q}] = \begin{bmatrix} a'_1 \\ a'_2 \\ \vdots \\ a'_{n_x} \end{bmatrix} \tag{4-69}$$

式中：A 为 $n_x \times 2n_x$ 的矩阵。

然后利用 QR 分解：对一个矩阵 A 进行 QR 分解，使 $A^{\mathrm{T}} = QR$ ，此处 $Q \in n_x \times n_x$ 是正交矩阵，R 是 $2n_x \times n_x$ 上三角矩阵。R 的上三角部分 $\tilde{R}$ 是 Cholesky 分解 $P = AA^{\mathrm{T}}$ 因子的转置，即有 $\tilde{R}^{\mathrm{T}}\tilde{R} = AA^{\mathrm{T}}$ 。利用简写 qr{·} 代表一个矩阵的 QR 分解，然后返回 $\tilde{R}$ 。

3. 计算更新状态协方差因式和滤波器增益

卡尔曼滤波方程中最容易发生数值问题的是在协方差更新方程，由于含有相减的计算，对舍入误差十分敏感，极易使更新结果失去正定和对称。

令 $P_{k+1,k} = P^-$，$P_{k+1,k+1} = P^+$ ，则协方差更新方程为

$$P^+ = P^- - WP_{zz}W^{\mathrm{T}} \tag{4-70}$$

其中

$$\begin{cases} P_{zz} = HP^- H^{\mathrm{T}} + R \\ W = PHP_{zz}^{-1} \end{cases} \tag{4-71}$$

整理之后，有

$$\boldsymbol{P}^{+}=[\boldsymbol{I}-\boldsymbol{W}\boldsymbol{H}^{\mathrm{T}}]\boldsymbol{P}^{-}[\boldsymbol{I}-\boldsymbol{W}\boldsymbol{H}^{\mathrm{T}}]^{\mathrm{T}}+\boldsymbol{W}\boldsymbol{R}\boldsymbol{W}^{\mathrm{T}} \tag{4-72}$$

这就是著名的 Joseph 形式协方差更新公式,这样更新方程也具有了预测方程的对称形式,分解 $\boldsymbol{P}^{+}=\boldsymbol{B}\boldsymbol{B}^{\mathrm{T}}$,其中 $\boldsymbol{B}=[(\boldsymbol{I}-\boldsymbol{W}\boldsymbol{H})\boldsymbol{A}\boldsymbol{W}\sqrt{\boldsymbol{R}}]$,采用和预测同样的处理方式,得到更新的协方差平方根矩阵。

4.3.2 平方根无迹卡尔曼滤波

最近几年,随着 Unscented 卡尔曼滤波器在应用领域的推广,相关学者也给出了对应的平方根算法,其在实际应用中的效果也同样值得关注。下面以平方根 UKF 为代表,介绍非线性系统平方根滤波算法。平方根 UKF 的推导思想如下。

在标准 UKF 方法中,耗费计算量最大的部分是每次计算新的 sigma 点,具体地说是 Cholesky 分解, $\boldsymbol{P}=\boldsymbol{S}\boldsymbol{S}^{\mathrm{T}}$ 。但是,由于 $\boldsymbol{P}$ 的更新是标准 UKF 中的不可分割的一部分,因此这种计算量是不可消减的。而在平方根卡尔曼滤波器中,直接传递的是 $\boldsymbol{S}$,这样就不需要在每个循环中都进行平方根分解了,它同时保存了平方根滤波优良的数值属性。具体的算法如下。

(1) 初始化:

$$\begin{cases}\hat{\boldsymbol{x}}_0=E[\boldsymbol{x}_0]\\ \boldsymbol{P}_0=E[(\boldsymbol{x}_0-\hat{\boldsymbol{x}}_0)(\boldsymbol{x}_0-\hat{\boldsymbol{x}}_0)^{\mathrm{T}}]\end{cases} \tag{4-73}$$

设 S_0 为 P_0 按照 Cholesky 分解的上三角矩阵。

(2) 计算 Sigma 点及对应权值矩阵:

$$\begin{cases}\tilde{\boldsymbol{x}}_i=\bar{\boldsymbol{x}}, & i=0\\ \tilde{\boldsymbol{x}}_i=\bar{\boldsymbol{x}}-[\sqrt{(n+\kappa)}\boldsymbol{S}_x]_i, & i=1,2,\cdots,n\\ \tilde{\boldsymbol{x}}_i=\bar{\boldsymbol{x}}+[\sqrt{(n+\kappa)}\boldsymbol{S}_x]_i, & i=n+1,n+2,\cdots,2n\end{cases} \tag{4-74}$$

$$\begin{cases}\boldsymbol{w}_i^{\mathrm{m}}=\boldsymbol{w}_i^{\mathrm{c}}=\dfrac{\kappa}{n+\kappa}, & i=0\\ \boldsymbol{w}_i^{\mathrm{m}}=\boldsymbol{w}_i^{\mathrm{c}}=\dfrac{1}{2(n+\kappa)}, & i\neq 0\end{cases} \tag{4-75}$$

(3) 时间更新过程:

$$\boldsymbol{X}_{i,k|k-1}^{*}=f(\boldsymbol{X}_{i,k-1|k-1}) \tag{4-76}$$

$$\hat{\boldsymbol{x}}_{k|k-1}=\sum_{i=0}^{2n}\boldsymbol{w}_i^{m}\boldsymbol{X}_{i,k|k-1}^{*} \tag{4-77}$$

$$S_{k|k-1} = QR\{[\sqrt{w_{1:2n}^{c}}(X_{1:2n,k|k-1}^{*} - \hat{x}_{k|k-1}) \quad \sqrt{Q}]\} \tag{4-78}$$

$$S_{k|k-1} = \text{cholupdate}\{S_{k|k-1}, X_{0,k|k-1}^{*} - \hat{x}_{k|k-1}, w_0^c\} \tag{4-79}$$

（4）量测更新过程：

$$Z_{i,k|k-1} = h(X_{i,k|k-1}^{*}) \tag{4-80}$$

$$\hat{z}_{k|k-1} = \sum_{i=0}^{2n} w_i^m Z_{i,k|k-1} \tag{4-81}$$

$$S_{k|k-1}^{z} = QR\{[\sqrt{w_{1:2n}^{c}}(Z_{0,k|k-1} - \hat{z}_{k|k-1}) \quad \sqrt{R}]\} \tag{4-82}$$

$$S_{k|k-1}^{z} = \text{cholupdate}\{S_{k|k-1}^{z}, Z_{0,k|k-1} - \hat{x}_{k|k-1}, w_0^c\} \tag{4-83}$$

$$P_{k|k-1}^{xz} = \sum_{i=0}^{2n} w_i^c (X_{i,k|k-1} - \hat{x}_{k|k-1})(Z_{i,k|k-1} - \hat{z}_{i,k|k-1})^{\mathrm{T}} \tag{4-84}$$

（5）状态增广：

$$K_k = \frac{P_{k|k-1}^{xz}}{S_{k|k-1}^{z}(S_{k|k-1}^{z})^{\mathrm{T}}} \tag{4-85}$$

$$\hat{x}_{k|k} = \hat{x}_{k|k-1} + K_k(z_k - \hat{z}_{k|k-1}) \tag{4-86}$$

$$U = K_k S_{k|k-1}^{z} \tag{4-87}$$

$$S_{k|k} = \text{cholupdate}\{S_{k|k-1}, U, -1\} \tag{4-88}$$

4.4 信息滤波

信息滤波器(Information Filter, IF) 是根据所关心的参数(状态) 相关的信息测量形式获得,而不是直接获得状态估计和其相关的协方差。信息滤波器的性能和运行要求具有两个突出特点:①信息滤波器的信息估计方程比卡尔曼滤波器的状态估计方程简单;② 在信息滤波器方程中不包含增益或新息协方差矩阵,求逆矩阵的最大维数是目标状态维数。在多传感器系统中,目标状态矢量的维数通常要小于观测矢量维数。这两个特点使得信息滤波器在分布式多传感器数据融合系统的应用中具有更大的优越性。

设在离散化状态方程的基础上目标运动规律可表示为

$$\begin{cases} X_k = \phi_{k,k-1} X_{k-1} + \Gamma_k W_k \\ Z_k = H_k X_k + V_k \end{cases} \tag{4-89}$$

式中：$X_k \in \mathcal{R}$ 为时刻目标的状态矢量；W_k 为零均值白色高斯过程噪声矢量,满足 $W \sim N(0,Q)$;$\phi_{k,k-1}$ 为状态转移矩阵；Γ_k 为过程噪声驱动阵；$Z_k \in \mathcal{R}^m$ 为量测矢量；H_k 为量测矩阵；V_k 为零均值白色高斯噪声量测噪声,满足

$V \sim N(0,\boldsymbol{R})$，且 $\boldsymbol{Q}$ 和 $\boldsymbol{R}$ 是正定阵，分别为过程噪声矩阵和量测协方差矩阵。

在信息滤波方程中，两个关键的变量分别是信息矩阵和信息状态矢量。信息矩阵为卡尔曼滤波器中状态协方差矩阵的逆为

$$\boldsymbol{Y}_{k|k} = \boldsymbol{P}_{k|k}^{-1} \tag{4-90}$$

信息状态矢量通过卡尔曼滤波器中状态协方差矩阵的逆和状态估计相乘可得

$$\hat{\boldsymbol{y}}_{k|k} = \boldsymbol{P}_{k|k}^{-1}\hat{\boldsymbol{x}}_{k|k} \tag{4-91}$$

信息滤波器的具体方程表达式可以表示为

$$\hat{\boldsymbol{y}}_{k,k-1} = \boldsymbol{L}_{k,k-1}\hat{\boldsymbol{y}}_{k-1,k-1} \tag{4-92}$$

$$\boldsymbol{Y}_{k,k-1} = (\boldsymbol{\phi}_{k,k-1}\boldsymbol{Y}_{k,k-1}^{-1}\boldsymbol{\phi}_{k,k-1}^{\mathrm{T}} + \boldsymbol{Q}_k)^{-1} \tag{4-93}$$

$$\hat{\boldsymbol{y}}_{k,k} = \hat{\boldsymbol{y}}_{k,k-1} + \boldsymbol{i}_k \tag{4-94}$$

$$\boldsymbol{Y}_{k,k} = \boldsymbol{Y}_{k,k-1} + \boldsymbol{I}_k \tag{4-95}$$

式中：$\boldsymbol{L}_{k,k-1}$ 为信息传递系数；$\boldsymbol{i}_k$ 为信息状态贡献；$\boldsymbol{I}_k$ 为与 $\boldsymbol{i}_k$ 相关的信息矩阵，分别定义如下：

$$\boldsymbol{L}_{k,k-1} = \boldsymbol{Y}_{k,k-1}\boldsymbol{\phi}_{k,k-1}\boldsymbol{Y}_{k,k-1}^{-1} \tag{4-96}$$

$$\boldsymbol{i}_k = \boldsymbol{H}_k^{\mathrm{T}}\boldsymbol{R}_k^{-1}\boldsymbol{Z}_k \tag{4-97}$$

$$\boldsymbol{I}_k = \boldsymbol{H}_k^{T}\boldsymbol{R}_k^{-1}\boldsymbol{H}_k \tag{4-98}$$

上述过程是在卡尔曼滤波算法的基础上开展的信息滤波算法推导。在此基础上，结合 EKF、UKF、CKF 等非线性滤波算法原理，可以给出相对应的非线性信息滤波算法，本书不再赘述。

4.5 粒子滤波

上述介绍了高斯滤波的一些方法，可以看到高斯滤波在对状态的条件概率分布的递推计算过程中，仅对条件分布的一阶矩和二阶矩作近似递推计算，因而它的使用范围只限于随机非线性系统为高斯系统模型的特殊情况。然而，在非线性/非高斯系统模型中，状态的条件分布实际上有无穷多个参数，在递推参数中传递两个低阶矩参数或者高斯分布是远远不够的。也就是说，采用高斯假设往往难以得到满意的结果。粒子滤波(Particle Filter, PF) 是一种非参数的方法，完全放弃对状态的条件分布所作的高斯假设，利用序贯蒙特卡罗(Sequential Monte Carlo, SMC) 模拟的方法近似整个

条件概率分布。因此,粒子滤波不仅同时解决了上述问题,而且还实现全局近似最优滤波。

粒子滤波又称为序贯蒙特卡罗模拟、条件密度传播算法(Conditional Density Propagation,Condensation)、贝叶斯导引滤波(Bayesian Bootstrap Filtering)等,是一种近似贝叶斯滤波的算法[25-29]。粒子滤波方法是一种通过蒙特卡罗模拟实现递推贝叶斯滤波的技术,其核心思想都是用粒子及其权值组成的离散随机测度去近似相关的概率分布,并且不断地根据算法更新递推离散随机测度。采用数学语言描述如下:对于平稳的随机过程,假设 $k-1$ 时刻系统的后验概率密度为 $p(\boldsymbol{x}_{k-1}|\boldsymbol{y}_{k-1})$,依据一定原则选择 n 个随机样本点,k 时刻获得测量信息后,经过状态预测和时间更新过程后, n 个粒子的后验概率密度可近似为 $p(\boldsymbol{x}_k|\boldsymbol{y}_k)$ 。随着粒子数目的增加,粒子的概率密度逐渐逼近状态的概率密度函数,粒子滤波估计即达到了最优贝叶斯估计的效果。其特点为:①简单,仅需要确定两个概率(先验概率和状态转移概率);②计算负担决定于粒子数目,可能做到比 SPKF 更少的粒子数目;③严重依赖于对初始状态的估计,可能很快收敛或者很快发散(由于仅在似然方程中用到了观测值)。对于 EKF 和 SPKF 算法而言,PF 算法能够处理任意非线性、非高斯系统的估计问题,根据采样点能够容易计算出均值、协方差以及其他统计量。

4.5.1 蒙特卡罗方法

粒子滤波的基本思想来源于蒙特卡罗方法。蒙特卡罗方法是一类用来解决数学和物理问题的不确定性数值方法,也称为统计试验法。它是理论物理学两大主要学科的合并,即随机过程的概率统计理论(用于处理布朗运动或随机游动实验)和位势理论(主要研究均匀介质的稳定状态)。它是用一系列随机数近似解决问题的一种方法,通过寻找一个概率统计的相似体并用试验取样过程来获得该相似体的近似解。用该近似方法所获得的问题的解本质上更接近于物理实验结果,而不是经典数值计算结果。

蒙特卡罗方法的应用有仿真和采样两种途径。仿真是指提高实际随机现象的数学上的模拟方法。典型的例子就是对中子进入反应堆屏障的运动进行仿真,用随机游动来模仿中子的锯齿路径。采样是指通过研究少量的随机的子集来演绎大量元素的特性的方法。例如,$f(x)$ 在 $a<x<b$ 上的平均值可以通过间歇性选取有限个数的点的平均值来进行估计,这是蒙特卡

罗方法的数值积分应用。目前,蒙特卡罗方法已广泛地被应用于求解微分方程和积分方程、求解本征值、矩阵转置,以及应用于计算多重积分。

随机数的产生是蒙特卡罗方法的前提。作为一种随机方法,与确定性方法相比,具有以下特点:更加简单,更加普遍,误差收敛较慢,依赖于相应的随机模型。下面介绍几种蒙特卡罗方法。

1. 简单采样

假设需要计算一个多维积分:

$$I = \int_{\mathcal{R}} g(x)\,\mathrm{d}x \tag{4-99}$$

式中:x 为均匀分布的随机变量,$x \in \mathcal{R}$,则 $g(x)$ 也是随机变量,其均值和方差由下式给出:

$$\begin{cases} E(g(x)) = \dfrac{1}{|R^*|}\displaystyle\int_{\mathcal{R}} g(x)\,\mathrm{d}x = \dfrac{1}{|R^*|} \\ \mathrm{Var}(g(x)) = \dfrac{1}{|R^*|}\displaystyle\int_{\mathcal{R}} g^2(x)\,\mathrm{d}x - \left(\dfrac{1}{|R^*|}\displaystyle\int_{\mathcal{R}} g(x)\,\mathrm{d}x\right)^2 \end{cases} \tag{4-100}$$

式中:$|R^*| = \int_{\mathcal{R}} \mathrm{d}x$ 。

如果取 x 的 $N \gg 1$ 个对立样本,即 $x_1, x_2, \cdots, x_N$,它们与 x 具有相同的分布,且构成平均项,即

$$\frac{g(x^1) + g(x^2) + \cdots + g(x^N)}{N} = \frac{1}{N}\sum_{i=1}^{N} g(x^i) \tag{4-101}$$

当 N 充分大的时候,该平均项接近于 $g(x)$ 的均值,即

$$I_N = \frac{|R^*|}{N}\sum_{i=1}^{N} g(x^i) \tag{4-102}$$

如果 $\mathrm{Var}(g(x))$ 有限则必收敛,而 I 和 I_N 满足:

$$\lim_{N\to\infty} \sqrt{N}(I_N - I) \sim N(0, \mathrm{Var}(g(x))) \tag{4-103}$$

式(4-102)称为蒙特卡罗公式,它适用于有限区域 $\mathfrak{R}$ 上的任何积分一项。上述方法中 x 是均匀采样,也称为简单采样,该积分方法被称为简单蒙特卡罗积分。从式(4-102)中也可以看出无偏估计值 I 收敛的很慢,这是由于估计值方差的基数是 $1/N$ 。与普通的数值积分相比,蒙特卡罗方法由于其精度不会随维数的增加而变差,因此在求解多维积分优势特别明显。

2. Metroplolis 采样

简单采样的方法对于求解一个任意的积分如 $\int_0^1 x^2 \mathrm{d}x$ 精度非常低 $O(1/\sqrt{N})$，如果采样 10000 个点，精度才达到 0.01%。最重要的原因是被积函数 $g(x)$ 不是一个光滑函数，大部分时间都浪费在计算对于 I 贡献很小的 $g(x)$ 上了。简单采样方法的最大问题是“平均主义”，如果被积函数 $g(x)$ 不是均匀函数(高维函数中常见)，该情况会变得尤其重要。1953 年，Metropolis 等提出从一个非均匀分布 $\pi(x)$ 函数采样，在积分贡献大的区域多采样，在贡献小的区域少采样。重新考虑积分式(4-99)，将 $g(x)$ 分解为 $g(x)=f(x)\pi(x)$，则积分变为

$$I = \int_{\mathcal{R}} f(x)\pi(x)\mathrm{d}x \tag{4-104}$$

且 $\pi(x) \geqslant 0$，可以归一化 $\int_{\mathcal{R}} \pi(x)\mathrm{d}x = 1$。

假设可以从分布 $\pi(x)$ 得到 N 个点 $\{x_i\}$，则

$$I_N = \frac{1}{N}\sum_{i=1}^{N} f(x^i) \tag{4-105}$$

然而，$\pi(x)$ 不出现在求和公式中，而是体现在 $\{x_i\}$ 的分布里。$\pi(x)$ 在贝叶斯估计理论中就是后验概率密度函数，在简单采样中可以认为 $\pi(x)$ 是均匀分布 $1/|R^*|$。在 Metropolis 积分中考虑构造一个符合各态历经、细致平衡的马尔可夫链产生符合 $\pi(x)$ 分布的 N 个 $\{x_i\}$。对于普通的蒙特卡罗积分，Metropolis 算法式(4-105)非常有效，难点只是在如何有效地进行采样。

3. 重要采样

对于贝叶斯估计问题，由于后验概率密度本身就是要估计的，因此状态的后验概率密度是不可以直接采样的。可以通过对另外一个与其具有相同或者更大支撑集合的概率密度函数 $q(x)$（称为重要密度函数 Importance Density Function 或建议分布 Proposal Distribution）进行采样，那么对该采样集进行正确加权修正仍然可以计算积分式(4-99)。此概率密度函数 $q(x)$ 类似于 $\pi(x)$，用如下条件描述

$$\pi(x) > 0 \Rightarrow q(x) > 0, \quad \forall x \in \mathcal{R} \tag{4-106}$$

这意味着，$q(x)$ 和 $\pi(x)$ 有相同的置信度。如果重要采样理论的条件式(4-106)成立，则积分式(4-104)可变为

$$I = \int_{\mathcal{R}} f(x)\pi(x)\mathrm{d}x = \int_{\mathcal{R}} f(x)\frac{\pi(x)}{q(x)}\mathrm{d}x \tag{4-107}$$

同时,假设 $\frac{\pi(x)}{q(x)}$ 有上限,对 I 的蒙特卡罗估计可以从 N 个由 $g(x)$ 产生独立同分布的点 $\{x^i\}$ 计算加权和可得

$$I_N = \frac{1}{N}\sum_{i=1}^{N} f(x^i) w(x^i) \tag{4-108}$$

式中:$w(x_i) = \frac{\pi(x^i)}{q(x^i)}$ 称为重要性权值(Importance Weights)。

如果密度函数 $\pi(x)$ 的归一化的因子未知,则需要对重要性权值进行归一化,然后再计算 I_N:

$$I_N = \frac{\frac{1}{N}\sum_{i=1}^{N} f(x^i) w(x^i)}{\frac{1}{N}\sum_{j=1}^{N} w(x^i)} = \sum_{i=1}^{N} f(x^i) \tilde{w}(x^i) \tag{4-109}$$

归一化的重要性权值 $\tilde{w}(x^i)$ 由下式得到,即

$$\tilde{w}(x^i) = \frac{w(x^i)}{\sum_{j=1}^{N} w(x^j)} \tag{4-110}$$

4.5.2 序贯重要采样

4.5.1 节描述的重要采样对于求解一般的蒙特卡罗积分比较有效,但是没有考虑到递推贝叶斯估计的特点,即贝叶斯估计是一个序列估计。本节描述的序贯重要采样方法就是考虑了观测是有时间前后关系的,因此采样也必须有时间前后关系。这里,专门针对如何计算 $p(\boldsymbol{x}_{0:k} \mid \boldsymbol{y}_{1:k})$ 进行讨论。

根据蒙特卡罗近似方法,后验概率密度函数 $p(\boldsymbol{x}_{0:k} \mid \boldsymbol{y}_{1:k})$ 可以由一批离散的采样点 $\{\boldsymbol{x}_k^i, \boldsymbol{w}_k^i\}$ 按下方近似:

$$p(\boldsymbol{x}_{0:k} \mid \boldsymbol{y}_{1:k}) \approx \sum_{i=1}^{N} \boldsymbol{w}_k^i \delta(\boldsymbol{x}_{0:k} - \boldsymbol{x}_{0:k}^i) \tag{4-111}$$

式中:$\boldsymbol{x}_{0:k}^i$ 称为粒子,$i = 1, 2, \cdots, N$;$\boldsymbol{w}_k^i$ 为对应于 $\boldsymbol{x}_{0:k}^i$ 的权值,且满足 $\sum_{i=1}^{N} \boldsymbol{w}_k^i = 1$;$\delta(\cdot)$ 为狄拉克函数。

权值 $\boldsymbol{w}_k^i$ 利用 4.5.1 节的重要采样的原理获得。

在上述基础上,关于 $\boldsymbol{x}_{0:k}$ 的任意函数 $g(\boldsymbol{x}_{0:k})$ 的条件期望近似为

$$E[g(\boldsymbol{x}_{0:k}) \mid \boldsymbol{y}_{1:k}] \approx \int g(\boldsymbol{x}_{0:k}) \sum_{i=1}^{N} \boldsymbol{w}_k^i \delta(\boldsymbol{x}_{0:k} - \boldsymbol{x}_{0:k}^i) \mathrm{d}\boldsymbol{x}_{0:k} = \sum_{i=1}^{N} \boldsymbol{w}_k^i g(\boldsymbol{x}_{0:k}^i) \tag{4-112}$$

由于$p(\boldsymbol{x}_{0:k} \mid \boldsymbol{y}_{1:k})$是待求的分布,不可能直接采样得到。尤其当后验分布是非高斯分布或者非标准分布(无法用任何 pdf 描述,或者多模分布)时,很难直接得到此分布的采样点。因此,粒子的采样主要基于重要采样方法:假设$p(x)$为需要近似的概率密度函数,但是难以从$p(\boldsymbol{x})$本身采样,$p(\boldsymbol{x}) \propto \pi(x)$,$\pi(\boldsymbol{x})$易于计算。重要性函数$q(\boldsymbol{x})$的概率分布与$p(\boldsymbol{x})$相同,而且容易实现采样,则$p(\boldsymbol{x})$可近似为

$$p(\boldsymbol{x}) \approx \sum_{i=1}^{N} \boldsymbol{w}^{i}\delta(\boldsymbol{x}-\boldsymbol{x}^{i}) \tag{4-113}$$

式中:$\boldsymbol{x}^i \sim q(\boldsymbol{x}),(i=1,2,\cdots,N)$,表示$\boldsymbol{x}^i$从$q(\boldsymbol{x})$中采样;$\boldsymbol{w}^i \propto \dfrac{\pi(\boldsymbol{x}^i)}{q(\boldsymbol{x}^i)}$为归一化粒子的权值。

因此,如果样本$\boldsymbol{x}_{0:k}^{i}$是从重要性函数$q(\boldsymbol{x}_{0:k} \mid \boldsymbol{y}_{1:k})$中获得,则上述权值可以表示为

$$\boldsymbol{w}_{k}^{i} \propto \frac{p(\boldsymbol{x}_{0:k}^{i} \mid \boldsymbol{y}_{1:k})}{q(\boldsymbol{x}_{0:k}^{i} \mid \boldsymbol{y}_{1:k})} \tag{4-114}$$

为了推导权值更新公式,根据贝叶斯递推估计公式,$p(\boldsymbol{x}_{0:k} \mid \boldsymbol{y}_{1:k})$分解成含有$p(\boldsymbol{x}_{0:k-1} \mid \boldsymbol{y}_{1:k-1})$、$p(\boldsymbol{y}_{k} \mid \boldsymbol{x}_{k})$和$p(\boldsymbol{x}_{k} \mid \boldsymbol{x}_{k-1})$项的形式:

$$\begin{aligned}
p(\boldsymbol{x}_{0:k} \mid \boldsymbol{y}_{1:k}) &= \frac{p(\boldsymbol{y}_{k} \mid \boldsymbol{x}_{0:k},\boldsymbol{y}_{1:k-1})p(\boldsymbol{x}_{0:k} \mid \boldsymbol{y}_{1:k-1})}{p(\boldsymbol{y}_{k} \mid \boldsymbol{y}_{1:k-1})}\\
&= \frac{p(\boldsymbol{y}_{k} \mid \boldsymbol{x}_{0:k},\boldsymbol{y}_{1:k-1})p(\boldsymbol{x}_{k} \mid \boldsymbol{x}_{0:k-1},\boldsymbol{y}_{1:k-1})}{p(\boldsymbol{y}_{k} \mid \boldsymbol{y}_{1:k-1})} \times p(\boldsymbol{x}_{0:k-1} \mid \boldsymbol{y}_{1:k-1})\\
&= \frac{p(\boldsymbol{y}_{k} \mid \boldsymbol{x}_{k})p(\boldsymbol{x}_{k} \mid \boldsymbol{x}_{k-1})}{p(\boldsymbol{y}_{k} \mid \boldsymbol{y}_{1:k-1})} \times p(\boldsymbol{x}_{0:k-1} \mid \boldsymbol{y}_{1:k-1})\\
&\propto p(\boldsymbol{y}_{k} \mid \boldsymbol{x}_{k})p(\boldsymbol{x}_{k} \mid \boldsymbol{x}_{k-1})p(\boldsymbol{x}_{0:k-1} \mid \boldsymbol{y}_{1:k-1})
\end{aligned} \tag{4-115}$$

假设重要性密度函数可以进行如下分解:

$$q(\boldsymbol{x}_{0:k} \mid \boldsymbol{y}_{1:k}) = q(\boldsymbol{x}_{k} \mid \boldsymbol{x}_{0:k-1},\boldsymbol{y}_{1:k})q(\boldsymbol{x}_{0:k-1} \mid \boldsymbol{y}_{1:k-1}) \tag{4-116}$$

那么,通过由$q(\boldsymbol{x}_{k} \mid \boldsymbol{x}_{0:k-1},\boldsymbol{y}_{1:k})$得到的样本点$\boldsymbol{x}_{0:k-1}$和由$q(\boldsymbol{x}_{0:k-1} \mid \boldsymbol{y}_{1:k-1})$得到的新状态$\boldsymbol{x}_{k}$,可以获得新样本$\boldsymbol{x}_{0:k}$。

将式(4-115)和式(4-116)代入式(4-114),则权值的递推公式为

$$\boldsymbol{w}_{k}^{i} \propto \frac{p(\boldsymbol{y}_{k} \mid \boldsymbol{x}_{k}^{i})p(\boldsymbol{x}_{k}^{i} \mid \boldsymbol{x}_{k-1}^{i})p(\boldsymbol{x}_{0:k-1}^{i} \mid \boldsymbol{y}_{1:k-1})}{q(\boldsymbol{x}_{k}^{i} \mid \boldsymbol{x}_{0:k-1}^{i},\boldsymbol{y}_{1:k})q(\boldsymbol{x}_{0:k-1}^{i} \mid \boldsymbol{y}_{1:k-1})} = \boldsymbol{w}_{k-1}^{i}\frac{p(\boldsymbol{y}_{k} \mid \boldsymbol{x}_{k}^{i})p(\boldsymbol{x}_{k}^{i} \mid \boldsymbol{x}_{k-1}^{i})}{q(\boldsymbol{x}_{k}^{i} \mid \boldsymbol{x}_{0:k-1}^{i},\boldsymbol{y}_{1:k})} \tag{4-117}$$

进一步,如果 $q(\boldsymbol{x}_k \mid \boldsymbol{x}_{0:k},\boldsymbol{y}_{1:k}) = q(\boldsymbol{x}_k \mid \boldsymbol{x}_{k-1},\boldsymbol{y}_k)$,则重要密度函数只取决于 $\boldsymbol{x}_{k-1}$ 和 $\boldsymbol{y}_k$。在这种情况下,样本点 $\boldsymbol{x}_{0:k-1}$ 和量测集 $\boldsymbol{y}_{1:k-1}$ 不需要存储。此时,权值可以简化为

$$\boldsymbol{w}_k^i \propto \boldsymbol{w}_{k-1}^i \frac{p(\boldsymbol{y}_k \mid \boldsymbol{x}_k^i)p(\boldsymbol{x}_k^i \mid \boldsymbol{x}_{k-1}^i)}{q(\boldsymbol{x}_k^i \mid \boldsymbol{x}_{k-1}^i,\boldsymbol{y}_k)} \tag{4-118}$$

式(4-118)表明,若采用式(4-116)的重要采样函数,则以前 $k-1$ 时刻的样本可以保留,只需要从 $q(\boldsymbol{x}_k \mid \boldsymbol{x}_{0:k-1},\boldsymbol{y}_{1:k})$ 中抽取一个样本即可,并且新的粒子的权值可按照式(4-117)就可以得到 k 时刻的样本的权值 $\boldsymbol{w}_k$。这个过程称为序贯重要采样(Sequential Importance Sampling,SIS),使用该方法可以在得到每一次的观测后递归地产生重要性权值 $\boldsymbol{w}_k$ 和样本集 $\{\boldsymbol{x}_k^i\}$。SIS 算法构成所有粒子滤波的基础。

4.5.3 序贯重要重采样

在 SIS 算法中,存在一个重要的问题是退化问题。其表现是:经过若干次迭代后,除了少数粒子外,其余粒子的权值可忽略不计,从而使得大量递推浪费在几乎不起任何作用的粒子的更新上,甚至最后只剩下一个权值为 1 的有效粒子,而其他粒子的权值为零,从而产生一个退化分布。

减少退化问题的一个思路是在粒子权值测量更新后引入重采样步骤。重采样的目的在于减少权值较小的粒子数目,而把注意力集中在大权值的粒子上。已经提出多种重采样方法,如多项式重采样、残差重采样、最小方差重采样、系统重采样等,不同的重采样方法对估计精度的影响并不明显。重采样的基本方法是通过对后验概率密度的离散近似表示式(4-111)再进行采样 N 次,产生新的粒子集 $\{\boldsymbol{x}_k^{i*}\}_{i=1}^N$ 使得 $\Pr(\boldsymbol{x}_k^{i*} = \boldsymbol{x}_k^j) = \boldsymbol{w}_k^j$。由于重采样是独立同分布的,权值被重新设置为 $\boldsymbol{w}_k^j = 1/N$。

在 SIS 算法中引入重采样步骤这便形成了序贯重要重采样(Sequential Importance Resample,SIR)算法,也即粒子滤波算法的基本框架。参照 SIR 粒子滤波的示意图及前面的分析,粒子滤波算法的实现步骤如下:

(1) 初始化。初始化随机样本,根据先验条件概率 $p(\boldsymbol{x}_0)$ 中随机抽取随机样本 $x_0^1,x_0^2,\cdots,x_0^N$。

(2) 权值更新。根据系统方程,根据重要密度函数式(4-116)进行采样,得到预测样本 $x_{k-1}^1,x_{k-1}^2,\cdots,x_{k-1}^N$;然后根据量测量和预测样本,使用贝

叶斯估计得到后验概率密度 $p(\boldsymbol{x}_{0:k} \mid \boldsymbol{y}_{1:k})$;再由权值更新式(4-117)计算新权值,并且对其归一化。

(3) 重采样。根据后验概率密度抽取样本 $x_k^{1*},x_k^{2*},\cdots,x_k^{N*}$,则 x_k^* 的估计值为 $\frac{1}{N}\sum_{i=1}^{N} x_k^{i*}$ 。取 $k \leftarrow k+1$ 返回第(2)步。

(4) 输出。粒子滤波选择状态转移概率密度 $p(\boldsymbol{x}_k \mid \boldsymbol{x}_{k-1}^i)$ 替代重要性密度 $q(\boldsymbol{x}_k \mid \boldsymbol{x}_{k-1}^i,\boldsymbol{z}_k)$,很显然缺失 k 时刻的观测值,从而当观测数据出现在状态转移概率分布的尾部或者似然函数同状态转移概率分布相比过于集中时(如呈现尖峰形),粒子退化将比较严重。同时,粒子滤波算法的计算量随着粒子数的增加而变大。为了有效地缓解粒子退化问题,许多文献在重要性密度函数的选取方面做了很多工作。文献提出了用 EKF、UKF 设计重要性密度函数的扩展粒子滤波(Extended Particle Filter,EPE)滤波、无迹粒子滤波(Unscented Particle Filter,UPF)滤波,由于这些算法考虑了最新的观测值,并在量测更新阶段通过 EKF 或 UKF 将更多的粒子挪动到似然函数较高的区域,从而大大改善了粒子退化问题,其精度明显高于传统的粒子滤波。

4.6 H_∞ 鲁棒滤波

当系统存在模型不确定性或观测值异常时,选择鲁棒滤波算法成为必然。标准 KF 及其非线性变化滤波器均是高斯域贝叶斯滤波,均建立在 H_2 准则基础上,但在实际应用中环境因素复杂多变,难以获得噪声干扰信号的统计也行并准确全面的描述。而 H_∞ 鲁棒滤波器是针对滤波系统存在模型不确定和外界干扰信号不确定性,引入 H_∞ 范数,以使得系统由噪声输入到估计误差输出的传递函数 H_∞ 范数最小或者小于给定某一值为设计目标[30]。与卡尔曼滤波器相比,H_∞ 鲁棒滤波器不仅对系统模型中的不确定性具有更好的鲁棒性,且对噪声的统计特性和分部规律不作任何假设。因此,H_∞ 滤波算法是目前代表性鲁棒滤波算法的代表之一。

以线性离散系统为例,状态方程为

$$\begin{cases} \boldsymbol{X}_k = \boldsymbol{\Phi}_{k,k-1}\boldsymbol{X}_{k-1} + \boldsymbol{W}_{k-1} \\ \boldsymbol{Z}_k = \boldsymbol{H}_k\boldsymbol{X}_k + \boldsymbol{V}_k \end{cases} \tag{4-119}$$

若系统噪声矩阵 $\boldsymbol{W}_k$ 和量测噪声矢量 $\boldsymbol{V}_k$ 在所有时间间隔内能量有限,即

$$\begin{cases}\sum\limits_{k=0}^{N}\|\boldsymbol{W}_k\|^2<\infty\\\sum\limits_{k=0}^{N}\|\boldsymbol{V}_k\|^2<\infty\end{cases}\tag{4-120}$$

则 H_∞ 鲁棒滤波就是寻求最优估计 $\hat{\boldsymbol{X}}_k$,使得满足如下约束条件:

$$\inf\sup_{W,V,X}\frac{\sum\limits_{k=0}^{N}\|\boldsymbol{X}_k-\hat{\boldsymbol{X}}_k\|^2}{\sum\limits_{k=0}^{N}\{\|\boldsymbol{W}_k\|_{\boldsymbol{Q}_k^{-1}}^2+\|\boldsymbol{V}_k\|_{\boldsymbol{R}_k^{-1}}^2\}+\|\boldsymbol{X}_0-\hat{\boldsymbol{X}}_0\|_{\boldsymbol{P}_0^{-1}}^2}<\gamma^2\tag{4-121}$$

式中:$\hat{\boldsymbol{X}}_k$ 为系统状态估计量;$\hat{\boldsymbol{X}}_0$ 为初始状态估计值;$\boldsymbol{P}_0$ 为表示初始估计值 $\hat{\boldsymbol{X}}_0$ 的方差矩阵;$\|\cdot\|_2$ 表示矢量的 2 范数,且 $\|\boldsymbol{M}\|_Q^2=\boldsymbol{M}^{\mathrm{T}}\boldsymbol{QM}$;$\gamma$ 为预先给定的因子;$\boldsymbol{Q}$ 和 $\boldsymbol{R}$ 分别为根据 $\boldsymbol{W}$ 和 $\boldsymbol{V}$ 给出的加权矩阵(不同于卡尔曼滤波中的系统和测量噪声矩阵)。

从以上分析可以看出,H_∞ 滤波实际上为最大最小滤波,即在最大噪声作用下寻求干扰引起的误差范数最小。根据以上规则,对于给定的 γ,可以证明:若存在满足 Riccati 方程的对称正定矩阵 $\boldsymbol{P}_k$:

$$\boldsymbol{P}_{k,k-1}=\boldsymbol{\Phi}_{k,k-1}\boldsymbol{P}_{k-1}\boldsymbol{L}_k\boldsymbol{\Phi}_{k,k-1}^{\mathrm{T}}+\hat{\boldsymbol{Q}}_{k-1}\tag{4-122}$$

$$\boldsymbol{P}_0=\hat{\boldsymbol{P}}_0\tag{4-123}$$

则最优估计 $\hat{\boldsymbol{X}}_k$ 可利用下面的 H_∞ 滤波器得到:

$$\hat{\boldsymbol{X}}_k=\boldsymbol{\Phi}_{k,k-1}\hat{\boldsymbol{X}}_{k-1}+\boldsymbol{K}_k(\boldsymbol{Z}_k-\boldsymbol{H}_k\hat{\boldsymbol{X}}_{k-1})\tag{4-124}$$

其中

$$\boldsymbol{L}_k=(\boldsymbol{I}-\gamma\boldsymbol{P}_{k-1}+\boldsymbol{H}_k^{\mathrm{T}}\boldsymbol{R}_k^{-1}\boldsymbol{H}_k\boldsymbol{P}_k)^{-1}\tag{4-125}$$

$$\boldsymbol{K}_k=\boldsymbol{\Phi}_{k,k-1}\boldsymbol{P}_{k-1}\boldsymbol{L}_k\boldsymbol{H}_k^{\mathrm{T}}\boldsymbol{R}_k^{-1}\tag{4-126}$$

类似标准卡尔曼滤波算法,状态协方差矩阵也可以分为预测和修正两步计算:

预测定义为

$$\boldsymbol{P}_{k,k-1}=\boldsymbol{\Phi}_{k,k-1}\boldsymbol{P}_{k-1}\boldsymbol{\Phi}_{k,k-1}^{\mathrm{T}}+\hat{\boldsymbol{Q}}_{k-1}\tag{4-127}$$

修正定义为

$$\boldsymbol{P}_k=(\boldsymbol{I}-\boldsymbol{K}_k\boldsymbol{H}_k)\boldsymbol{P}_{k,k-1}\tag{4-128}$$

本 章 小 结

本章介绍了基于卡尔曼滤波的最优估计理论,并给出了惯性导航系统中常用集中滤波算法的基本原理及推导过程,主要包括卡尔曼滤波、EKF、UKF、CKF、信息滤波、粒子滤波等,并在此基础上进一步给出了 H_∞ 鲁棒滤波算法的原理及实现过程。

第 5 章 船用捷联惯性导航系统标定技术

5.1 船用捷联惯性导航系统标定模型的建立

在理想情况下,当惯性测量单元(Inertial Measurement Unit,IMU)中加速度计与陀螺仪安装在 IMU 结构框架中心,并且 3 个加速度计和 3 个陀螺仪所确定的两个正交坐标系与 IMU 实际载体坐标系完全一致时,这些惯性器件才能够测量出最准确的惯性导航信息[31-35]。然而由于 IMU 内部空间结构、实际安装条件的限制以及内部控制电路板的存在,实际惯性器件无法完全安装在 IMU 框架中心点,所确定的两个器件坐标系也并不正交,因此需要根据实际的安装情况进行基本模型的建立。图 5-1 所示为 IMU 安装模型示意图。

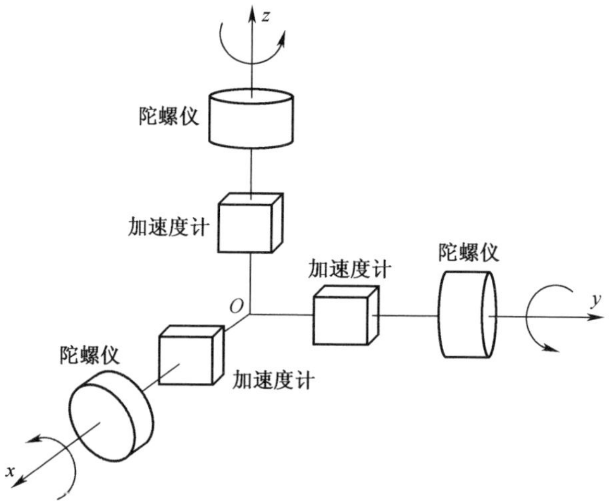

图 5-1 IMU 安装模型示意图

图 5-1 中,由 3 个加速度计所确定的坐标系定义为 a 系,由 3 个陀螺仪所确定的坐标系定义为 g 系,根据加速度计和陀螺仪实际输入信号与器件输出信号的关系,分别建立了加速度计和陀螺仪的线性测量数学模型。

5.1.1 加速度计测量模型

根据加速度计在 IMU 框架中实际安装规则,加速度计的输入、输出数学模型表示为

$$\boldsymbol{A}^a = \boldsymbol{K}^a\boldsymbol{f}^p + \boldsymbol{B}^a + \boldsymbol{w}^a \tag{5-1}$$

式中:$\boldsymbol{A}^a = [A_x^a \quad A_y^a \quad A_z^a]^{\mathrm{T}}$ 为在 a 系下加速度计的实际输出结果;$\boldsymbol{f}^p = [f_x^p \quad f_y^p \quad f_z^p]^{\mathrm{T}}$ 为在载体坐标系下加速度计的实际输入比力信息;$\boldsymbol{B}^a = [B_x^a \quad B_y^a \quad B_z^a]^{\mathrm{T}}$ 为在 a 系下加速度计零偏;$\boldsymbol{w}^a = [w_x^a \quad w_y^a \quad w_z^a]^{\mathrm{T}}$ 为该模型的随机噪声;$\boldsymbol{K}^a$ 可以表示为

$$\boldsymbol{K}^a = \begin{bmatrix} K_x & M_{xy} & M_{xz} \\ M_{yx} & K_y & M_{yz} \\ M_{zx} & M_{zy} & K_z \end{bmatrix} \tag{5-2}$$

式中:$K_i(i=x,y,z)$ 表示加速度计在 i 轴上所投影的标度因数;$M_{ij}(i,j=x,y,z)$ 表示在 a 系下加速度计 i 轴与 p 系下加速度计 j 轴之间的安装误差。

传统分立式标定法在高精度应用中,需要确定精确的角速度与角位置信息,因此通常选用高精密三轴转台进行标定。但是,在卡尔曼滤波估计系统参数误差的过程中,三轴转台精度不一定满足要求。因是,此必须进行新的约束,本书规定在载体坐标系下,x_p 轴与 x_a 轴方向一致,并且假设载体坐标系下与 a 系下的 x 轴重合。此外,y_p 轴在 Ox_ay_a 所确定的平面内,根据右手螺旋定则确定 z_p 轴的方向。这样 K^a 可重新表示为

$$\boldsymbol{K}^a = \begin{bmatrix} K_x & 0 & 0 \\ M_{yx} & K_y & 0 \\ M_{zx} & M_{zy} & K_z \end{bmatrix} \tag{5-3}$$

5.1.2 陀螺仪测量模型

根据光纤陀螺在 IMU 框架中实际安装规则,光纤陀螺的输入、输出数学模型可表示为

$$\boldsymbol{T}^g = \boldsymbol{S}^g\boldsymbol{\omega}^p + \boldsymbol{D}^g + \boldsymbol{w}^g \tag{5-4}$$

式中：$\boldsymbol{T}^g = [T_x^g \quad T_y^g \quad T_z^g]^{\mathrm{T}}$ 为在 g 系下陀螺仪的实际输出结果；$\boldsymbol{\omega}^p = [\omega_x^p \quad \omega_y^p \quad \omega_z^p]^{\mathrm{T}}$ 为在载体坐标系下陀螺仪的实际输入角速度信息；$\boldsymbol{D}^g = [D_x^g \quad D_y^g \quad D_z^g]^{\mathrm{T}}$ 为在 g 系下陀螺仪的零偏；$\boldsymbol{w}^g = [w_x^g \quad w_y^g \quad w_z^g]^{\mathrm{T}}$ 为该模型的随机噪声；$\boldsymbol{S}^g$ 可表示为

$$\boldsymbol{S}^g = \begin{bmatrix} S_x & E_{xy} & E_{xz} \\ E_{yx} & S_y & E_{yz} \\ E_{zx} & E_{zy} & S_y \end{bmatrix} \tag{5-5}$$

式中：$S_i(i = x, y, z)$ 表示陀螺仪在 i 轴上所投影的标度因数；E_{ij} 表示在 g 系下加速度计 i 轴与 p 系下加速度计 j 轴之间的安装误差。

5.1.3 标定模型的建立

惯性传感器的误差是捷联惯性导航系统的重要误差源[33]。为了提高系统的精度，必须对惯性传感器的误差进行补偿，而要实现惯性传感器的误差补偿，必须建立惯性传感器的数学模型，即在特定的条件下建立惯性传感器输出和输入之间的数学关系，数学模型是研究误差补偿技术的依据。

对于光纤陀螺捷联惯性导航系统，由于光纤陀螺是全固态非转子型陀螺。它对 g 和 g^2 不敏感，因此不用考虑光纤陀螺与重力加速度有关的误差项。加速度计动态误差模型是在角振动台上通过角振动实验标定的，由于实验条件暂不具备，在本书只考虑加速度计的静态误差模型。因此，光纤陀螺需补偿的误差包括零漂、标度因数误差和安装误差，加速度计需补偿的误差项包括零位误差、标度因数误差、安装误差和二次项误差。后面将对光纤陀螺和加速度计的误差项进行建模，并加以分析补偿。

1. 惯性传感器的性能指标

1）标度因数

光纤陀螺和加速度计的输出是数字量输出，单位输入量与输出量之间的比值称为标度因数。对光纤陀螺来说，单位角速率与数字输出之间的比值 K_g，称为光纤陀螺的标度因数；对加速度计来说，单位比力与数字输出之间的比值 K_a，称为加速度计的标度因数，标度因数 K_a、K_g 是通过标定实验测定的，其数值预先存储在计算机里。在导航解算时，采样值除以标度因数可得到实际的比力和角速率输入。

2）安装误差

在理论上，陀螺坐标系和加速度计坐标系应该和体坐标系重合，但是实际上总存在安装误差，使得陀螺坐标系和加速度计坐标系成为非正交坐标系。陀螺坐标系与体坐标系之间的关系可以通过 τ_{xz}、τ_{xy}、τ_{yz}、τ_{yx}、τ_{zy}、τ_{zx} 3 组6 个安装误差参数来描述。陀螺安装误差角如图 5-2 所示，x_b、y_b、z_b 轴为基准轴（载体系各轴），x_g、y_g、z_g 轴为陀螺坐标系各轴。τ_{xz}、τ_{xy} 表示 x_g 相对于基准轴 x_b 的偏离角；τ_{yz}、τ_{yx} 表示 y_g 相对于基准轴 y_b 的偏离角；τ_{zy}、τ_{zx} 表示 z_g 相对于基准轴 z_b 轴的偏离角。加速度计坐标系与体坐标系之间的关系可以通过 Δ_{xz}、Δ_{xy}、Δ_{yz}、Δ_{yx}、Δ_{zy}、Δ_{zx} 3 组 6 个安装误差参数描述，即

$$
\begin{cases}
x_g = x_b\cos\tau_{xy}\cos\tau_{xz} + y_b\sin\tau_{xz} - z_b\sin\tau_{xy}\cos\tau_{xz} \\
y_g = -x_b\sin\tau_{yz}\cos\tau_{yx} + y_b\cos\tau_{yx}\cos\tau_{yz} + z_b\sin\tau_{yx} \\
z_g = x_b\sin\tau_{zy} - y_b\sin\tau_{zx}\cos\tau_{zy} + z_b\cos\tau_{zx}\cos\tau_{zy}
\end{cases}
\tag{5-6}
$$

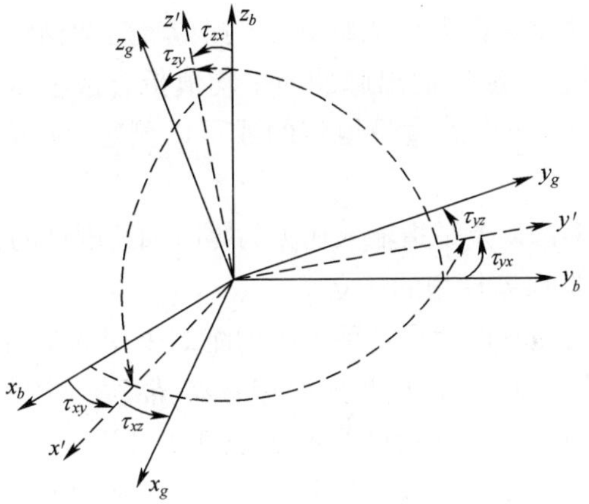

图 5-2　安装误差角示意图

由于安装误差角都是小量，忽略二阶项，式（5-6）可写为

$$
\begin{bmatrix} x_g \\ y_g \\ z_g \end{bmatrix} = \begin{bmatrix} 1 & \tau_{xz} & -\tau_{xy} \\ -\tau_{yz} & 1 & \tau_{yx} \\ \tau_{zy} & -\tau_{zx} & 1 \end{bmatrix} \begin{bmatrix} x_b \\ y_b \\ z_b \end{bmatrix} = \boldsymbol{C}_b^g \begin{bmatrix} x_b \\ y_b \\ z_b \end{bmatrix}
\tag{5-7}
$$

其中

$$
\boldsymbol{C}_b^g = \boldsymbol{I} + \Delta\boldsymbol{C}_b^g = \boldsymbol{I} + \begin{bmatrix} 0 & \tau_{xz} & -\tau_{xy} \\ -\tau_{yz} & 0 & \tau_{yx} \\ \tau_{zy} & -\tau_{zx} & 0 \end{bmatrix}
\tag{5-8}
$$

$$\boldsymbol{C}_g^b=(\boldsymbol{C}_b^g)^{\mathrm{T}}=\boldsymbol{I}+\Delta\boldsymbol{C}_g^b=\boldsymbol{I}+\begin{bmatrix}0 & -\tau_{yz} & \tau_{zy}\\ \tau_{xz} & 0 & -\tau_{zx}\\ -\tau_{xy} & \tau_{yx} & 0\end{bmatrix} \tag{5-9}$$

同理,体坐标系 b 与加速度计坐标系 a 之间的转换关系为

$$\boldsymbol{C}_b^a=\boldsymbol{I}+\Delta\boldsymbol{C}_b^a=\boldsymbol{I}+\begin{bmatrix}0 & \Delta_{xz} & -\Delta_{xy}\\ -\Delta_{yz} & 0 & \Delta_{yx}\\ \Delta_{zy} & -\Delta_{zx} & 0\end{bmatrix} \tag{5-10}$$

$$\boldsymbol{C}_a^b=(\boldsymbol{C}_b^a)^{\mathrm{T}}=\boldsymbol{I}+\Delta\boldsymbol{C}_a^b=\boldsymbol{I}+\begin{bmatrix}0 & -\Delta_{yz} & \Delta_{zy}\\ \Delta_{xz} & 0 & -\Delta_{zx}\\ -\Delta_{xy} & \Delta_{yx} & 0\end{bmatrix} \tag{5-11}$$

3）零位误差

零位误差是指输入为零时惯性仪表的输出值。

陀螺的零位误差又称零位漂移或零偏误差,是指输入角速度为零时光纤陀螺仪的输出量,一般用输出脉冲的平均值折合成输入角速度的大小表示,单位为 (°)/h 。如果该值是恒定的或可以测定,则可以用计算机即时修正。

加速度计的零偏误差是指输入比力为零时加速度计的输出值。

2. 惯性传感器误差模型的建立

本书所用到的捷联惯性导航系统中的陀螺采用的是哈尔滨工业大学研制的光纤陀螺,是一种单自由度角速率传感器,能达到中等导航精度惯性器件的指标要求。加速度计采用的是石英挠性加速度计。下面,主要从光纤陀螺和石英挠性加速度计自身的结构特点出发,建立正确合理的静态误差数学模型。

1）光纤陀螺静态误差数学模型

光纤陀螺由于还要进行后面的动态误差补偿,为了实验和解算的简便,因此采用了 4 个误差项的静态误差数学模型:

$$\begin{cases}\dfrac{N_{gx}}{K_{gx}}=\omega_x+E_{gxz}\omega_y+E_{gxy}\omega_z+D_{x0}\\ \dfrac{N_{gy}}{K_{gy}}=\omega_y+E_{gyz}\omega_x+E_{gyx}\omega_z+D_{y0}\\ \dfrac{N_{gz}}{K_{gz}}=\omega_z+E_{gzy}\omega_x+E_{gzx}\omega_y+D_{z0}\end{cases} \tag{5-12}$$

式中：N_{gx}、N_{gy}、N_{gz} 分别为 x、y、z 3 个轴光纤陀螺的输出；D_{x0}、D_{y0}、D_{z0} 分别为 3 个轴光纤陀螺的零位误差；K_{gx}、K_{gy}、K_{gz} 分别为 3 个轴光纤陀螺的标度因数；E_{gxz}、E_{gxy}、E_{gyz}、E_{gyx}、E_{gzy}、E_{gzx} 分别为 3 个轴光纤陀螺的安装误差。对应于图 5-2 中的角度，不考虑符号，设 $E_{gxz}=\tau_{xz}$，$E_{gxy}=-\tau_{xy}$，$E_{gyz}=-\tau_{yz}$，$E_{gyx}=\tau_{yx}$，$E_{gzx}=-\tau_{zx}$，$E_{gzy}=\tau_{zy}$。

2）石英挠性加速度计静态误差数学模型

从理论上讲，误差数学模型的阶次越高、项数越多，对误差的描述越精确、补偿效果越好，但是要通过一定的实验计算出误差系数的难度就越大。所以，从补偿精度和实验难度的综合考虑，加速度计采用了 5 个误差项的静态误差数学模型：

$$\begin{cases} N_{ax}=A_0+A_1A_x+A_2A_y+A_3A_z+A_4A_x^2 \\ N_{ay}=B_0+B_1A_x+B_2A_y+B_3A_z+B_4A_y^2 \\ N_{az}=C_0+C_1A_x+C_2A_y+C_3A_z+C_4A_z^2 \end{cases} \tag{5-13}$$

式中：N_{ax}、N_{ay}、N_{az} 分别为 x、y、z 3 个轴加速度计的输出；A_0、B_0、C_0 分别为 3 个轴加速度计的零位误差；A_1、B_2、C_3 分别为 3 个轴加速度计的标度因数；A_2、A_3、B_1、B_3、C_1、C_2 分别为 3 个轴加速度计的安装误差；A_4、B_4、C_4 分别为 3 个轴加速度计的二次非线性误差。

5.2 船用捷联惯性导航系统分立式标定技术

捷联惯性导航系统的标定是一种误差补偿技术。标定中要建立惯性传感器和捷联惯性导航系统的误差模型，通过实验来确定模型系数，进而由软件算法来消除误差。惯性传感器和捷联惯性导航系统在出厂之前，必须通过标定来确定误差模型参数，以保证传感器和系统的正常工作。而且，惯性传感器高阶误差项的研究、捷联惯性导航系统在恶劣动态环境下的误差补偿都是在标定的基础上进行的，可以说标定技术是误差补偿的基础。

建立了捷联惯性导航系统的静态误差模型之后，必须设计合理的实验来激励出误差、计算出模型系数，目前实验室现有的惯性导航测试设备主要是高精度三轴惯性导航测试转台，如图 5-3 所示。

该测试转台为台面式转台，附带一台转台控制计算机，转台具有自动定位、速率、摇摆、仿真、伺服等功能。其主要技术指标如表 5-1 所列。

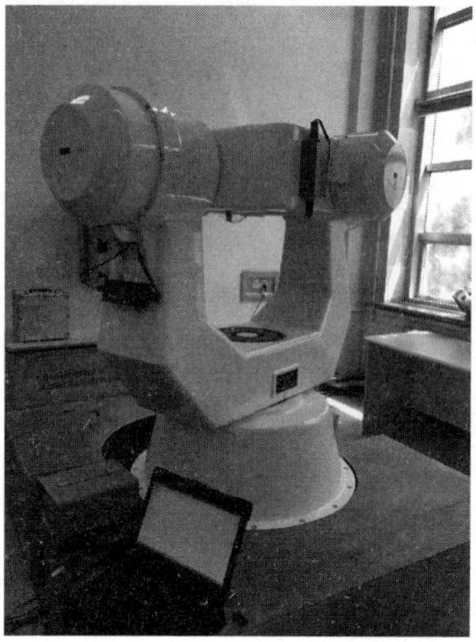

图 5-3 SGT-3 型三轴惯性导航测试转台

表 5-1 高精度三轴惯性导航测试转台主要技术指标

负载要求	质量 50kg
台体回转精度	内框、中框、外框均为 ±2″
台体转角范围	连续无限
工作方式	闲置、定位、增量、速率、随动、摇摆
测角精度	±3″
测角重复性	±2″
定位精度	±3″
速率范围	0.001～150°/s
速率精度	1×10^{-5}(360°平均)
	1×10^{-4}(10°平均)
	1×10^{-3}(1°平均)

捷联惯性导航系统的标定实验以上述三轴惯性导航测试转台为基础，设计了速率实验、位置实验、零位修正实验 3 组实验，分别对光纤陀螺和加速度计的误差模型系数进行辨识。

5.2.1 速率实验

速率实验的目的是确定 3 个光纤陀螺的标度因数和安装误差角。其实验步骤如下：

（1）IMU 安装在三轴转台的内框的测试台上，IMU 的 x、y、z 轴分别与转台的内、中、外框的自转轴平行。

（2）按照图 5-4 所示的方位依次将 IMU 的 x、y、z 轴处于当地水平面的地垂线方向。

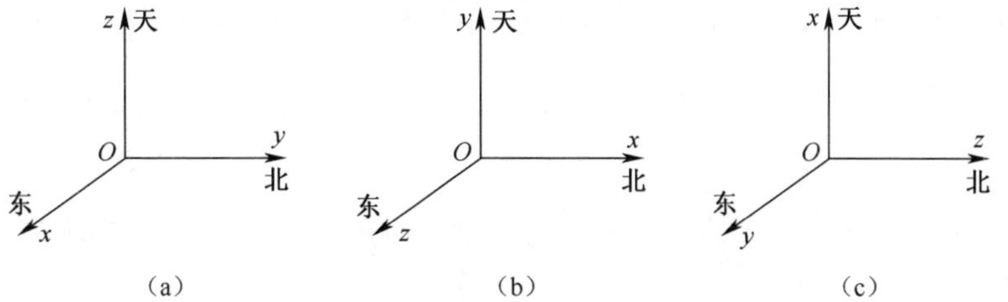

图 5-4　速率实验中陀螺的初始方位

（3）以一定的转速使转台按照顺时针和逆时针方向绕地垂线转动，记录下整数圈内陀螺转动的输出值。

实验中，转台输入角速率太小使陀螺处于非线性区，标定出来的标度因数精度不高，角速率太大（如 400(°)/s）既增加了对转台的难度要求又不符合惯性传感器的实际应用范围。从标度精度和船舶实际应用的角度综合考虑，实验时宜选用转台输入角速率为 15~60(°)/s。此外，为了使地球自转角速率在水平轴的分量在台体旋转一周时被平均掉，提高标定精度，采用了整圈标定法，即记录陀螺在转台整数圈内转动的输出值。

设速率实验中，外环轴以角速率 ω 正向（按照右手定则，逆时针方向旋转为正，顺时针方向旋转为负）旋转，在任意时刻 t，x、y、z 轴的角速率输出值 ω_x、ω_y、ω_z 如下：

对于图 5-4(a)，有

$$\begin{bmatrix}\omega_{x1}\\\omega_{y1}\\\omega_{z1}\end{bmatrix}=\begin{bmatrix}\cos(\omega t) & \sin(\omega t) & 0\\-\sin(\omega t) & \cos(\omega t) & 0\\0 & 0 & 1\end{bmatrix}\begin{bmatrix}\omega_{ie}\cos\varphi\\0\\\omega+\omega_{ie}\sin\varphi\end{bmatrix}\tag{5-14}$$

对于图 5-4(b)，有

$$\begin{bmatrix}\omega_{x2}\\\omega_{y2}\\\omega_{z2}\end{bmatrix}=\begin{bmatrix}\cos(\omega t) & 0 & -\sin(\omega t)\\0 & 1 & 0\\\sin(\omega t) & 0 & \cos(\omega t)\end{bmatrix}\begin{bmatrix}\omega_{ie}\cos\varphi\\\omega+\omega_{ie}\sin\varphi\\0\end{bmatrix}\tag{5-15}$$

对于图 5-4(c)，有

$$\begin{bmatrix}\omega_{x3}\\ \omega_{y3}\\ \omega_{z3}\end{bmatrix}=\begin{bmatrix}1 & 0 & 0\\ 0 & \cos(\omega t) & \sin(\omega t)\\ 0 & -\sin(\omega t) & \cos(\omega t)\end{bmatrix}\begin{bmatrix}\omega+\omega_{ie}\sin\varphi\\ 0\\ \omega_{ie}\cos\varphi\end{bmatrix} \tag{5-16}$$

式中：ω_{ie} 为地球自转角速度。

以图 5-4(a)为例，将式(5-14)代入陀螺误差方程式(5-12)中，可得

$$\begin{cases}\dfrac{N_{gx1}(t)^{+}}{K_{gx1}}=\omega_{ie}\cos\varphi\cos(\omega t)-E_{gxz}\omega_{ie}\cos\varphi\sin(\omega t)+E_{gxy}(\omega+\omega_{ie}\sin\varphi)+D_{x0}\\ \dfrac{N_{gy1}(t)^{+}}{K_{gy1}}=E_{gyz}\omega_{ie}\cos\varphi\cos(\omega t)-\omega_{ie}\cos\varphi\sin(\omega t)+E_{gyx}(\omega+\omega_{ie}\sin\varphi)+D_{y0}\\ \dfrac{N_{gz1}(t)^{+}}{K_{gz1}}=E_{gzy}\omega_{ie}\cos\varphi\cos(\omega t)-E_{gzx}\omega_{ie}\cos\varphi\sin(\omega t)+(\omega+\omega_{ie}\sin\varphi)+D_{z0}\end{cases} \tag{5-17}$$

式中：$N_{gx1}(t)$、$N_{gy1}(t)$、$N_{gz1}(t)$ 为转动中陀螺输出的脉冲值。

转台旋转一周，式(5-17)中含有误差耦合系数项的分量互相抵消，因此对一周的输出值进行求和，可得

$$\begin{cases}\sum\dfrac{N_{gx1}(t)^{+}}{K_{gx1}}=[E_{gxy}(\omega+\omega_{ie}\sin\varphi)+D_{x0}]N\\ \sum\dfrac{N_{gy1}(t)^{+}}{K_{gy1}}=[E_{gyx}(\omega+\omega_{ie}\sin\varphi)+D_{y0}]N\\ \sum\dfrac{N_{gz1}(t)^{+}}{K_{gz1}}=[(\omega+\omega_{ie}\sin\varphi)+D_{z0}]N\end{cases} \tag{5-18}$$

式中：N 为一周内数据记录的组数

同理可得反向旋转时，旋转一周的求和值为

$$\begin{cases}\sum\dfrac{N_{gx1}(t)^{-}}{K_{gx1}}=[E_{gxy}(\omega+\omega_{ie}\sin\varphi)+D_{x0}]N\\ \sum\dfrac{N_{gy1}(t)^{-}}{K_{gy1}}=[E_{gyx}(\omega+\omega_{ie}\sin\varphi)+D_{y0}]N\\ \sum\dfrac{N_{gz1}(t)^{-}}{K_{gz1}}=[(\omega+\omega_{ie}\sin\varphi)+D_{z0}]N\end{cases} \tag{5-19}$$

式(5-18)减去式(5-19)可得

$$\begin{cases}\Delta N_{gx1} = 2\omega N K_{gx} E_{gxy} \\ \Delta N_{gy1} = 2\omega N K_{gy} E_{gyx} \\ \Delta N_{gz1} = 2\omega N K_{gz}\end{cases} \tag{5-20}$$

同理,由图 5-4(b)、(c)可得

$$\begin{cases}\Delta N_{gx2} = 2\omega N K_{gx} E_{gxy} \\ \Delta N_{gy2} = 2\omega N K_{gy} \\ \Delta N_{gz2} = 2\omega N K_{gz} E_{gzx}\end{cases} \tag{5-21}$$

和

$$\begin{cases}\Delta N_{gx3} = 2\omega N K_{gx} \\ \Delta N_{gy3} = 2\omega N K_{gy} E_{gyz} \\ \Delta N_{gz3} = 2\omega N K_{gz} E_{gzy}\end{cases} \tag{5-22}$$

由式(5-20)~式(5-22)可得陀螺标度因数的计算公式为

$$\begin{cases}K_{gx} = \dfrac{\Delta N_{gx3}}{2\omega N} \\ K_{gy} = \dfrac{\Delta N_{gy2}}{2\omega N} \\ K_{gz} = \dfrac{\Delta N_{gz1}}{2\omega N}\end{cases} \tag{5-23}$$

安装误差角的计算公式为

$$\begin{cases}E_{gxy} = \dfrac{\Delta N_{x1}}{\Delta N_{x3}} \\ E_{gyx} = \dfrac{\Delta N_{y1}}{\Delta N_{y2}} \\ E_{gzx} = \dfrac{\Delta N_{z2}}{\Delta N_{z1}} \\ E_{gxz} = \dfrac{\Delta N_{x2}}{\Delta N_{x3}} \\ E_{gyz} = \dfrac{\Delta N_{y3}}{\Delta N_{y2}} \\ E_{gzy} = \dfrac{\Delta N_{z3}}{\Delta N_{z1}}\end{cases} \tag{5-24}$$

5.2.2 位置实验

位置实验的目的是确定光纤陀螺的零位误差，加速度计的标度因数、零位误差、安装误差、二次非线性误差。其实验步骤如下：

（1）IMU 安装在三轴转台的内框的测试台上，IMU 的 x、y、z 轴分别与转台的内、中、外框的自转轴平行。

（2）按照图 5-5 所示的方位依次将 IMU 的 x、y、z 轴水平指北。

（3）某一陀螺主轴指北时，绕该陀螺主轴将 IMU 按逆时针方向依次转动 45°，连续转动 7 次，记录下每次陀螺的输出值。

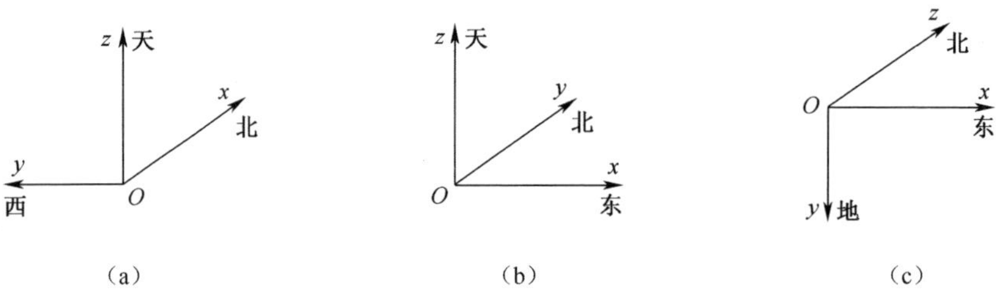

图 5-5 位置实验陀螺初始方位

实验中，为了避免转台启动和停止的影响，采样在转台完全静止后进行。每个陀螺主轴朝北时另外 2 个陀螺有 8 个不同的位置，整个实验包括 24 个位置的测试，所以该实验又称为 24 位置静态实验。

当以位置（a）为初始位置转动到的 8 个位置，陀螺和加速度计的输出值如下：

$$\begin{bmatrix}\omega_x\\ \omega_y\\ \omega_z\end{bmatrix}=\begin{bmatrix}1 & 0 & 0\\ 0 & \cos\phi_1 & \sin\phi_1\\ 0 & \sin\phi_1 & \cos\phi_1\end{bmatrix}\begin{bmatrix}\omega_{ie}\cos\varphi\\ 0\\ \omega_{ie}\sin\varphi\end{bmatrix} \tag{5-25}$$

$$\begin{bmatrix}A_x\\ A_y\\ A_z\end{bmatrix}=\begin{bmatrix}1 & 0 & 0\\ 0 & \cos\phi_1 & \sin\phi_1\\ 0 & \sin\phi_1 & \cos\phi_1\end{bmatrix}\begin{bmatrix}0\\ 0\\ g\end{bmatrix} \tag{5-26}$$

式中：ϕ_1 为以45°为间隔绕 x 轴旋转的角度，$\phi_1 = 0° \sim 315°$。

将式（5-25）、式（5-26）展开，可得

$$\begin{cases}\omega_x(i)=\omega_{ie}\cos\varphi\\ \omega_y(i)=\omega_{ie}\sin\varphi\sin(45i)\\ \omega_z(i)=\omega_{ie}\sin\varphi\cos(45i)\end{cases} \tag{5-27}$$

$$\begin{cases}A_x(i)=0\\ A_y(i)=-g\sin(45i)\\ A_z(i)=-g\cos(45i)\end{cases} \tag{5-28}$$

式中：$i=0\sim7$。

同理，在图 5-5(b)所示位置时，陀螺和加速度计的输出为

$$\begin{cases}\omega_x(i+8)=-\omega_{ie}\sin\varphi\cos(45i)\\ \omega_y(i+8)=\omega_{ie}\cos\varphi\\ \omega_z(i+8)=-\omega_{ie}\sin\varphi\sin(45i)\end{cases} \tag{5-29}$$

$$\begin{cases}A_x(i+8)=-g\cos(45i)\\ A_y(i+8)=0\\ A_z(i+8)=-g\sin(45i)\end{cases} \tag{5-30}$$

同理，在图 5-5(c)所示位置时，陀螺和加速度计的输出为

$$\begin{cases}\omega_x(i+16)=-\omega_{ie}\sin\varphi\sin(45i)\\ \omega_y(i+16)=-\omega_{ie}\sin\varphi\cos(45i)\\ \omega_z(i+16)=\omega_{ie}\cos\varphi\end{cases} \tag{5-31}$$

$$\begin{cases}A_x(i+16)=-g\sin(45i)\\ A_y(i+16)=-g\cos(45i)\\ A_z(i+16)=0\end{cases} \tag{5-32}$$

将式(5-27)~式(5-32)代入光纤陀螺误差方程式(5-12)中，可得

$$\begin{bmatrix}\dfrac{N_{gx}(1)}{K_{gx}}\\ \dfrac{N_{gx}(2)}{K_{gx}}\\ \dfrac{N_{gx}(24)}{K_{gx}}\end{bmatrix}=\begin{bmatrix}\omega_x(1)&\omega_y(1)&\omega_z(1)\\ \omega_x(2)&\omega_y(2)&\omega_z(2)\\ \vdots&\vdots&\vdots\\ \omega_x(24)&\omega_y(24)&\omega_z(24)\end{bmatrix}\begin{bmatrix}1\\ E_{gxz}\\ E_{gxy}\end{bmatrix}+\begin{bmatrix}1\\1\\ \vdots\\1\end{bmatrix}D_{x0}+\begin{bmatrix}V_g(1)\\ V_g(2)\\ \vdots\\ V_g(24)\end{bmatrix} \tag{5-33}$$

式中：$N_{gx}(i)$ 为陀螺在上述 24 位置的输出信号；$\omega_x(i)$、$\omega_y(i)$、$\omega_z(i)$ 为通过

式(5-27)、式(5-29)、式(5-31)求出的基准值；K_{gx}、E_{gxz}、E_{gxy} 由速率实验求得；$V_g(i)$ 为测量噪声；D_{x0} 为待求的零位误差。

同理，可得在图 5-5(b)、(c)所示位置处的估计值 D_{y0} 和 D_{z0}。因此，光纤陀螺的零位误差计算公式如下：

$$\begin{cases} D_{x0} = \dfrac{1}{24}\sum\limits_{i=1}^{24}\left(\dfrac{N_{gx}(i)}{K_{gx}} - \omega_x(i) - \omega_y(i)E_{gxz} - \omega_z(i)E_{gxy}\right) \\ D_{y0} = \dfrac{1}{24}\sum\limits_{i=1}^{24}\left(\dfrac{N_{gy}(i)}{K_{gy}} - \omega_x(i)E_{gyz} - \omega_y(i) - \omega_z(i)E_{gyx}\right) \\ D_{z0} = \dfrac{1}{24}\sum\limits_{i=1}^{24}\left(\dfrac{N_{gz}(i)}{K_{gz}} - \omega_x(i)E_{gzy} - \omega_y(i)E_{gzx} - \omega_z(i)\right) \end{cases} \tag{5-34}$$

由于加速度计误差模型为 4 项多项式，直接用代数运算比较烦琐，因此将其写成矩阵的形式为

$$\boldsymbol{N}_{ax} = [A_0 \quad A_1 \quad A_2 \quad A_3 \quad A_4]\begin{bmatrix} 1 \\ A_x \\ A_y \\ A_z \\ A_x^2 \end{bmatrix} \tag{5-35}$$

式(5-35)包含了 3 个加速度计的 15 个误差系数，真正解算时需要对每个加速度计建立矩阵方程，以 x 轴加速度计误差模型的矩阵形式为例：

$$\begin{bmatrix} N_{ax}(1) \\ N_{ax}(2) \\ \vdots \\ N_{ax}(24) \end{bmatrix} = \begin{bmatrix} 1 & A_x(1) & A_y(1) & A_z(1) & A_x^2(1) \\ 1 & A_x(2) & A_y(2) & A_z(2) & A_x^2(2) \\ \vdots & \vdots & \vdots & \vdots & \vdots \\ 1 & A_x(24) & A_y(24) & A_z(24) & A_x^2(24) \end{bmatrix}\begin{bmatrix} A_0 \\ A_1 \\ A_2 \\ A_3 \\ A_4 \end{bmatrix} + \begin{bmatrix} V_a(1) \\ V_a(2) \\ \vdots \\ V_a(24) \end{bmatrix} \tag{5-36}$$

式中：$N_{ax}(i)$ 为 x 轴加速度计在上述 24 位置的输出信号平均值；$A_x(i)$、$A_y(i)$、$A_z(i)$ 为式(5-28)、式(5-30)、式(5-32)求出的基准值；$A_0,\cdots,A_4$ 为误差系数。

式(5-36)可以化简为 $\boldsymbol{Z} = \boldsymbol{AX} + \boldsymbol{V}$ 的形式，根据最小二乘原理，待求量的估计值为 $\overline{\boldsymbol{X}} = [\boldsymbol{A}^{\mathrm{T}}\boldsymbol{A}]^{-1}\boldsymbol{A}^{\mathrm{T}}\boldsymbol{Z}$，其中 $\overline{\boldsymbol{X}}$ 为误差系数 $A_0,\cdots,A_4$。同理可以建立 y、z 轴加速度计误差模型矩阵形式，然后求出误差系数 $B_0,\cdots,B_4$、$C_0,\cdots,C_4$。

5.2.3 零位误差修正实验

对于捷联惯性导航系统来说，低漂移率是其最重要的一项技术指标。特别是在船用领域就显得更为重要。如何设计合理的实验，精确地得到惯性传感器的零位误差来降低整个捷联惯性导航系统的误差漂移率，无疑是一项重要的工作。在采用 24 位置静态实验求加速度计和光纤陀螺的零位误差时，原理是基于在不同位置地球重力和自转角速率在 x、y、z 轴上投影不同进行的。但是，这种方法的弊端是位置个数设计过多，增加了实验的复杂度。若某个位置转动精度不够高就会连续影响后面几个位置的转动精度，如果某个陀螺的安装误差过大，位置过多必将使该误差进一步放大而降低标定精度。所以，在采用 24 位置实验计算零位误差之后，应进一步设计实验对其进行修正。

因为水平位置上重力加速度是没有分量的，此时加速度计无法敏感到任何外界输入，其输出量中除了少量的安装误差之外其他的都认为是零位误差，所以取加速度计在不同水平位置输出值的均值对零位误差进行修正。对于光纤陀螺而言，地球自转速率在东西方向上是没有分量的，除了安装误差外，此时陀螺的输出几乎也都是零位误差，所以取光纤陀螺在东西方向上输出值的均值对零位误差进行修正。

实验步骤如下：

(1) IMU 安装在三轴转台的内框的测试台上，IMU 的 x、y、z 轴分别与转台的内、中、外框的自转轴平行。

(2) 按照表 5-2 所列，依次将 IMU 调整到给定的 6 个方位，待转台和系统输出示数都稳定后再开始采数。

表 5-2　零位误差修正实验测试方位

序号	方位	重力投影分量	地球自转角速率投影分量
1	东-北-天	$[0\quad 0\quad -g]$	$[0\quad \omega_{ie}\cos\varphi\quad \omega_{ie}\sin\varphi]$
2	北-西-天	$[0\quad 0\quad -g]$	$[\omega_{ie}\cos\varphi\quad 0\quad \omega_{ie}\sin\varphi]$
3	西-南-天	$[0\quad 0\quad -g]$	$[0\quad -\omega_{ie}\cos\varphi\quad \omega_{ie}\sin\varphi]$
4	南-东-天	$[0\quad 0\quad -g]$	$[-\omega_{ie}\cos\varphi\quad 0\quad \omega_{ie}\sin\varphi]$
5	天-南-东	$[-g\quad 0\quad 0]$	$[\omega_{ie}\sin\varphi\quad -\omega_{ie}\cos\varphi\quad 0]$
6	天-北-西	$[-g\quad 0\quad 0]$	$[\omega_{ie}\sin\varphi\quad \omega_{ie}\cos\varphi\quad 0]$

将在方位 1 到方位 4 的重力投影分量代入式(5-13)中,有

$$N_{ax}(i) = A_0 + A_3 g, \quad i = 1,2,\cdots,4 \tag{5-37}$$

式中：$N_{ax}(i)$ 为 x 轴加速度计在第 i 个位置输出值的平均量；A_0 为零位误差；A_3 为 x 轴敏感 A_z 的安装误差。

一般相对于零位误差而言,安装误差是一个很小的量。由式(5-37)可得 A_0 的修正公式：

$$A_0 = \frac{N_{ax}(1) + N_{ax}(2) + N_{ax}(3) + N_{ax}(4)}{4} - A_3 g \tag{5-38}$$

同理可得 y 轴加速度计的零位误差修正公式：

$$B_0 = \frac{N_{ay}(1) + N_{ay}(2) + N_{ay}(3) + N_{ay}(4)}{4} - B_3 g \tag{5-39}$$

对于 z 轴加速度计的零位误差修正,可以将在方位 5、6 的重力投影分量代入式(5-13)计算并化简,可得

$$C_0 = \frac{N_{az}(5) + N_{az}(6)}{2} - C_1 g \tag{5-40}$$

式中：C_0 为 z 轴加速度计的零位误差；C_1 为 z 轴敏感 A_x 的安装误差。

通过以上修正实验得到的加速度计零位将更加精确,若与 24 位置实验得到的零位相差较大,即可用该修正零位来替代原来得到的零位值。

光纤陀螺零位误差的修正和加速度计类似,计算时尽量使某些耦合项对称相消,所以把在方位 1、3 的地球自转速率投影分量代入式(5-12)的 N_{gx} 计算式中,有

$$\begin{cases} N_{gx}(1) = K_{gx}E_{gxz}\omega_{ie}\cos\varphi + K_{gx}E_{gxy}\omega_{ie}\sin\varphi + K_{gx}D_{0x} \\ N_{gx}(3) = -K_{gx}E_{gxz}\omega_{ie}\cos\varphi + K_{gx}E_{gxy}\omega_{ie}\sin\varphi + K_{gx}D_{0x} \end{cases} \tag{5-41}$$

整理式(5-41),可以得到 x 轴陀螺的零位修正公式：

$$D_{0x} = \frac{N_{gx}(1) + N_{gx}(3)}{2K_{gx}} - E_{gxy}\omega_{ie}\sin\varphi \tag{5-42}$$

由方位 2、4 可以得到 y 轴陀螺的零位修正公式：

$$D_{0y} = \frac{N_{gy}(2) + N_{gy}(4)}{2K_{gy}} - E_{gyx}\omega_{ie}\sin\varphi \tag{5-43}$$

由方位 5、6 可以得到 z 轴陀螺的零位修正公式：

$$D_{0z} = \frac{N_{gz}(5) + N_{gz}(6)}{2K_{gz}} - E_{gzy}\omega_{ie}\sin\varphi \tag{5-44}$$

由上面的修正公式可以看出：在标度因数和安装误差足够可信的情况下，修正公式能够对陀螺的零位误差进行精确的修正。本书所使用的光纤陀螺的非线性度在 1×10^{-6} 以内，所以采用足够大的输入角速率可以得到精度良好的标度因数和安装误差，所以保证了上面假设的可行性，也就保证了这种修正方法的正确性。

5.2.4　误差补偿

误差补偿的目的是将捷联惯性导航系统的原始数据中各项误差剔除，得到精确的输出值。通过上面设计的 3 项实验可以得到精确的误差模型系数，进而得到了光纤陀螺和加速度计精确的输出值。下面，主要介绍如何将得到的误差代入到捷联惯性导航系统中来完成误差补偿。

由光纤陀螺和加速度计的误差模型式(5-12)、式(5-13)可知，误差补偿就是要从误差模型中得到真实的 ω_x、ω_y、ω_z 和 A_x、A_y、A_z 。

对于光纤陀螺，由式(5-12)可得误差补偿方程：

$$\begin{bmatrix}\omega_x\\ \omega_y\\ \omega_z\end{bmatrix}=\begin{bmatrix}1 & E_{gxz} & E_{gxy}\\ E_{gyz} & 1 & E_{gyx}\\ E_{gzy} & E_{gzx} & 1\end{bmatrix}\begin{bmatrix}\dfrac{N_{gx}}{K_{gx}}-D_{0x}\\ \dfrac{N_{gy}}{K_{gy}}-D_{0y}\\ \dfrac{N_{gz}}{K_{gz}}-D_{0z}\end{bmatrix} \tag{5-45}$$

对于加速度计，由式(5-13)可得误差补偿方程：

$$\begin{bmatrix}A_x\\ A_y\\ A_z\end{bmatrix}=\begin{bmatrix}A_1 & A_2 & A_3\\ B_1 & B_2 & B_3\\ C_1 & C_2 & C_3\end{bmatrix}^{-1}\begin{bmatrix}N_{ax}-A_0-A_4A_x^2\\ N_{ay}-B_0-B_4A_y^2\\ N_{az}-C_0-C_4A_z^2\end{bmatrix} \tag{5-46}$$

5.3　船用捷联惯性导航系统系统级标定技术

5.3.1　系统测量模型的建立

完成 IMU 基本测量模型的建立之后，对该模型等号两边同时进行微分

处理,进而推导出 IMU 的误差测量模型,其中,加速度计的误差测量模型为

$$\delta \boldsymbol{A}^{a}=\delta \boldsymbol{K}^{a} \boldsymbol{f}^{p}+\delta \boldsymbol{B}^{a}+\boldsymbol{w}^{a} \tag{5-47}$$

同理,IMU 中陀螺仪的误差测量模型可以表示为

$$\delta \boldsymbol{T}^{g}=\delta \boldsymbol{S}^{g} \boldsymbol{\omega}^{p}+\delta \boldsymbol{D}^{g}+\boldsymbol{w}^{g} \tag{5-48}$$

之后,通过捷联转换矩阵,将式(5-48)中的系统参数误差由加速度计坐标系转换到导航坐标系,可以得出最终在导航坐标系下的投影为

$$\delta \boldsymbol{A}^{n}=\boldsymbol{C}_{a}^{n} \delta \boldsymbol{A}^{a}=\boldsymbol{C}_{p}^{n} \boldsymbol{C}_{a}^{p} \delta \boldsymbol{A}^{a} \tag{5-49}$$

式中: $\boldsymbol{C}_{p}^{n}$ 为从载体坐标系转换到导航坐标系的捷联转换矩阵。

该转换过程中, $\boldsymbol{C}_{a}^{n}$ 近似可表示为

$$\boldsymbol{C}_{a}^{n}=\begin{bmatrix} 1 & 0 & 0 \\ M_{yx}+\delta M_{yx} & 1 & 0 \\ M_{zx}+\delta M_{zx} & M_{zx}+\delta M_{zx} & 1 \end{bmatrix}^{-1} \approx \begin{bmatrix} 1 & 0 & 0 \\ M_{yx} & 1 & 0 \\ M_{zx} & M_{zx} & 1 \end{bmatrix}^{-1} \tag{5-50}$$

式(5-50)中,安装误差参数的微分信号在实际系统中影响较小,所以将其忽略,之后,将式(5-49)投影到三维坐标系下,可得到最终 3 个坐标轴在导航坐标系下的速度误差为

$$\begin{bmatrix} \delta A_{x}^{n} \\ \delta A_{y}^{n} \\ \delta A_{z}^{n} \end{bmatrix}=\boldsymbol{C}_{b}^{n} \boldsymbol{C}_{a}^{b} \delta \boldsymbol{A}^{a}=\begin{bmatrix} C_{11}^{a} & C_{12}^{a} & C_{13}^{a} \\ C_{21}^{a} & C_{22}^{a} & C_{23}^{a} \\ C_{31}^{a} & C_{32}^{a} & C_{33}^{a} \end{bmatrix}\begin{bmatrix} \delta A_{x}^{a} \\ \delta A_{y}^{a} \\ \delta A_{z}^{a} \end{bmatrix} \tag{5-51}$$

同理,按照以上计算方法,将光纤陀螺的系统参数误差从陀螺仪坐标系转换到导航坐标系下。同样投影到三维坐标系下,得到最终 3 个坐标轴在导航坐标系下的姿态误差为

$$\begin{bmatrix} \delta T_{x}^{n} \\ \delta T_{y}^{n} \\ \delta T_{z}^{n} \end{bmatrix}=\boldsymbol{C}_{b}^{n} \boldsymbol{C}_{g}^{b} \delta \boldsymbol{T}^{g}=\begin{bmatrix} C_{11}^{g} & C_{12}^{g} & C_{13}^{g} \\ C_{21}^{g} & C_{22}^{g} & C_{23}^{g} \\ C_{31}^{g} & C_{32}^{g} & C_{33}^{g} \end{bmatrix}\begin{bmatrix} \delta T_{x}^{g} \\ \delta T_{y}^{g} \\ \delta T_{z}^{g} \end{bmatrix} \tag{5-52}$$

5.3.2 系统级标定滤波器设计

本节提出了用于 IMU 系统参数误差标定的 27 维卡尔曼滤波器的设计方案。选取其速度误差、姿态误差、加速度计和陀螺仪的 6 个零偏误差参数、6 个标度因数误差参数和 9 个安装误差参数作为滤波的状态量,整个状态量

共由 27 个状态参数构成：

$$
\begin{aligned}
\boldsymbol{X}(t) = [&\delta v_E \quad \delta v_N \quad \delta v_U \quad \delta\phi_E \quad \delta\phi_N \quad \delta\phi_U \quad \delta B_x^a \quad \delta B_y^a \quad \delta B_z^a \\
&\delta K_x \quad \delta K_y \quad \delta K_z \quad \delta M_{yx} \quad \delta M_{zx} \quad \delta M_{zy} \quad \delta D_x^g \quad \delta D_y^g \quad \delta D_z^g \\
&\delta S_x \quad \delta S_y \quad \delta S_z \quad \delta E_{xy} \quad \delta E_{xz} \quad \delta E_{yx} \quad \delta E_{yz} \quad \delta E_{zx} \quad \delta E_{zy}]^{\mathrm{T}}
\end{aligned}
\tag{5-53}
$$

根据第 2 章所建立的捷联惯性导航系统误差模型，本书以标准“东、北、天”地理坐标系作为导航坐标系，将 5.3.1 节所得到的参数误差代入 IMU 的速度误差与姿态误差方程。因此，6 维惯导误差方程可更新为

$$
\begin{cases}
\delta \dot{v}_{\mathrm{E}} = \dfrac{v_{\mathrm{N}}}{R}\tan L\delta v_{\mathrm{E}} + \left(2\omega_{ie}\sin L + \dfrac{v_{\mathrm{E}}}{R}\tan L\right)\delta v_{\mathrm{N}} - \left(2\omega_{ie}\cos L + \dfrac{v_{\mathrm{E}}}{R}\right)\delta v_{\mathrm{U}} + g\delta\phi_{\mathrm{N}} + \delta A_x^n \\
\delta \dot{v}_{\mathrm{N}} = \left(-2\omega_{ie}\sin L + \dfrac{2v_{\mathrm{E}}}{R}\tan L\right)\delta v_{\mathrm{E}} - \dfrac{v_{\mathrm{U}}}{R}\delta v_{\mathrm{N}} - \dfrac{v_N}{R}\delta v_{\mathrm{U}} - g\delta\phi_{\mathrm{E}} + \delta A_y^n \\
\delta \dot{v}_{\mathrm{U}} = \left(2\omega_{ie} + \cos L + \dfrac{2v_{\mathrm{E}}}{R}\right)\delta v_{\mathrm{E}} + \dfrac{2v_{\mathrm{N}}}{R}\delta v_{\mathrm{N}} + \delta A_z^n
\end{cases}
\tag{5-54}
$$

$$
\begin{cases}
\delta\dot{\phi}_{\mathrm{E}} = -\dfrac{\delta v_{\mathrm{N}}}{R} + \delta\phi_{\mathrm{N}}\left(\omega_{ie}\sin L + \dfrac{v_{\mathrm{E}}}{R}\tan L\right) - \delta\phi_{\mathrm{U}}\left(\omega_{ie}\cos L + \dfrac{v_{\mathrm{E}}}{R}\right) + \delta g_x^n \\
\delta\dot{\phi}_{\mathrm{N}} = \dfrac{\delta v_{\mathrm{E}}}{R} - \delta\phi_{\mathrm{E}}\left(\omega_{ie}\sin L + \dfrac{v_{\mathrm{E}}}{R}\tan L\right) - \delta\phi_{\mathrm{U}}\dfrac{v_{\mathrm{N}}}{R} + \delta g_y^n \\
\delta\dot{\phi}_{\mathrm{U}} = \dfrac{\delta v_{\mathrm{E}}}{R}\tan L + \delta\phi_{\mathrm{E}}\left(\omega_{ie}\cos L + \dfrac{v_{\mathrm{E}}}{R}\right) + \delta\phi_{\mathrm{U}}\dfrac{v_{\mathrm{E}}}{R} + \delta g_z^n
\end{cases}
\tag{5-55}
$$

然后进行卡尔曼滤波模型的设计，首先确定了 27 个滤波模型的状态参数，包括 IMU 中 21 个系统参数误差，捷联解算后 3 个速度误差参数以及 3 个姿态误差参数作为卡尔曼滤波模型的状态量。因此，所建立的 27 维卡尔曼滤波模型的状态方程可表示为

$$
\dot{\boldsymbol{X}}(t) = \boldsymbol{F}(t)\boldsymbol{X}(t) + \boldsymbol{G}(t)\boldsymbol{W}(t) \tag{5-56}
$$

式中：$\boldsymbol{X}(t)$ 为 21 维状态变量；$\boldsymbol{F}(t)$ 为 27 × 27 维系统的状态矩阵；$\boldsymbol{G}(t)$ 为 21 × 6 维的系统噪声矩阵；$\boldsymbol{W}(t)$ 为 6 维系统噪声矢量。

系统的噪声转移矩阵可以表示为

$$
\boldsymbol{G}(t)=\begin{bmatrix} (C_a^n)_{3\times3} & 0_{3\times3} \\ 0_{3\times3} & (C_g^n)_{3\times3} \\ 0_{21\times3} & 0_{21\times3} \end{bmatrix}_{27\times6} \tag{5-57}
$$

状态转移矩阵可以表示为

$$
\boldsymbol{F}(t)=\begin{bmatrix} F_{11}\ (t)_{3\times6} & F_{12}\ (t)_{3\times9} & 0_{3\times12} \\ F_{21}\ (t)_{3\times6} & 0_{3\times9} & F_{23}\ (t)_{3\times12} \\ 0_{21\times6} & 0_{21\times9} & 0_{21\times12} \end{bmatrix}_{27\times27} \tag{5-58}
$$

其中

$$
F_{11}(t)=\begin{bmatrix} \frac{v_{\mathrm{N}}}{R}\tan L & 2\omega_{ie}\sin L+\frac{v_{\mathrm{E}}}{R}\tan L & -\left(2\omega_{ie}\cos L+\frac{v_{\mathrm{E}}}{R}\right) & 0 & g & 0 \\ -2\omega_{ie}\sin L+\frac{2v_E}{R}\tan L & -\frac{v_{\mathrm{U}}}{R} & -\frac{v_{\mathrm{N}}}{R} & -g & 0 & 0 \\ \left(2\omega_{ie}\cos L+\frac{2v_{\mathrm{E}}}{R}\right) & \frac{2v_{\mathrm{N}}}{R} & 0 & 0 & 0 & 0 \end{bmatrix}_{3\times6}
$$

$$
F_{12}(t)=\begin{bmatrix} C_{11}^a & C_{12}^a & C_{13}^a & C_{11}^a f_x^p & C_{12}^a f_y^p & C_{13}^a f_z^p & C_{12}^a f_x^p & C_{13}^a f_x^p & C_{13}^a f_x^p \\ C_{21}^a & C_{22}^a & C_{23}^a & C_{21}^a f_x^p & C_{22}^a f_y^p & C_{23}^a f_z^p & C_{22}^a f_x^p & C_{23}^a f_x^p & C_{23}^a f_x^p \\ C_{31}^a & C_{32}^a & C_{33}^a & C_{31}^a f_x^p & C_{32}^a f_y^p & C_{33}^a f_z^p & C_{32}^a f_x^p & C_{33}^a f_x^p & C_{33}^a f_x^p \end{bmatrix}_{3\times9}
$$

$$
F_{21}(t)=\begin{bmatrix} 0 & -\frac{1}{R} & 0 & 0 & \omega_{ie}\sin L+\frac{v_{\mathrm{E}}}{R}\tan L & -\omega_{ie}\cos L-\frac{v_{\mathrm{E}}}{R} \\ \frac{1}{R} & 0 & 0 & -\left(\omega_{ie}\sin L+\frac{v_{\mathrm{E}}}{R}\tan L\right) & 0 & -\frac{v_{\mathrm{N}}}{R} \\ \frac{1}{R}\tan L & 0 & 0 & \omega_{ie}\cos L+\frac{v_{\mathrm{E}}}{R} & \frac{v_{\mathrm{N}}}{R} & 0 \end{bmatrix}_{3\times6}
$$

$$
F_{23}(t)=\begin{bmatrix} C_{11}^g & C_{12}^g & C_{13}^g & C_{11}^g\omega_x^b & C_{12}^g\omega_y^b & C_{13}^g\omega_z^b & C_{11}^g\omega_y^b & C_{11}^g\omega_z^b & C_{11}^g\omega_x^b & C_{12}^g\omega_z^b & C_{13}^g\omega_x^b & C_{13}^g\omega_z^b \\ C_{21}^g & C_{22}^g & C_{23}^g & C_{21}^g\omega_x^b & C_{22}^g\omega_y^b & C_{23}^g\omega_z^b & C_{21}^g\omega_y^b & C_{21}^g\omega_z^b & C_{21}^g\omega_x^b & C_{22}^g\omega_z^b & C_{23}^g\omega_x^b & C_{23}^g\omega_z^b \\ C_{31}^g & C_{32}^g & C_{33}^g & C_{31}^g\omega_x^b & C_{32}^g\omega_y^b & C_{33}^g\omega_z^b & C_{31}^g\omega_y^b & C_{31}^g\omega_z^b & C_{31}^g\omega_x^b & C_{32}^g\omega_z^b & C_{33}^g\omega_x^b & C_{33}^g\omega_z^b \end{bmatrix}_{3\times12}
$$

在 27 维卡尔曼滤波模型的状态方程建立完成后,需要进行该模型量测方程的建立,同样首先需要确定观测量。由于在本书的标定过程中,依靠三轴转台对 IMU 系统进行测试,因此在实际系统在转台上进行旋转时,理论上只有角度旋转,并没有产生线性位移的变化。与此同时,在捷联惯性导航解算过程中,可以通过四阶龙格-库塔法解算出载体的速度信息,而理论上载体在转台标定过程中,没有进行线运动,因此理论线速度为零。这样,对于线速度信息,实际系统与理论分析的速度差值就可以作为滤波器的观测量。因此本书所建立的 27 维卡尔曼滤波模型的观测方程可表示为

$$\boldsymbol{Z}(t)=\boldsymbol{H}(t)\boldsymbol{X}(t)+\boldsymbol{\eta}(t) \tag{5-59}$$

式中:$\boldsymbol{Z}(t)$ 为 3 × 1 维以速度误差做量测的量测矢量; $\boldsymbol{H}(t)$ 为 3 × 27 维滤波器系统的观测矩阵; $\boldsymbol{\eta}(t)$ 为滤波器系统的 3 × 1 维量测噪声,可表示为

$$\boldsymbol{H}(t)=\begin{bmatrix}\mathrm{diag}\{1 \quad 1 \quad 1\} & 0_{3\times 24}\end{bmatrix}_{3\times 27} \tag{5-60}$$

$$\boldsymbol{\eta}(t)=\begin{bmatrix}\eta_x & \eta_y & \eta_z\end{bmatrix}^{\mathrm{T}} \tag{5-61}$$

5.3.3　系统级标定路径设计

在完成 IMU 系统级标定误差测量模型的建立和标定滤波器的设计之后,需要找到合适的标定路径,通过该路径能够将所有需要标定的系统参数误差进行有效的激励,并使最终的 21 个参数误差完全收敛。通过理论分析和多次实验,本文设计了一条 18 位置翻滚转停标定路径,对于系统参数误差进行充分激励,最终达到理想的滤波效果[36]。

系统级翻滚转动标定方案模型如图 5-6 所示。

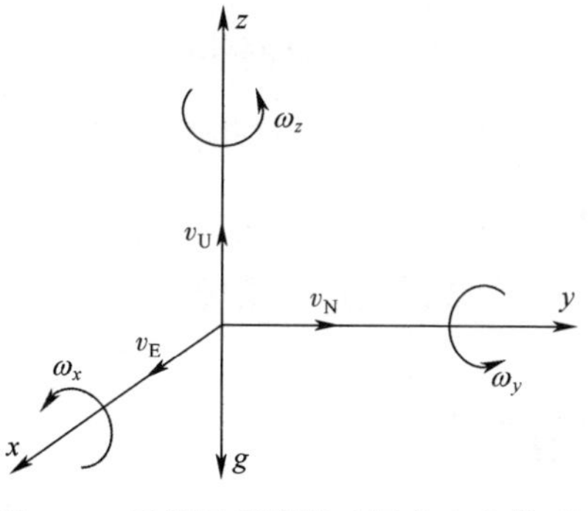

图 5-6　系统级翻滚转动标定方案模型

本书设计的 18 位置转停标定路径具体的实现方式为:将 IMU 安装在三轴转台上,刚开始以一定角速度转动到所设定的位置,静止一段时间后再以相同角速度转动到下一个位置,旋转方向一致,直到将所有设定 18 个位置全部转完,总的标定时间为 30min。具体的系统级标定翻滚姿态编排如图 5-7 所示。

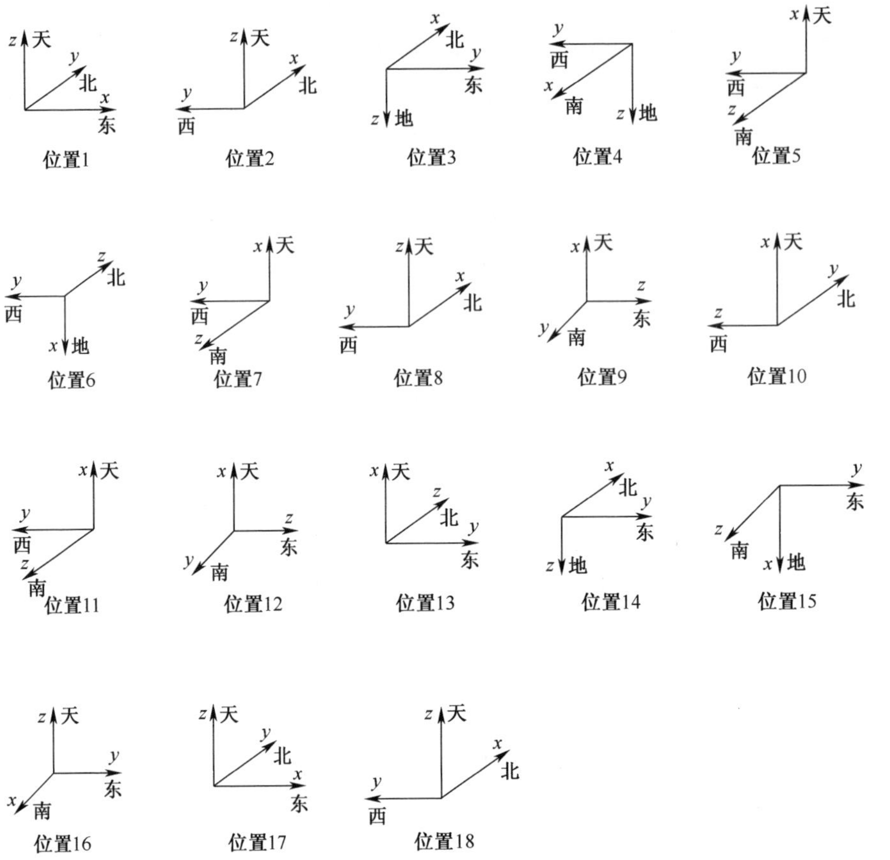

图 5-7　18 位置翻滚姿态编排

然后,根据 5.3.2 节中设计的卡尔曼滤波模型和 18 位置翻滚姿态编排进行系统级标定,对系统参数误差进行精确修正。

5.3.4　可观测性分析

为了验证不同方案的标定结果,引入可观测性分析预估滤波状态的可观测度。本节中,使用奇异值分解(Singular Value Decomposition, SVD)来定量评估每个滤波器状态的可观测度。

在时变系统中,由于状态矩阵和测量矩阵实时变化,因此很难获得总的可观测矩阵(Total Observability Matrix, TOM)。然而在足够短的时间间隔内,时变矩阵可以近似地被认为是时不变矩阵。因此,引入了提取的可观测矩阵(Stripped Observability Matrix, SOM)来代替 TOM 来实现可观测性分析。对于时变系统,时间间隔的测量方程可以表示为

$$\begin{cases} Z_1 = \widetilde{Q}_1 X(t_1) \\ Z_2 = \widetilde{Q}_2 e^{F_1\Delta_1} X(t_1) \\ Z_3 = \widetilde{Q}_3 e^{F_2\Delta_2} e^{F_1\Delta_1} X(t_1) \\ \vdots \\ Z_1 = \widetilde{Q}_1 e^{F_{k-1}\Delta_{k-1}} \cdots e^{F_2\Delta_2} e^{F_1\Delta_1} X(t_1) \end{cases} \tag{5-62}$$

式中:Δ_i 为 t_i 与 t_{i+1} 的时间间隔;k 为总的时间间隔。

基于 PWCS 理论,$\widetilde{\boldsymbol{Q}}_{\mathrm{SOM}}$ 的离散化形式可表示为

$$\widetilde{\boldsymbol{Q}}_{\mathrm{SOM}} = \begin{bmatrix} \widetilde{Q}_1 \\ \widetilde{Q}_2 \\ \vdots \\ \widetilde{Q}_k \end{bmatrix} = \begin{bmatrix} [H \quad HF_1 \quad \cdots \quad HF_1^{d-1}]^{\mathrm{T}} \\ [H \quad HF_2 \quad \cdots \quad HF_2^{d-1}]^{\mathrm{T}} \\ \vdots \\ [H \quad HF_k \quad \cdots \quad HF_k^{d-1}]^{\mathrm{T}} \end{bmatrix} \tag{5-63}$$

式中:d 为状态矢量的维数。

$\widetilde{\boldsymbol{Q}}_{\mathrm{SOM}}$ 可以直接说明滤波过程中可观测状态的数量。之后,对该模型进 SVD 分析来评估每个状态的可观测程度。基于 SVD 可观测理论,当该状态对应的奇异值越大时,所对应状态的可观测程度就越高,在实际滤波过程中就更容易被有效地辨识出来。

1. 单轴旋转路径下的可观测性分析

为了研究每个轴的转动对于 IMU 系统级标定的影响,本章进行单轴旋转下的系统级标定,单轴旋转方案与 5.3.3 节所设计的 18 位置旋转方案类似,但该方案仅绕一个轴进行旋转,而旋转角速度相同,每一个位置所对应的旋转角度与 18 位置转停方案一致。为了研究每个轴的转动对于 IMU 标定的影响,以单独绕 z 轴旋转为例,进行可观测性分析。

根据上面奇异值分析相关理论,对单轴转停路径下的滤波模型进行可观测分析。最终,单轴转停路径下的 SVD 的直方图如图 5-8 和图 5-9 所示,给出了与 9 个加速度计误差参数相关的 SVD 结果和 12 个 IMU 误差参数相关的 SVD 结果。

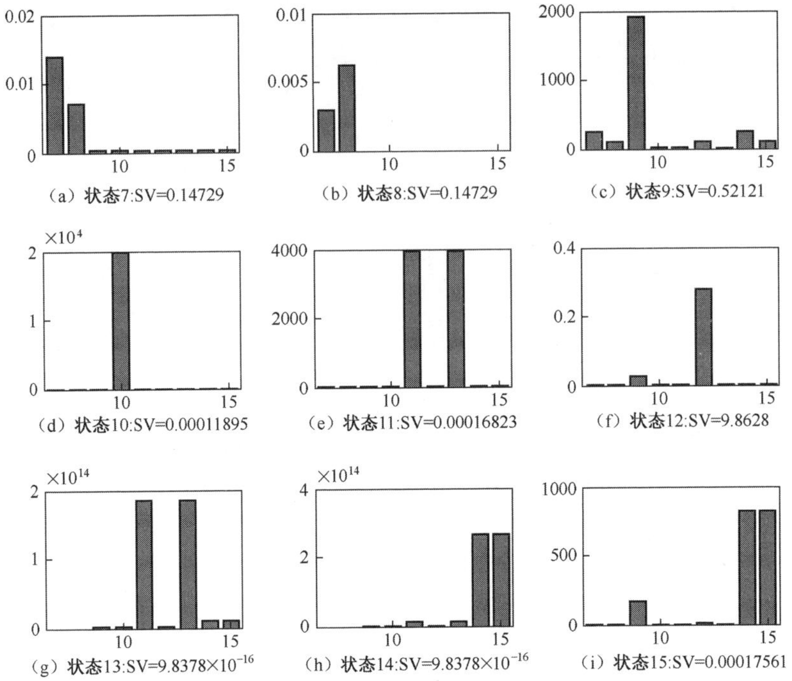

(a) 状态7:SV=0.14729　(b) 状态8:SV=0.14729　(c) 状态9:SV=0.52121

(d) 状态10:SV=0.00011895　(e) 状态11:SV=0.00016823　(f) 状态12:SV=9.8628

(g) 状态13:SV=9.8378×10^{-16}　(h) 状态14:SV=9.8378×10^{-16}　(i) 状态15:SV=0.00017561

图 5-8　单轴旋转方案下加速度计的 SVD 分析

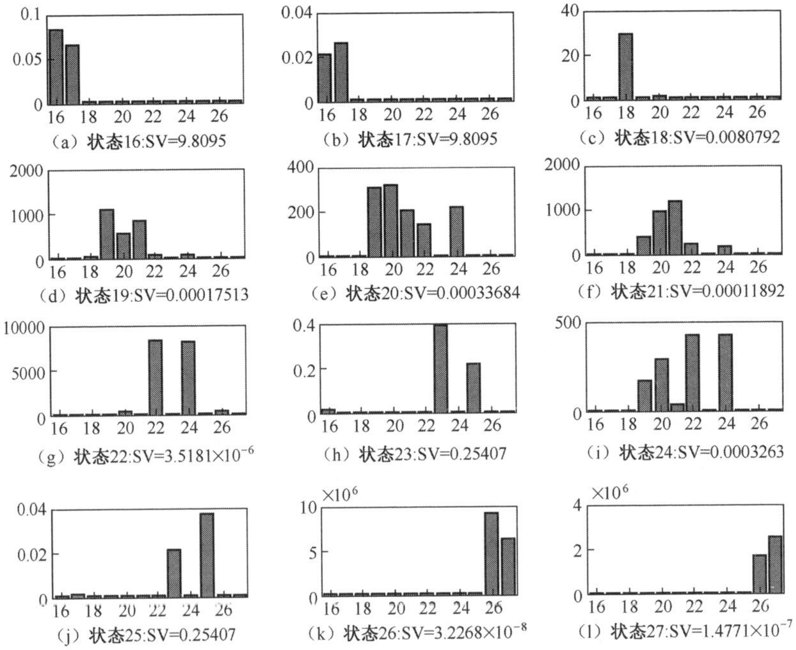

(a) 状态16:SV=9.8095　(b) 状态17:SV=9.8095　(c) 状态18:SV=0.0080792

(d) 状态19:SV=0.00017513　(e) 状态20:SV=0.00033684　(f) 状态21:SV=0.00011892

(g) 状态22:SV=3.5181×10^{-6}　(h) 状态23:SV=0.25407　(i) 状态24:SV=0.0003263

(j) 状态25:SV=0.25407　(k) 状态26:SV=3.2268×10^{-8}　(l) 状态27:SV=1.4771×10^{-7}

图 5-9　单轴旋转方案下光纤陀螺仪的 SVD 分析

SV 值越大,说明对应状态的可观测度越大,可观测性就越好,若对角元素大于 10^{-4},则认为是非零元素。从单轴转停方案的 SVD 仿真可以看出,与 z 轴转动相关的加速度计和光纤陀螺仪误差参数的可观测性较高,而与另外两个轴相关的误参数的 SV 值大多数低于 10^{-4},说明从可观测性的角度,大部分误差参数无法被有效标定出来。

2. 翻滚路径下的可观测性分析

根据面翻滚路径下的系统级标定滤波器模型,同样通过奇异值分解基本理论分析该路径下的可观测性。最终,需要进行标定的 21 个系统参数误差的 SVD 的直方图如图 5-10 和图 5-11 所示,其中给出了与 9 个加速度计系统参数误差相关的 SVD 结果和 12 个光纤陀螺系统参数误差相关的 SVD 结果。

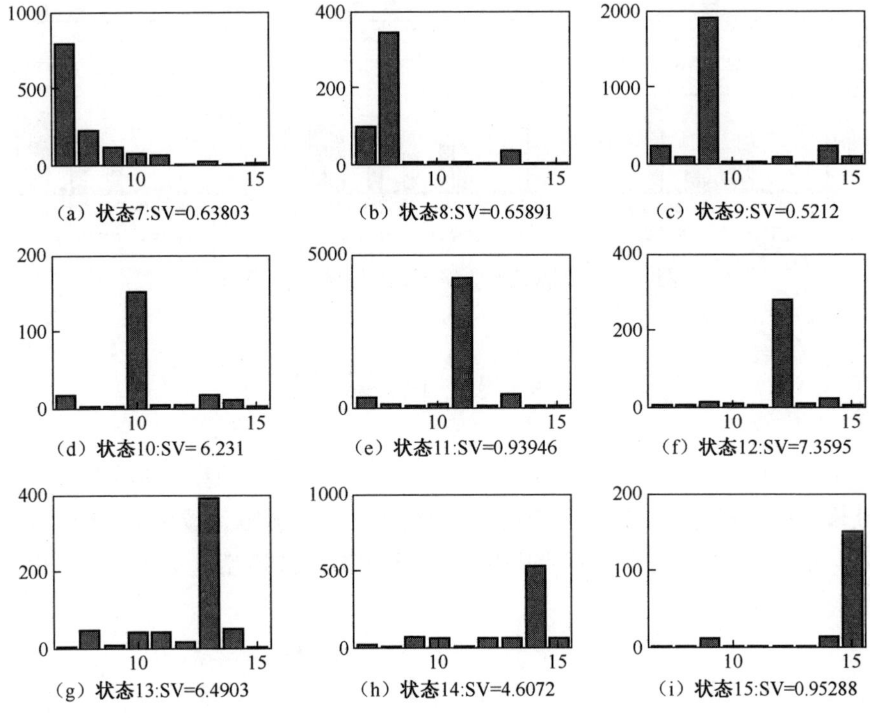

图 5-10　翻滚旋转方案下加速度计的 SVD 分析

从以上 18 位置翻滚旋转标定路径下的 SVD 分析结果看出,所有系统参数误差的 SV 值均远远高于 10^{-4},说明从可观测性的角度,对于本书设计的 18 位置转停方案,所有参数误差都能够被有效标定出来。通过可观测性分析结果可以看出,加速度计和光纤陀螺的 SV 值基本都可认为非零元素,说明从理论上来看系统误差参数都可能被标定出来。

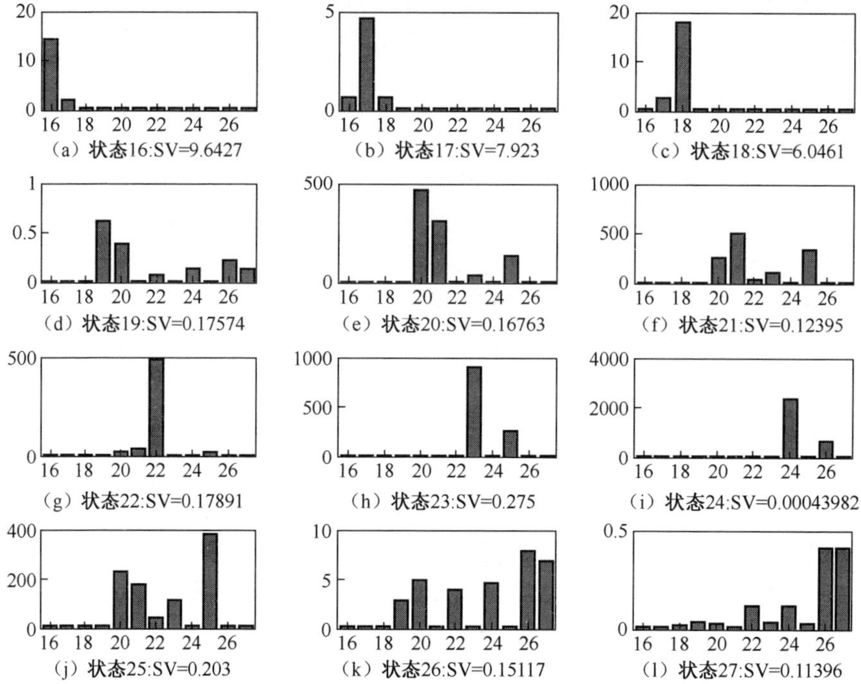

图 5-11　翻滚旋转方案下光纤陀螺的 SVD 分析

5.4　仿 真 实 验

为了验证本书提出的系统参数误差标定方案的可行性，首先利用 Matlab 软件进行仿真分析。根据上面所设计的 27 维卡尔曼滤波模型和 18 位置转停标定方案，进行仿真分析。其中，27 维卡尔曼滤波模型基本初始参数设置如表 5-3 所列。

表 5-3　27 维卡尔曼滤波模型基本初始参数

参　数	参 数 值
加速度计零偏误差/$10^{-6}g$	50/50/50
加速度计标度因数误差/(10^{-6})	50/50/50
加速度计安装系数误差/(″)	50/50/50
陀螺零偏误差/((°)/h)	0.5/0.5/0.5
陀螺标度因数误差/10^{-6}	50/50/50
陀螺安装系数误差/(″)	50/50/50/50/50/50

在系统级标定方案中，当旋转角速度太小时，系统参数误差之间可能存在一定的耦合现象，这样将无法充分激励出需要标定的 21 个系统参数误差；而当旋转角速度太大时，除系统参数误差被充分激励以外，也会激励出较大的随机误差噪声，这样系统参数误差与系统噪声可能会产生交叉耦合，从而影响最终系统参数误差的标定结果。所以本书设计的旋转角速率定为适中的 3(°)/s 进行旋转。

5.4.1　单轴旋转路径下的仿真实验

为了研究每个轴的转动对于 IMU 标定的影响，进行单轴旋转仿真实验。转台转速为 3(°)/s，每次旋转后停止 1min。以仅绕 z 轴旋转为例，通过仿真试验得到标定的结果。加速度计仿真结果如图 5-12～图 5-14 所示。

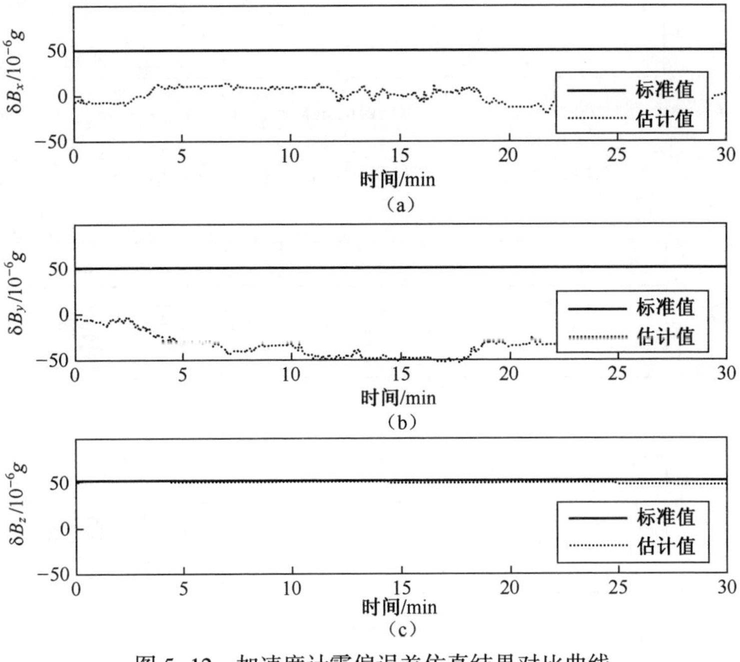

图 5-12　加速度计零偏误差仿真结果对比曲线

从加速度计的仿真结果看出，当仅绕 z 轴旋转，能够辨识出加速度计零偏误差 δB_z^a、标度因数误差 δK_z，而无法标定出与安转系数误差 δM_{zx}、δM_{zy}，这是由于安装系数误差之间存在一定耦合关系，单轴旋转方案无法对其进行解耦。因此，与安装系数误差相对应的可观测度系数较低，该参数无法被有效辨识。

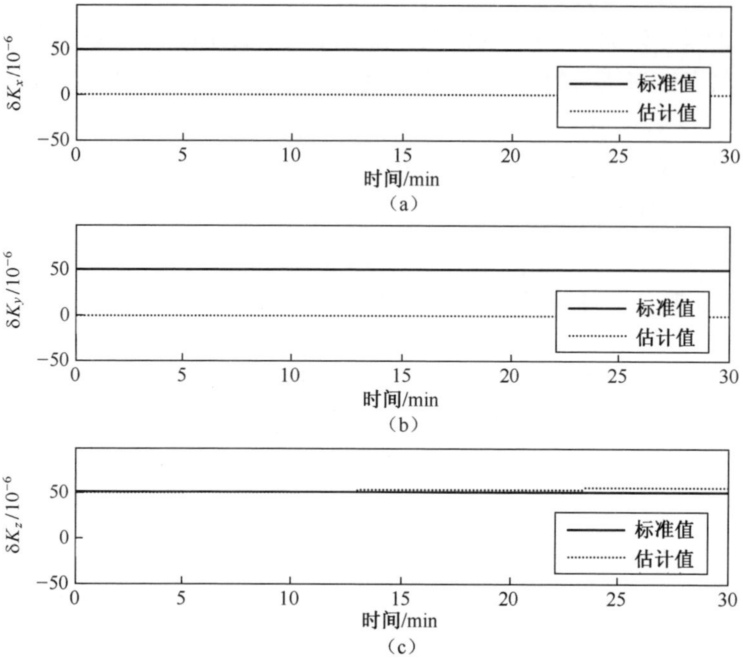

图 5-13　加速度计标度因数误差仿真对比曲线

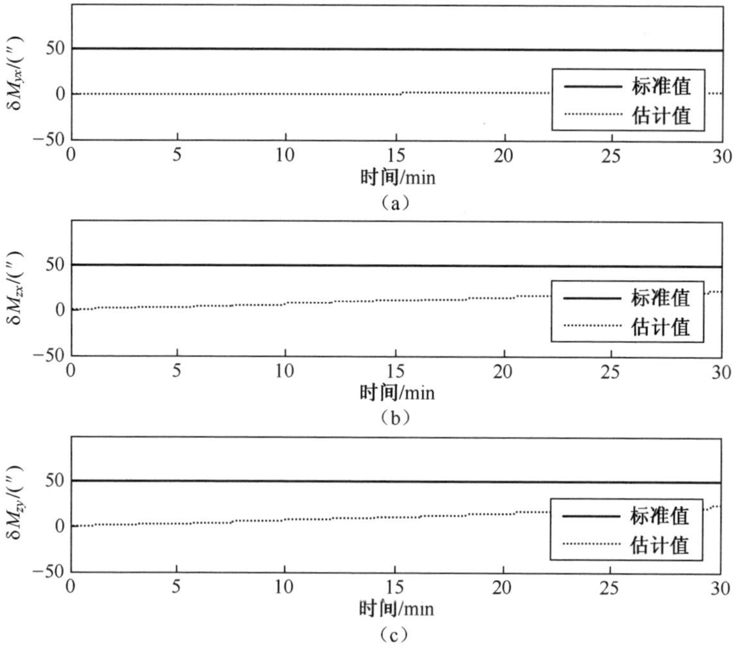

图 5-14　加速度计安装系数误差仿真对比曲线

陀螺仪的仿真结果如图 5-15~图 5-18 所示。

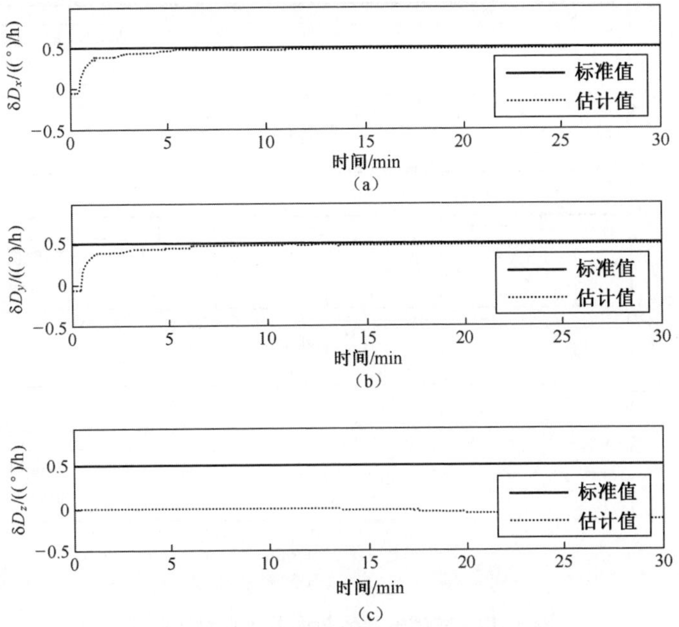

图 5-15　陀螺零偏误差仿真对比曲线

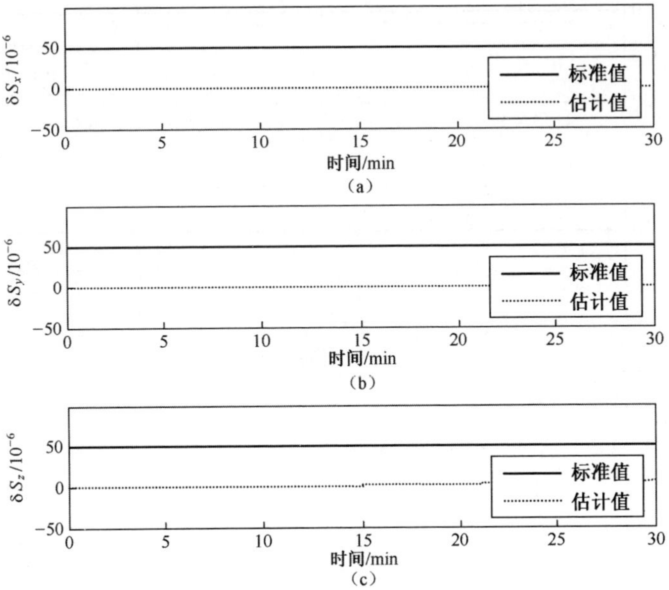

图 5-16　陀螺标度因数误差仿真对比曲线

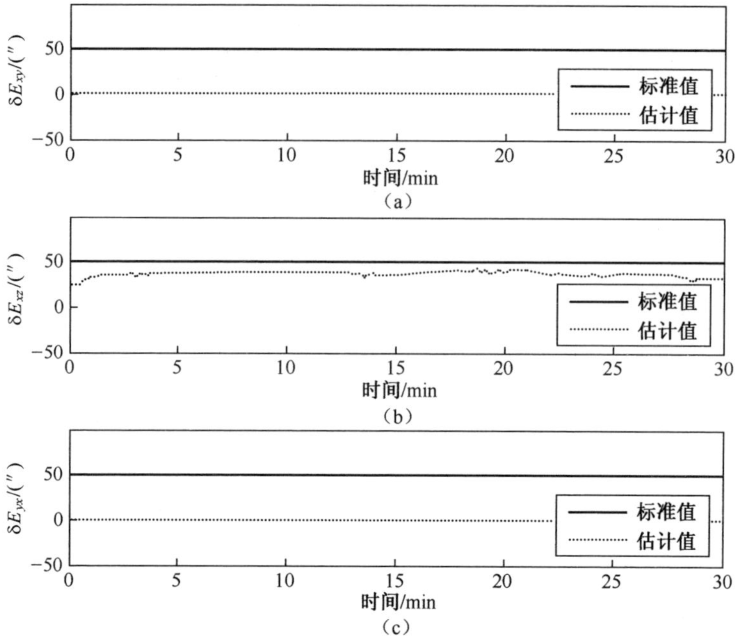

图 5-17　陀螺安装系数误差仿真对比曲线

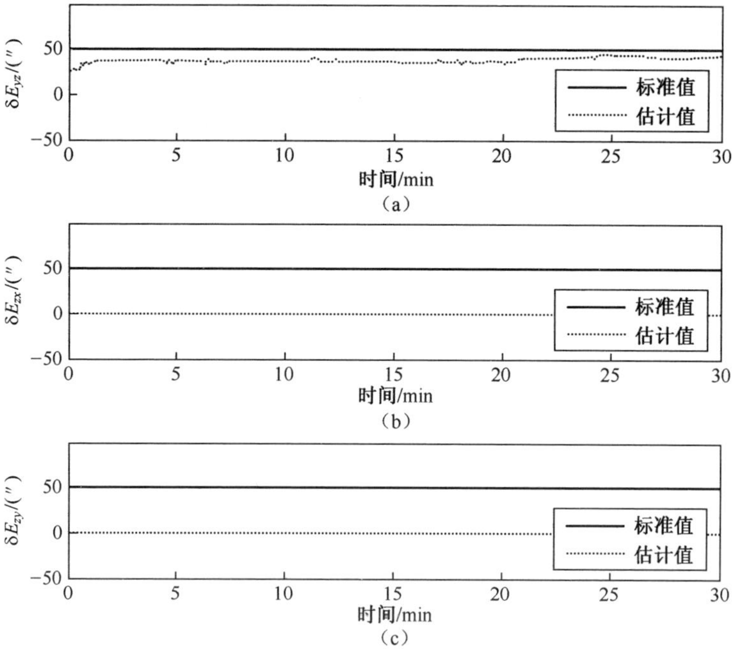

图 5-18　陀螺安装系数误差仿真对比曲线

从陀螺仪系统参数的仿真标定曲线估计结果可以看出，转台仅绕 z 轴转动，仅能够较好辨识出陀螺零偏误差 δD_x^g 、δD_y^g ，与 z 轴旋转对应的安装系数误差 δE_{xz}、δE_{yz} 虽最终能够收敛，但误差较大，而其他参数误差不能够被有效地激励出来，其具体原因是由于在该旋转路径下其他系统误差参数相对应的可观测度较低。

5.4.2 18 位置翻滚路径下的仿真实验

按照本书设计的 18 位置翻滚路径，以 3(°)/s 的转台转动速率进行仿真，当 IMU 转到相应位置后，停止 1min，再旋转到下一个位置。依次循环，直到旋转到最后一个位置。本小节给出了各参数的标准参数基准线和仿真估计曲线。

加速度计的仿真结果如图 5-19~图 5-21 所示。

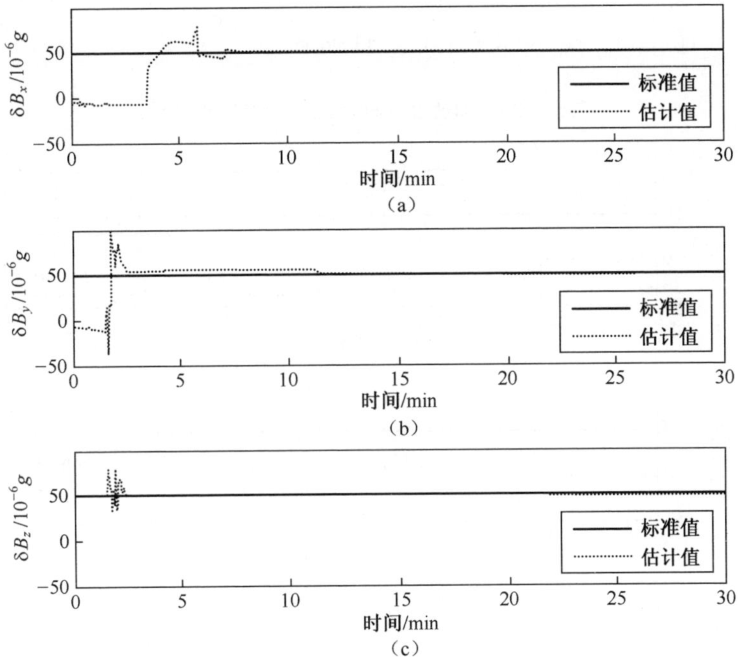

图 5-19 加速度计零偏误差仿真对比曲线

以 x 轴相关系数分析为例，从以上仿真收敛曲线的对比结果可以看出，仿真开始 6min 后 x 轴开始绕光纤陀螺 IMU 中心旋转，与 x 轴相对应的零偏误差 δB_x 、标度因数误差 δK_x 以及安装系数误差 δM_{yx}、δM_{zx} 能够被迅速辨

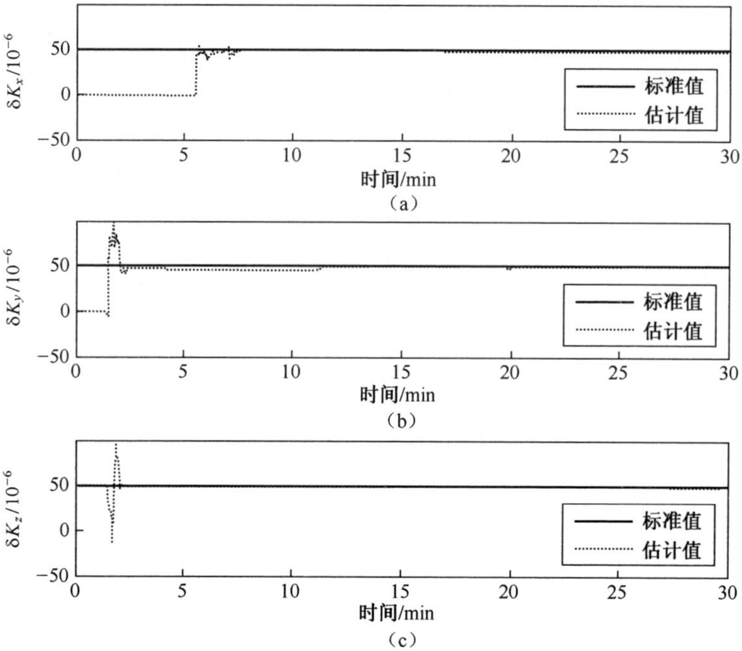

图 5-20　加速度计标度因数误差仿真结果

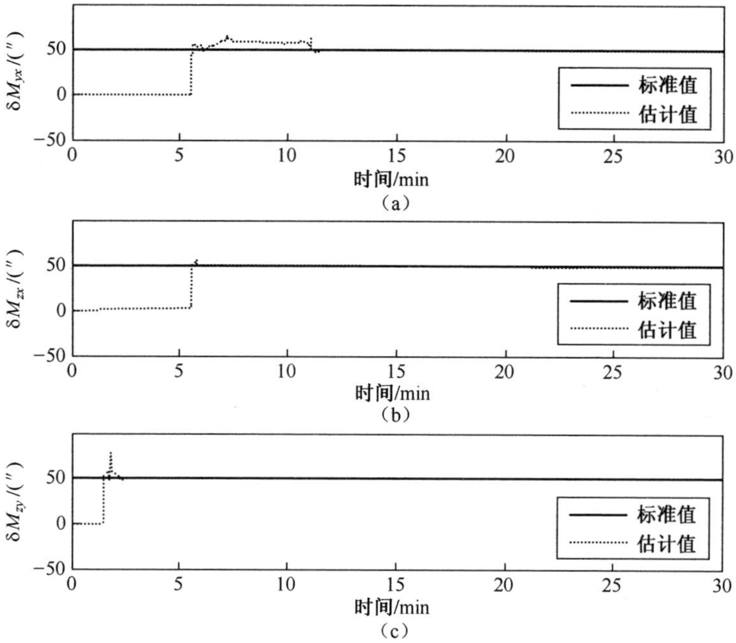

图 5-21　加速度计标度安装系数误差仿真结果

识,并在几十秒之内收敛。由于系统误差和噪声的原因,标定过程中存在一定振荡,但对最终收敛到标准值影响不大。其他两个轴的相关系数也同样能够在一定时间内收敛。

陀螺仪仿真结果如图 5-22～图 5-25 所示。

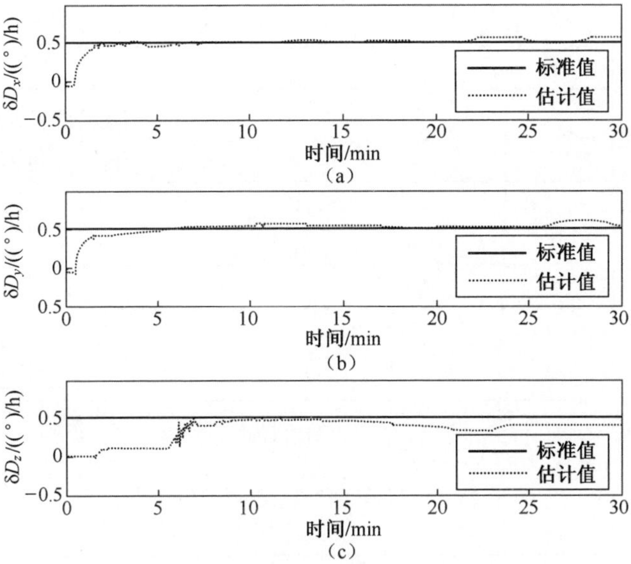

图 5-22　陀螺零偏误差仿真对比曲线

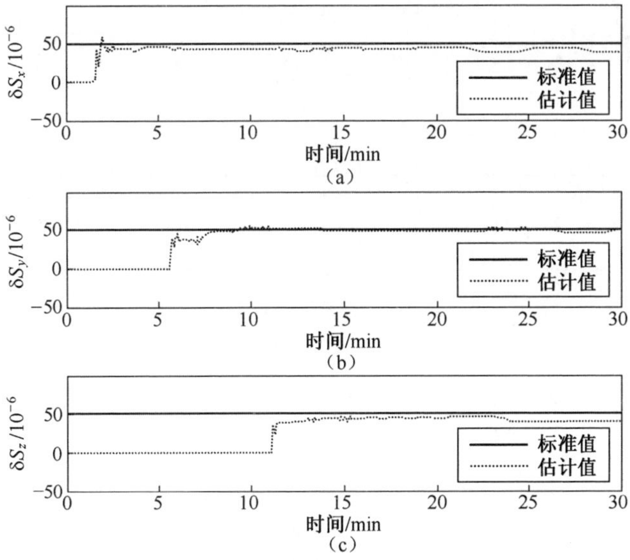

图 5-23　陀螺标度因数误差仿真对比曲线

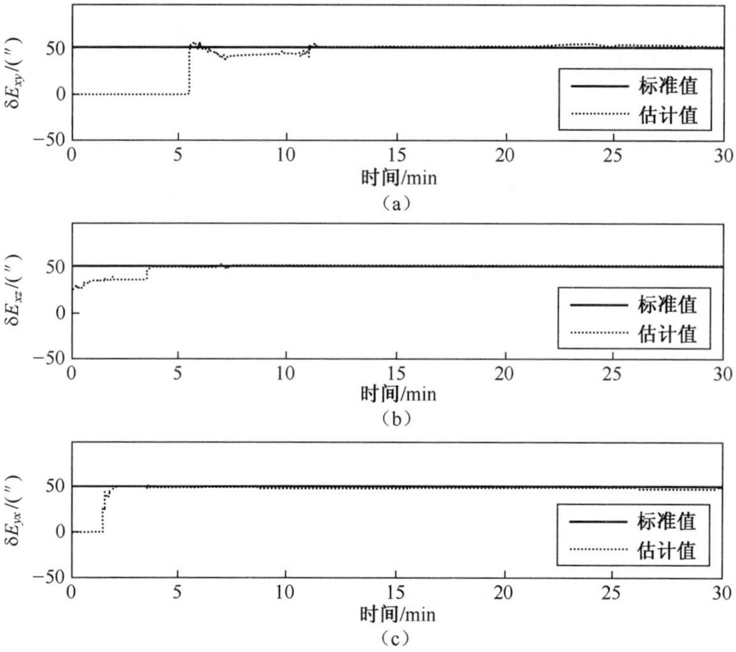

图 5-24　陀螺标度安装系数误差仿真结果

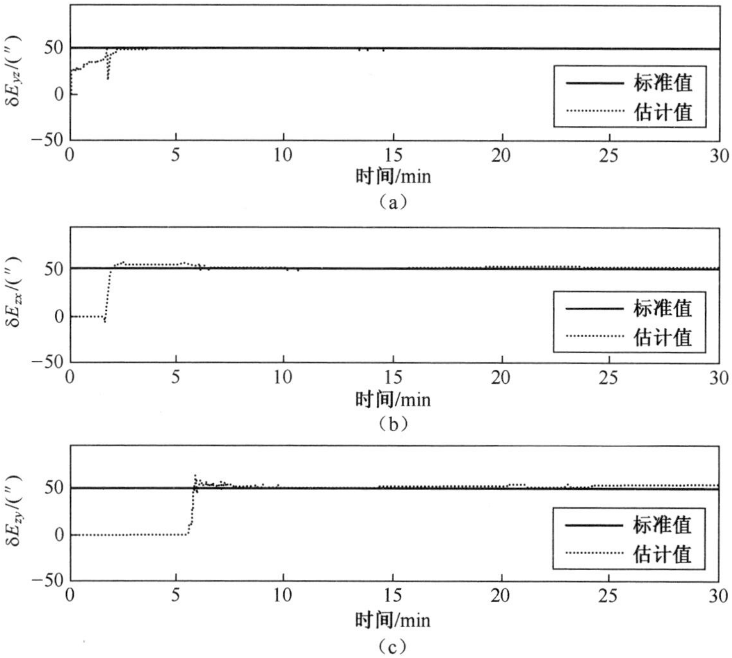

图 5-25　陀螺标度安装系数误差仿真结果

从陀螺仿真曲线可以看出,仿真开始后 z 轴开始旋转,陀螺零偏 δD_x、δD_y 首先向标准值收敛,这是由于陀螺零偏误差需要在静态条件下进行辨识,而对于标度因数误差必须对其进行充分激励才能有效地辨识,而陀螺安装系数误差与加速度计安装系数误差的收敛规则基本一致。从整个仿真曲线看,陀螺参数的误差明显大于加速度计,说明对于陀螺参数的标定更为困难。

将以上系统参数误差仿真收敛对比结果进行列表分析,如表 5-4 所列。

表 5-4　系统参数误差值与估计值对比列表

参数	估计值			误差值		
加速度计零偏误差	δB_x^a	δB_y^a	δB_z^a	ΔB_x^a	ΔB_y^a	ΔB_z^a
	49.97×10^{-6}	49.95×10^{-6}	49.86×10^{-6}	0.03×10^{-6}	0.04×10^{-6}	0.14×10^{-6}
加速度计标度因数误差	δK_x	δK_y	δK_z	ΔK_x	ΔK_y	ΔK_z
	48.24×10^{-6}	48.38×10^{-6}	49.61×10^{-6}	1.76×10^{-6}	1.62×10^{-6}	0.39×10^{-6}
加速度计安装系数误差	δM_{yx}	δM_{zx}	δM_{zy}	ΔM_{yx}	ΔM_{zx}	ΔM_{zy}
	49.94×10^{-6}	50.04×10^{-6}	50.07×10^{-6}	0.06×10^{-6}	0.04×10^{-6}	0.07×10^{-6}
陀螺零偏误差	δD_x^g	δD_y^g	δD_z^g	ΔD_x^g	ΔD_y^g	ΔD_z^g
	0.54(°)/h	0.56(°)/h	0.43(°)/h	0.04(°)/h	0.06(°)/h	0.07(°)/h
陀螺标度因数误差	δS_x	δS_y	δS_z	ΔS_x	ΔS_y	ΔS_z
	44.06×10^{-6}	49.28×10^{-6}	42.85×10^{-6}	5.94×10^{-6}	0.72×10^{-6}	7.15×10^{-6}
陀螺安装系数误差	δE_{xy}	δE_{xz}	δE_{yx}	ΔE_{xy}	ΔE_{xz}	ΔE_{yx}
	50.55″	50.27″	49.22″	0.55″	0.27″	0.78″
	δE_{yz}	δE_{zx}	δE_{zy}	ΔE_{yz}	ΔE_{zx}	ΔE_{zy}
	50.58″	51.45″	52.25″	0.58″	1.45″	2.25″

按照本书设计的 18 位置旋转标定方案进行旋转激励,通过所设计的卡尔曼滤波器进行滤波,由表 5.4 可以看出,加速度计所有的系统参数误差均能保持低于 4%的误差。本书所提方案能够较为准确地标定出所有加速度计相关参数误差,而陀螺的系统参数误差基本能够低于 10%的误差,大部分参数均在 5%以内,说明无论对于加速度计还是陀螺。本书所提方案能够将大部分的系统参数误差有效地标定出来,仿真结果与理论分析结果一致。

本章小结

针对光纤陀螺捷联惯性导航系统,本章首先分析了光纤陀螺和石英加速度计的测量模型。利用高精度三轴惯性测试转台设计了速率实验、位置实验和灵位实验来对误差模型系统进行辨识,在此基础上设计了18位置系统级旋转标定方案,为光纤陀螺和加速度计误差系数的在线辨识提供了一种解决思路。

第6章 船用捷联惯性导航系统初始对准技术

捷联惯性导航的初始对准是指提供捷联惯性导航的导航解算所需要的初值,主要任务是确定载体坐标系和真实导航坐标系(如当地地理坐标系)之间的初始方向余弦矩阵 $\boldsymbol{C}_b^n$ 。因此在惯性导航系统在正常导航之前,必须完成初始对准过程。此外,现代战争中对武器装备的快速反应能力提出了更高的要求,对惯性导航系统初始对准的精度和快速性的要求也越来越高[37-40]。因此,捷联惯性导航系统对准技术已成为惯性技术领域的研究重点之一。捷联惯性导航系统初始对准方法大概分为粗对准、基于古典控制理论的罗经对准、基于现代估计理论的组合对准、传递对准等方法。本章将对上述各对准方法进行介绍。

6.1 船用捷联惯性导航系统粗对准技术

6.1.1 解析式粗对准

空间矢量在导航坐标系和载体坐标系之间的坐标转换关系为

$$\boldsymbol{v}^n = \boldsymbol{C}_b^n \boldsymbol{v}^b \tag{6-1}$$

解析粗对准的原理就是利用重力加速度和地球自转角速度在导航坐标系上的投影与它们在载体坐标系上的投影之间的坐标转换关系,来计算初始姿态矩阵的[41-44]。

重力加速度和地球自转角速度在载体坐标系上的投影为 $\boldsymbol{g}^b$ 和 $\boldsymbol{\omega}_{ie}^b$,分别用加速度计和陀螺的测量值 $\tilde{\boldsymbol{f}}^b$ 和 $\widetilde{\boldsymbol{\omega}}^b$ 取一定时间的平均值来替代。由 $\boldsymbol{g}$、$\boldsymbol{\omega}_{ie}$ 构造的矢量 $\boldsymbol{g}\times\boldsymbol{\omega}_{ie}$ 和矢量 $(\boldsymbol{g}\times\boldsymbol{\omega}_{ie})\times\boldsymbol{g}$ 可用来计算姿态矩阵 $\boldsymbol{C}_b^n$,计算公式为

$$\hat{\boldsymbol{C}}_b^n = \begin{bmatrix} (\boldsymbol{g}^n)^{\mathrm{T}} \\ (\boldsymbol{g}^n \times \boldsymbol{\omega}_{ie}^n)^{\mathrm{T}} \\ [(\boldsymbol{g}^n \times \boldsymbol{\omega}_{ie}^n) \times \boldsymbol{g}^n]^{\mathrm{T}} \end{bmatrix}^{-1} \begin{bmatrix} (\tilde{\boldsymbol{f}}^b)^{\mathrm{T}} \\ (\tilde{\boldsymbol{f}}^b \times \widetilde{\boldsymbol{\omega}}^b)^{\mathrm{T}} \\ [(\tilde{\boldsymbol{f}}^b \times \widetilde{\boldsymbol{\omega}}^b) \times \tilde{\boldsymbol{f}}^b]^{\mathrm{T}} \end{bmatrix} \tag{6-2}$$

其中,重力加速度在导航坐标系上的投影为 $\boldsymbol{g}^n = [0 \quad 0 \quad -g]^{\mathrm{T}}$。

地球自转角速度在导航坐标系上的投影为

$$\boldsymbol{\omega}_{ie}^n = [0 \quad \Omega\cos L \quad \Omega\sin L]^{\mathrm{T}} \tag{6-3}$$

式中:L 为对准点的纬度;$\boldsymbol{\omega}_{ie}$ 为地球自转角速度。

加速度计的测量值 $\tilde{\boldsymbol{f}}^b$ 由重力加速度在载体系上的投影 $\boldsymbol{g}^b$ 与加速度计的测量误差 ∇ 组成,陀螺的测量值 $\widetilde{\boldsymbol{\omega}}^b$ 由地球自转角速度在载体系上的投影 $\boldsymbol{\omega}_{ie}^b$ 与陀螺的测量误差 $\boldsymbol{\varepsilon}$ 组成。为了更加准确,加速度计的测量值和陀螺的测量值可在一定时间内取平均值。可推得该方案的稳态误差为

$$\begin{cases} \varphi_{\mathrm{E}} = \dfrac{\nabla_{\mathrm{N}}}{g} \\ \varphi_{\mathrm{N}} = -\dfrac{\nabla_{\mathrm{E}}}{g} \\ \varphi_{\mathrm{U}} = -\dfrac{\nabla_{\mathrm{E}}}{g}\tan L - \dfrac{\varepsilon_{\mathrm{E}}}{\omega_{ie}\cos L} \end{cases} \tag{6-4}$$

从式(6-4)可以看出,上述方法的东向水平失准角只与北向加速度计误差有关。除此之外,式(6-2)也可按下面的方法计算:

$$\hat{\boldsymbol{C}}_b^n = \begin{bmatrix} (\boldsymbol{g}^n)^{\mathrm{T}} \\ (\boldsymbol{\omega}_{ie}^n)^{\mathrm{T}} \\ (\boldsymbol{g}^n \times \boldsymbol{\omega}_{ie}^n)^{\mathrm{T}} \end{bmatrix}^{-1} \begin{bmatrix} (\tilde{\boldsymbol{f}}^b)^{\mathrm{T}} \\ (\widetilde{\boldsymbol{\omega}}^b)^{\mathrm{T}} \\ (\tilde{\boldsymbol{f}}^b \times \widetilde{\boldsymbol{\omega}}^b)^{\mathrm{T}} \end{bmatrix} \tag{6-5}$$

但通过式(6-5)计算的东向水平失准角不仅和北向加速度计误差有关,还与天向加速度计误差和天向陀螺漂移有关,而北向水平精度和方位对准精度则和式(6-2)相同。在摇摆基座情况,运载体三轴存在垂荡、纵荡、横荡或高频随机干扰,陀螺三轴测得的角速度已经不是地球自转角速度 $\boldsymbol{\omega}_{ie}$。另外,垂荡、纵荡、横荡或高频随机干扰必然产生牵连加速度,3 个加速度计测得的加速度和重力加速度 g 存在较大偏差,因此,在摇摆环境下解析式粗对准的精度将受到很大的影响。

6.1.2　惯性坐标系粗对准方法

由 6.1.1 节介绍可知，当存在纵荡、垂荡、横荡时，陀螺的输出信息包括地球的自转角速度信息和摇摆运动引起的干扰角速度信息，加速度计的输出包括重力加速度测量值和纵荡、垂荡、横荡运动引起的线速度的测量值信息。因此，解析式粗对准方案在幅度较大的摇摆运动中存在较大的局限性[43]。

惯性坐标系的粗对准方法利用了在恒定时间内重力加速度 g 在惯性空间的方向改变包含了地球北向信息这一基本原理[45]。地球坐标系、地心惯性坐标系、导航坐标系和载体坐标系的定义如前所述，定义基座惯性坐标系 i_{b0} 为 t_0 起始时刻的载体坐标系，在对准过程中这个坐标系保持不变，则姿态矩阵可以表示为

$$\boldsymbol{C}_b^n = \boldsymbol{C}_e^n \boldsymbol{C}_i^e \boldsymbol{C}_{i_{b0}}^i \boldsymbol{C}_b^{i_{b0}} \tag{6-6}$$

式中，由于定义初始时刻时的载体坐标系为基座惯性坐标系，因此初始时刻的 $\boldsymbol{C}_b^{i_{b0}}(t_0) = \boldsymbol{I}$ 为单位矩阵，而 $\boldsymbol{C}_b^{i_{b0}}(t)$ 可以利用陀螺输出角速度信息通过四元素更新求解获得。$\boldsymbol{C}_i^e$ 为地球坐标系 e 和惯性坐标系 i 间的变换矩阵，可由时间间隔 $\Delta t = t - t_0$ 确定。

$$\boldsymbol{C}_i^e = \begin{bmatrix} \cos\omega_{ie}\Delta t & \sin\omega_{ie}\Delta t & 0 \\ -\sin\omega_{ie}\Delta t & \cos\omega_{ie}\Delta t & 0 \\ 0 & 0 & 1 \end{bmatrix} \tag{6-7}$$

$\boldsymbol{C}_e^n$ 为导航坐标系 n 和地球坐标系 e 间的变换矩阵，可由舰船所在点的经纬度 (L,λ) 确定，即

$$\boldsymbol{C}_e^n = \begin{bmatrix} 1 & 0 & 0 \\ 0 & \sin L & \cos L \\ 0 & -\cos L & \sin L \end{bmatrix} \begin{bmatrix} \sin\lambda & \cos\lambda & 0 \\ -\cos\lambda & \sin\lambda & 0 \\ 0 & 0 & 1 \end{bmatrix} = \begin{bmatrix} -\sin\lambda & \cos\lambda & 0 \\ -\sin L\cos\lambda & -\sin L\sin\lambda & \cos L \\ \cos L\cos\lambda & \cos L\sin\lambda & \sin L \end{bmatrix} \tag{6-8}$$

因此，$\boldsymbol{C}_e^n$、$\boldsymbol{C}_i^e$ 都可利用已知信息进行估算，只要能得到 $\boldsymbol{C}_{i_{b0}}^i$ 的估计值，就能完成 $\boldsymbol{C}_b^n$ 的初步估算，完成粗对准任务，所以对矩阵 $\boldsymbol{C}_{i_{b0}}^i$ 的求解是对 $\boldsymbol{C}_b^n$ 的求解的关键。

在有大幅度摇摆运动存在时，加速度计的输出包括有用的重力加速度

$\boldsymbol{g}^b$ 和摇摆与荡运动造成的干扰加速度 $\boldsymbol{a}_{\mathrm{D}}^b$，因此加速度计的输出比力在坐标系 i_{b0} 内的投影 $\tilde{\boldsymbol{f}}^{i_{b0}}$ 可表示为如下形式，即

$$\tilde{\boldsymbol{f}}^{i_{b0}} = \boldsymbol{C}_b^{i_{b0}}(-\boldsymbol{g}^b + \boldsymbol{a}_{\mathrm{D}}^b + \boldsymbol{\nabla}^b) \tag{6-9}$$

式中：$\boldsymbol{\nabla}^b = [\nabla_{\mathrm{E}}^b \quad \nabla_{\mathrm{N}}^b \quad \nabla_{\mathrm{U}}^b]^{\mathrm{T}}$ 为加速度计偏差。

对式(6-9)两边在 $[t_0, t_k]$ 内取积分，可得

$$\tilde{\boldsymbol{v}}^{i_{b0}}(t_k) = \int_{t_0}^{t_k} \tilde{\boldsymbol{f}}^{i_{b0}} \mathrm{d}t = \int_{t_0}^{t_k} \boldsymbol{C}_b^{i_{b0}} \tilde{\boldsymbol{f}}^b \mathrm{d}t$$

其中，$\tilde{\boldsymbol{v}}^{i_{b0}}(t_k)$ 可由 $\int_{t_0}^{t_k} \boldsymbol{C}_{\mathrm{b}}^{i_{b0}} \tilde{\boldsymbol{f}}^b \mathrm{d}t$ 加速度计的实测值计算，即

$$\begin{aligned}\tilde{\boldsymbol{v}}^{i_{b0}} = \int_{t_0}^{t_k} \tilde{\boldsymbol{f}}^{i_{b0}} \mathrm{d}t &= \int_{\mathrm{t}_0}^{\mathrm{t}_\mathrm{k}} -\boldsymbol{C}_b^{i_{b0}} \boldsymbol{g}^b \mathrm{d}t + \int_{t_0}^{t_k} \boldsymbol{C}_b^{i_{b0}}(\boldsymbol{a}_{\mathrm{D}}^b + \boldsymbol{\nabla}^b)\mathrm{d}t \\ &= \boldsymbol{C}_i^{i_{b0}} \int_{t_0}^{t_k} -\boldsymbol{g}^i \mathrm{d}t + \int_{t_0}^{t_k} \boldsymbol{C}_b^{i_{b0}}(\boldsymbol{a}_{\mathrm{D}}^b + \boldsymbol{\nabla}^b)\mathrm{d}t\end{aligned} \tag{6-10}$$

记 $\boldsymbol{V}^i = \int_{t_0}^{t_k} -\boldsymbol{g}^i \mathrm{d}t, \delta\boldsymbol{v}^{i_{b0}} = \int_{t_0}^{t_k} \boldsymbol{C}_b^{i_{b0}}(\boldsymbol{a}_{\mathrm{D}}^b + \boldsymbol{\nabla}^b)\mathrm{d}t$，因为 $\boldsymbol{a}_{\mathrm{D}}^b$ 干扰为近似周期变化，所以有

$$\delta\boldsymbol{v}^{i_{b0}} = \int_{t_0}^{t_k} \boldsymbol{C}_b^{i_{b0}}(\boldsymbol{a}_{\mathrm{D}}^b + \boldsymbol{\nabla}^b)\mathrm{d}t \approx 0 \tag{6-11}$$

将式(6-11)代入式(6-10)，可得

$$\tilde{\boldsymbol{v}}^{i_{b0}} = \boldsymbol{C}_i^{i_{b_0}} \boldsymbol{v}^i \tag{6-12}$$

由于

$$\boldsymbol{g}^i = \begin{bmatrix} -g\cos L\cos[\lambda + \omega_{ie}(t - t_0)] \\ -g\cos L\sin[\lambda + \omega_{ie}(t - t_0)] \\ -g\sin L \end{bmatrix} \tag{6-13}$$

将式(6-13)代入式(6-10)，可得

$$\boldsymbol{v}^i(t_k) = \begin{bmatrix} \dfrac{g\cos L\{\sin[\lambda + \omega_{ie}(t_k - t_0)] - \sin\lambda\}}{\omega_{ie}} \\ \dfrac{g\cos L\{\cos\lambda - \cos[\lambda + \omega_{ie}(t_k - t_0)]\}}{\omega_{ie}} \\ g\sin L(t_k - t_0) \end{bmatrix} \tag{6-14}$$

假设有 t_{k1}、t_{k2} 时刻 $(t_0 < t_{k1} < t_{k2})$，则由式(6-14)，两个时刻的 $\tilde{\boldsymbol{v}}^{i_{b0}}(t_{k1})$ 和 $\tilde{\boldsymbol{v}}^{i_{b0}}(t_{k2})$ 可以表示为

$$\tilde{\boldsymbol{v}}^{i_{b0}}(t_{k1}) = \boldsymbol{C}_i^{i_{b0}} \boldsymbol{v}^i(t_{k1}) \tag{6-15}$$

$$\tilde{\boldsymbol{v}}^{i_{b0}}(t_{k2}) = \boldsymbol{C}_i^{i_{b0}} \boldsymbol{v}^i(t_{k2}) \tag{6-16}$$

可以证明：

$$\tilde{\boldsymbol{v}}^{i_{b0}}(t_{k1}) \times \tilde{\boldsymbol{v}}^{i_{b0}}(t_{k2}) = [\boldsymbol{C}_i^{i_{b0}} \boldsymbol{v}^i(t_{k1})] \times [\boldsymbol{C}_i^{i_{b0}} \boldsymbol{v}^i(t_{k2})] = \boldsymbol{C}_i^{i_{b0}} \boldsymbol{v}^i(t_{k1}) \times \boldsymbol{v}^i(t_{k2}) \tag{6-17}$$

前面已经提到，$\tilde{\boldsymbol{v}}^{i_{b0}}(t_{k1})$ 和 $\tilde{\boldsymbol{v}}^{i_{b0}}(t_{k2})$ 可由 $\int_{t_0}^{t_k} \boldsymbol{C}_b^{i_{b0}} \tilde{\boldsymbol{f}}^b \mathrm{d}t$ 加速度计的实测值计算，$\boldsymbol{v}^i(t_{k1})$、$\boldsymbol{v}^i(t_{k2})$ 可由式(6-14)计算得到，所以 $\boldsymbol{C}_i^{i_{b0}}$ 可按下式计算：

$$\boldsymbol{C}_i^{i_{b0}} = \begin{bmatrix} [\boldsymbol{v}^i(t_{k1})]^{\mathrm{T}} \\ [\boldsymbol{v}^i(t_{k2})]^{\mathrm{T}} \\ [\boldsymbol{v}^i(t_{k1}) \times \boldsymbol{v}^i(t_{k2})]^{\mathrm{T}} \end{bmatrix}^{-1} \cdot \begin{bmatrix} [\tilde{\boldsymbol{v}}^{i_{b0}}(t_{k1})]^{\mathrm{T}} \\ [\tilde{\boldsymbol{v}}^{i_{b0}}(t_{k2})]^{\mathrm{T}} \\ [\tilde{\boldsymbol{v}}^{i_{b0}}(t_{k1}) \times \tilde{\boldsymbol{v}}^{i_{b0}}(t_{k2})]^{\mathrm{T}} \end{bmatrix} \tag{6-18}$$

由式(6-18)获得 $\boldsymbol{C}_i^{i_{b0}}$ 后代入式(6-6)，即可计算出姿态矩阵。与解析式粗对准相比，惯性坐标系粗对准通过对干扰线速度的积分，大大减小了干扰加速度的影响，惯性坐标系的粗对准方法更有优势。

6.2 基于经典控制理论的罗经回路对准技术

6.2.1 罗经回路对准基本原理

1. 水平精对准基本原理

讨论捷联惯性导航系统初始精对准，需要从系统的误差方程入手。假设粗对准结束之后误差角 φ_{E} 、φ_{N} 、φ_{U} 均为小角度，以东向加速度计和北向陀螺组成的东向通道水平回路为例，由误差方程可以得到无阻尼东向通道水平回路误差方框图如图 6-1 所示。

可以看出，图 6-1 是一个二阶无阻尼系统，系统的特征方程为

$$\Delta(s) = s^2 + \omega_{\mathrm{s}}^2 = 0 \tag{6-19}$$

式中：$\omega_{\mathrm{s}} = \sqrt{g/R}$ 。

由式(6-19)可以看出，姿态误差角始终在做一个振荡幅值与误差源相

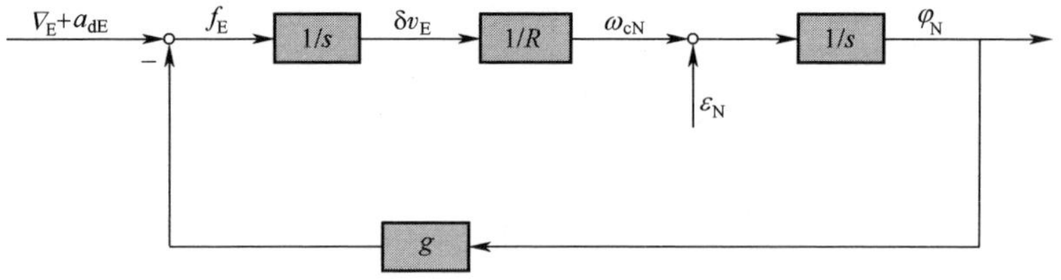

图 6-1　无阻尼东向通道水平回路误差方框图

关的舒拉振荡,姿态误差角无法在某一个平衡位置稳定下来,所以下面需要加入阻尼以使误差角能够稳定在某一个平衡范围内。对积分环节的输出信号 δv_e 引入惯性环节以使回路工作在阻尼状态,这样使误差角可以经过阻尼逐渐减小稳定,对于东向通道调平回路,加入的惯性环节可定义为

$$\delta v_E = e^{-k_1 t} f_E \tag{6-20}$$

时间常数 $1/k_1$ 反映系统的惯性,惯性越小,响应过程越快。惯性阻尼环节不能改变阻尼的速度,要使北向姿态误差角减小到某平衡位置需要很长时间。要改变阻尼的时间需要改变回路的固有频率,所以在惯性环节的基础上引入比例环节 k_2/R ,使得相应的振荡频率增加为原来的 $\sqrt{1 + k_2}$ 倍。为了使对准精度不受 ε_E、$\varphi_U \omega_{ie} \cos L$ 误差的影响,δv_N 输出端再并联一个积分环节,相当于一个储能环节,利用积蓄的能量来抵消 $\varepsilon_E + \omega_{ie} \cos L \varphi_U$ 误差源,这样就使得水平稳态误差只受 ∇_E 的影响。选择一定的参数就可以使系统在要求的时间内完成对准。东向通道没有 k_3 调节这一项是因为在东向回路中不用抵消误差源 $\varphi_U \omega_{ie} \cos L$ 。具体加阻尼后的东向通道水平回路误差方框图与北向通道水平回路误差方框图如图 6-2和图 6-3 所示。

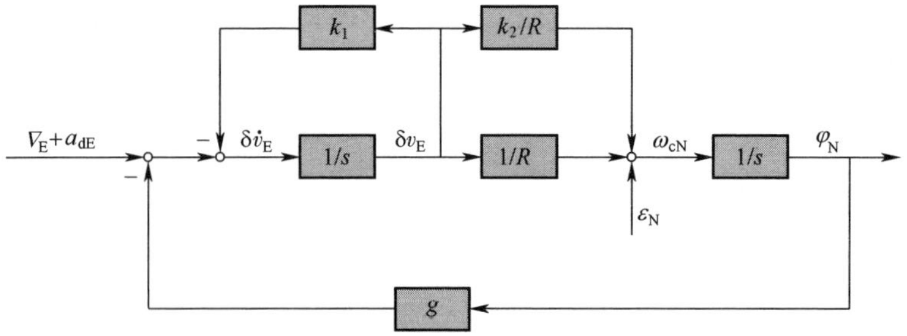

图 6-2　三阶东向通道水平回路误差方框图

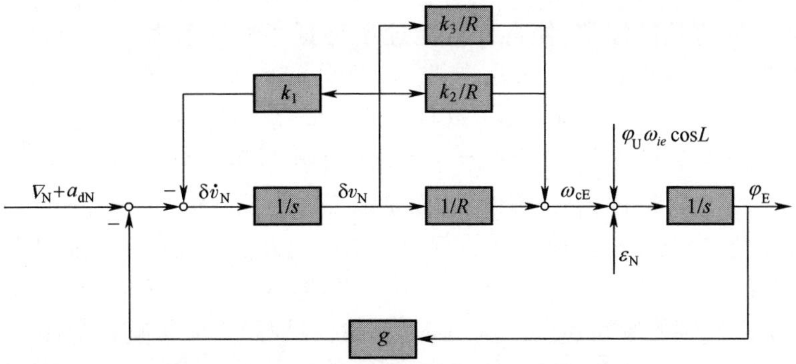

图 6-3　三阶北向通道水平回路误差方框图

2. 方位精对准基本原理

捷联惯性导航系统常用的初始方位精对准方法是引入“数学平台”之后利用传统的闭环陀螺罗经效应原理进行的，如图 6-4 所示。

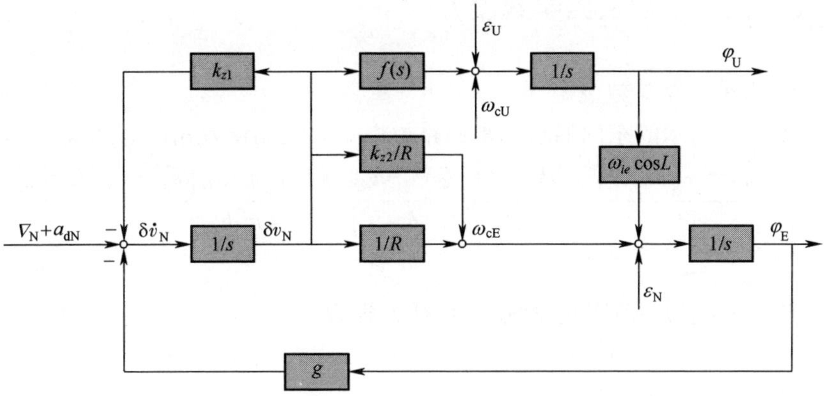

图 6-4　方位回路方框图

在图 6-4 所示的北向加速度计和东向陀螺组成的北向调平回路中，有等效陀螺仪漂移项 $\varphi_U\omega_{ie}\cos L$，而对应的由东向加速度计和北向陀螺仪组成的东向水平回路图 6-2 中则没有这一项，这说明北向水平回路与方位回路关系密切，其间的交叉耦合影响较大，可以借此实现方位精对准。这里 $\varphi_U\omega_{ie}\cos L$ 的影响称为罗经效应，可以从控制的角度设计罗经方位对准回路使 φ_U 值逐渐减小直至达到允许范围内。图 6-4 表示了北向水平对准与方位对准二者的耦合关系。

当计算地理坐标系（$\hat{t}$ 系）和地理坐标系（t 系）存在方位误差角 φ_U 时，

载体上的陀螺仪将感受地球自转角速率在地理系上的分量 $\varphi_U\omega_{ie}\cos L$,此分量相当于陀螺仪的漂移,使得计算地理系与真实地理系之间有倾斜角 φ_E 。这相当于从加速度计引入 $\varphi_E g$ 信息,经积分产生速度误差 δv_N ,通过测量 δv_N 可以测出罗经效应的大小。这种现象为罗经效应。由于通过角 φ_E 才能在 δv_N 中反映罗经效应,因此在水平回路中不再设置积分环节 k_3/s 来消除由 ε_E 和 $\varphi_U\cos L$ 引起的 φ_E 稳态误差,而是以 δv_N 为控制信号,设计一个环节去控制 φ_U 角,使其减小到所允许的范围。欲控制方位误差角 φ_U ,必须以一定的规律控制。设计一个控制环节 $f(s)$,其输入信号为 δv_N ,输出信号为 $\delta v_N f(s)$ 以代替控制角速度。从角 φ_U 开始,经罗经效应影响各个环节,最后到 δv_N 输出,再经过方位控制环节,直到输出角为止,这样一条回路称为罗经回路。

对于捷联系统,数学平台取代了实际的平台,陀螺和加速度计测量误差隐含在数学平台解算之中,两者在误差传递的本质是一样的。

6.2.2 罗经回路参数设置

1. 水平回路参数设定

图 6-2 所示的东向通道调平回路可以得到北向误差角的表达式为

$$\varphi_N(s)=\frac{\varphi_{N0}Rs^3+(\varepsilon_N R+\varphi_{N0}Rk_1)s^2+[(\nabla_E+a_{dE})(1+k_2)+\varepsilon_N Rk_1]s+(\nabla_E+a_{dE})Rk_3}{Rs^3+Rk_1s^2+g(1+k_2)s+Rgk_3} \tag{6-21}$$

此时系统为三阶阻尼系统,其特征方程为

$$\Delta(s)=s^3+k_1s^2+\omega_s^2(1+k_2)s+\omega_s^2k_3=0 \tag{6-22}$$

令方程式的根为

$$\begin{cases} s_1=-\sigma \\ s_{2,3}=-\sigma+\mathrm{j}\sigma\sqrt{(1-\xi^2)/\xi^2} \end{cases} \tag{6-23}$$

则式(6-22)可以变为

$$s^3+3\sigma s^2+(2+1/\xi^2)\sigma^2+\sigma^3/\xi^2=0 \tag{6-24}$$

比较式(6-22)、式(6-24),可得

$$\begin{cases} k_1=3\sigma \\ k_2=\dfrac{(2+1/\xi^2)\sigma^2}{\omega_s^2}-1 \\ k_3=\sigma^3/\xi^2\omega_s^2 \end{cases} \tag{6-25}$$

式中：$\sigma = \omega_d \xi / \sqrt{1-\xi^2}$ 为衰减系数；ξ 为阻尼比；$\omega_s = \sqrt{g/R}$ 为舒勒角频率；$\omega_n = \sigma\sqrt{(1-\xi^2)/\xi^2}$ 为无阻尼自然振荡频率，调节时间 T_d 也称阻尼振荡周期，$\omega_d = 2\pi/T_d$ 为阻尼振荡频率。

令粗对准结束时的北向误差角为 $\varphi_{N0}(t)$，北向误差角的时域表达式可以写为

$$\varphi_N(t) = \varphi_{N0}(t)\mathrm{e}^{-\sigma t}\left[\sqrt{\frac{\xi^2}{1-\xi^2}}\sin(\omega_n t) + \frac{1+\xi^2}{1-\xi^2}\cos(\omega_n t) - \frac{2\xi^2}{1-\xi^2}\right] \tag{6-26}$$

可以得到三阶东向通道调平回路的稳态误差为

$$\varphi_N(\infty) = \frac{\nabla_E + a_{dE}}{g} \tag{6-27}$$

同理，可得东向误差角的稳态误差为

$$\varphi_E(\infty) = -\frac{\nabla_N}{g} + \frac{\varepsilon'_E}{\sigma^2} - \frac{w\varepsilon_U}{\sigma^2} \tag{6-28}$$

以 σt 为横坐标，φ/φ_0 为纵坐标，ξ 为参变量，作出瞬态标准曲线图如图 6-5所示，图中按照收敛时间的快慢，曲线依次取阻尼系数为 0.3、0.4、0.5、0.6、0.7、0.8。

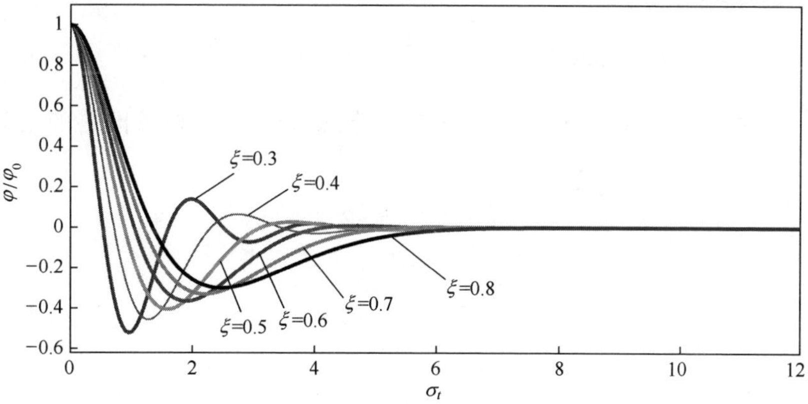

图 6-5　瞬态标准曲线图

首先确定阻尼系数 ξ，因为要求阻尼时间要快，通常选取阻尼系数等于 0.8；其次，确定初始值到要求值的衰减倍数；最后根据 $\varphi/\varphi_0 < 0.002$，由图可以查得 $\sigma t = 6.5$，取时间 $t = 10\mathrm{min}$，可以得到 $\sigma = 1.0833 \times 10^{-2}$，由阻尼系数和时间常数可以求得 k_1、k_2、k_3 的值。为了改善系统的性能，k_1、k_2、k_3 也

不一定是常数值,也可以选取适当的函数形式。

2. 方位回路参数设定

由图 6-4 可以看出,系统的特征方程为

$$s^3 + k_{z1}s^2 + (1 + k_{z2})\omega_s^2 s + \omega_{ie}\cos L f(s) g = 0 \tag{6-29}$$

式中,$\omega_{ie}\cos L$ 随纬度 L 而变化。为了使系统特征方程变为常系数方程,可以将 $f(s)$ 设计为

$$f(s) = \frac{k_D}{R\omega_{ie}\cos L(s + k_{z3})} \tag{6-30}$$

式中:$1/(s + k_{z3})$ 为增加方位滤波环节,可改善系统的性能。

将式(6-30)代入式(6-29)有

$$s^4 + (1 + k_{z3})s^3 + [k_{z1}k_{z3} + (1 + k_{z2})\omega_s^2]s^2 + (1 + k_{z2})k_{z3}\omega_s^2 s + k_D\omega_s^2 = 0 \tag{6-31}$$

从式(6-31)可以看出,系统是四阶的,这种设计所构成的罗经回路称为四阶罗经回路。

将式(6-31)看作两个二阶系统来考虑,令根为

$$\begin{cases} s_{1,2} = -\sigma \pm j\sigma\omega_n \\ s_{3,4} = -\sigma \pm j\sigma\omega_n \end{cases} \tag{6-32}$$

这时式(6-31)变为

$$s^4 + 4\sigma s^3 + \frac{2\sigma^2(1 + 2\xi^2)}{\xi^2}s^2 + \frac{4\sigma^3}{\xi^2}s + \frac{\sigma^4}{\xi^4} = 0 \tag{6-33}$$

使式(6-31)和式(6-33)的系数相等,得到方位精校准网络的系数表达式:

$$\begin{cases} k_{z1} = k_{z3} = 2\sigma \\ k_{z2} = \dfrac{2\sigma^2 - \xi^2\omega_s^2}{\xi^2\omega_s^2} \\ k_D = \dfrac{\sigma^4}{\xi^4\omega_s^2} \end{cases} \tag{6-34}$$

根据船舶运动的特点,实际系统惯性元件的性能指标以及对罗经对准精度和稳定性要求,针对摇摆基座给出罗经对准的一些特性:

(1) 在晃动基座下罗经对准时间小于 10min(这符合常理,过长与减少对准时间相违背,实际上若只加阻尼,也能达到初始对准的目的,但是收敛周期是 84.4min,时间过长)。

(2) 假设在晃动基座下干扰加速度引起的方位失准角的振荡幅值小于 3′。

(3) 舰船的晃动可以考虑为正弦规律的等幅振荡,一般舰船的摇摆周期为 4~14s,则舰船的扰动频率为$\frac{\pi}{7}$~$\frac{\pi}{2}$rad/s,所以设计滤波器的截止频率为$\frac{\pi}{7}$rad/s,目的是让设计的系统能在扰动频率内都能满足要求。

(4) 北向干扰加速度的幅值为 $a_{\mathrm{Nm}}^{\mathrm{d}} = 10^{-3}g$ 。方位失准角与北向干扰加速度的幅值比为

$$\varphi_{\mathrm{Udm}} = \frac{\varphi_{\mathrm{U}}}{a_{\mathrm{Nm}}^{\mathrm{d}}} = 0.089(\mathrm{rad/s^2})$$

北向干扰角速度的传递函数用 $\varphi_{\mathrm{Ud}}(s)$ 表示,将上面得到的设计参数代入传递函数中得到

$$\varphi_{\mathrm{Ud}}(s) = \frac{\varphi_{\mathrm{U}}(s)}{\nabla_{\mathrm{N}}} = \frac{\omega_{\mathrm{n}}^4 s/(\omega_{ie}^t g \cdot \cos L)}{(s^2 + 2\xi\omega_{\mathrm{n}}s + \omega_{\mathrm{n}}^2)(s^2 + 2\xi\omega_{\mathrm{n}}s + \omega_{\mathrm{n}}^2)} \tag{6-35}$$

令 $s = \mathrm{j}\omega$,将其代入式(6-35)中,可得

$$\varphi_{\mathrm{Ud}}(\mathrm{j}\omega) = \frac{\mathrm{j}\omega_{\mathrm{n}} \dfrac{\omega}{\omega_{\mathrm{n}}}/(\omega_{ie}^t g \cdot \cos L)}{\left[\left(\mathrm{j}\dfrac{\omega}{\omega_{\mathrm{n}}}\right)^2 + 2\mathrm{j}\xi\dfrac{\omega}{\omega_{\mathrm{n}}} + 1\right]\left[\left(\mathrm{j}\dfrac{\omega}{\omega_{\mathrm{n}}}\right)^2 + 2\mathrm{j}\xi\dfrac{\omega}{\omega_{\mathrm{n}}} + 1\right]} \tag{6-36}$$

令 $u = \omega/\omega_{\mathrm{n}}$,可得

$$\begin{cases} \varphi_{\mathrm{Ud}}(\mathrm{j}u) = \dfrac{\mathrm{j}u}{[(\mathrm{j}u)^2 + 2\mathrm{j}\xi u + 1]^2} \\ |\varphi_{\mathrm{Ud}}(\mathrm{j}u)| = \dfrac{u}{(1 - u^2)^2 + 4\xi^2 u^2} \end{cases} \tag{6-37}$$

经过计算,当 $u = 6$ 以后, $\varphi_{\mathrm{Udm}} < \varphi_{\mathrm{Ud}}$ 才成立,这里取 $u = 16$,按照式(6-34)所示各变量之间的关系确定系统参数 k_{z1}、k_{z2}、k_{z3}、k_{D} 。

6.3　基于现代估计理论的组合对准技术

6.3.1　状态方程建立

第 3 章中推导了捷联惯性导航系统的误差模型,考虑船用惯性导航系

统,不需要考虑天向通道,在建立状态方程时可以忽略天向通道,把与天向有关的方程去掉。将速度误差、位置误差和姿态误差即式(3-11)的前两项、式(3-15)和式(3-19)列入状态方程。由于速度误差和位置误差中包含加速度计零偏和陀螺漂移,需将它们也列入状态方程[46-51]。

加速度计和陀螺输出的误差模型可表示为下式:

$$\begin{cases}\boldsymbol{\nabla}=\boldsymbol{\nabla}_{\mathrm{c}}+(\Delta\boldsymbol{C}_a^s+\delta\boldsymbol{K}_a)\boldsymbol{f}^a+\delta\boldsymbol{f}\\ \boldsymbol{\varepsilon}=\boldsymbol{\varepsilon}_{\mathrm{c}}+(\Delta\boldsymbol{C}_g^s+\delta\boldsymbol{K}_g)\boldsymbol{\omega}^g+\delta\boldsymbol{\varepsilon}\end{cases}\tag{6-38}$$

式中:$\boldsymbol{\nabla}_{\mathrm{c}}=[\nabla_{\mathrm{c}x}\quad\nabla_{\mathrm{c}y}\quad\nabla_{\mathrm{c}z}]$为随机常值加速度计零偏;$\boldsymbol{\varepsilon}_{\mathrm{c}}=[\varepsilon_{\mathrm{c}x}\quad\varepsilon_{\mathrm{c}y}\quad\varepsilon_{\mathrm{c}z}]^{\mathrm{T}}$为随机常值陀螺漂移;$\Delta\boldsymbol{C}_a^s=\begin{bmatrix}0&-E_{ayz}&E_{azy}\\E_{axz}&0&-E_{azx}\\-E_{axy}&E_{ayx}&0\end{bmatrix}$为加速度计安装误差阵;$\Delta\boldsymbol{C}_g^s=\begin{bmatrix}0&-E_{gyz}&E_{gzy}\\E_{gxz}&0&-E_{gzx}\\-E_{gxy}&E_{gyx}&0\end{bmatrix}$为陀螺仪安装误差阵;$\delta\boldsymbol{K}_a=\begin{bmatrix}\delta K_{ax}&0&0\\0&\delta K_{ay}&0\\0&0&\delta K_{az}\end{bmatrix}$为加速度计刻度因子误差阵;$\delta\boldsymbol{K}_g=\begin{bmatrix}\delta K_{gx}&0&0\\0&\delta K_{gy}&0\\0&0&\delta K_{gz}\end{bmatrix}$为陀螺仪刻度因子误差阵;$\delta\boldsymbol{f}=[\delta f_x\quad\delta f_y\quad\delta f_z]^{\mathrm{T}}$为加速度计的高斯白噪声;$\delta\boldsymbol{\varepsilon}=[\delta\varepsilon_x\quad\delta\varepsilon_y\quad\delta\varepsilon_z]^{\mathrm{T}}$为陀螺仪的高斯白噪声。

所以将状态变量选为如下形式:

$$\boldsymbol{X}(t)=[\delta L\quad\delta\lambda\quad\delta v_{\mathrm{E}}\quad\delta v_{\mathrm{N}}\quad\phi_{\mathrm{E}}\quad\phi_{\mathrm{N}}\quad\phi_{\mathrm{U}}\quad\nabla_x\quad\nabla_y\quad\varepsilon_x\quad\varepsilon_y\quad\varepsilon_z]^{\mathrm{T}}\tag{6-39}$$

因此,卡尔曼滤波器的状态方程写成如下形式:

$$\dot{\boldsymbol{X}}(t)=\boldsymbol{A}(t)\boldsymbol{X}(t)+\boldsymbol{B}(t)\boldsymbol{w}(t)\tag{6-40}$$

系统噪声为

$$\boldsymbol{W}(t)=[\delta f_x\quad\delta f_y\quad\delta\varepsilon_x\quad\delta\varepsilon_y\quad\delta\varepsilon_z]^{\mathrm{T}}\tag{6-41}$$

其中,5 个元素分别为加速度计和陀螺仪在 IMU 坐标系下的噪声,均值为 0、方差为 σ_a^2 和 σ_g^2 、呈正态分布的白噪声。

根据 3.1 节所述惯性导航系统误差模型有

$$
\boldsymbol{A} = \begin{bmatrix} A_1 & A_2 & 0_{2\times3} & 0_{2\times3} & 0_{2\times3} & 0_{2\times3} \\ 0_{2\times2} & A_3 & A_5 & A_7 & 0_{2\times3} & 0_{2\times3} \\ 0_{3\times2} & A_4 & A_6 & 0_{3\times3} & A_8 & A_9 \\ 0_{15\times2} & 0_{15\times2} & 0_{15\times3} & 0_{15\times3} & 0_{15\times3} & 0_{15\times3} \end{bmatrix} \tag{6-42}
$$

其中

$$
\boldsymbol{A}_1 = \begin{bmatrix} 0 & 0 \\ \dfrac{v_{\mathrm{E}}}{R_n}\sec L\tan L & 0 \end{bmatrix}, \quad \boldsymbol{A}_2 = \begin{bmatrix} 0 & \dfrac{1}{R_m} \\ \dfrac{1}{R_n\cos L} & 0 \end{bmatrix},
$$

$$
\boldsymbol{A}_3 = \begin{bmatrix} \dfrac{v_{\mathrm{N}}\tan L}{R_n} & 2\omega_{ie}\sin L + \dfrac{v_{\mathrm{E}}\tan L}{R_n} \\ -2\left(\omega_{ie}\sin L + \dfrac{v_{\mathrm{E}}\tan L}{R_n}\right) & 0 \end{bmatrix}, \quad \boldsymbol{A}_4 = \begin{bmatrix} 0 & -\dfrac{1}{R_m} \\ \dfrac{1}{R_n} & 0 \\ \dfrac{\tan L}{R_n} & 0 \end{bmatrix},
$$

$$
\boldsymbol{A}_5 = \begin{bmatrix} 0 & -f_{\mathrm{U}} & f_{\mathrm{N}} \\ f_{\mathrm{U}} & 0 & -f_{\mathrm{E}} \end{bmatrix},
$$

$$
\boldsymbol{A}_6 = \begin{bmatrix} 0 & \omega_{ie}\sin L + \dfrac{v_{\mathrm{E}}\tan L}{R_n} & -\left(\omega_{ie}\cos L + \dfrac{v_{\mathrm{E}}}{R_n}\right) \\ -\left(\omega_{ie}\sin L + \dfrac{v_{\mathrm{E}}\tan L}{R_n}\right) & 0 & -\dfrac{v_{\mathrm{N}}}{R_m} \\ \omega_{ie}\cos L + \dfrac{v_{\mathrm{E}}}{R_n} & \dfrac{v_{\mathrm{N}}}{R_m} & 0 \end{bmatrix}
$$

令

$$
\boldsymbol{C}_b^n = \begin{bmatrix} C_{11} & C_{12} & C_{13} \\ C_{21} & C_{22} & C_{23} \\ C_{31} & C_{32} & C_{33} \end{bmatrix}
$$

则

$$
\boldsymbol{A}_7 = \begin{bmatrix} C_{11} & C_{12} & C_{13} \\ C_{21} & C_{22} & C_{23} \end{bmatrix}, \quad \boldsymbol{A}_8 = \begin{bmatrix} C_{11} & C_{12} & C_{13} \\ C_{21} & C_{22} & C_{23} \\ C_{31} & C_{32} & C_{33} \end{bmatrix},
$$

$$A_9=\begin{bmatrix} C_{11}\cdot\omega_{is_x}^{s} & C_{12}\cdot\omega_{is_y}^{s} & C_{13}\cdot\omega_{is_z}^{s} \\ C_{21}\cdot\omega_{is_x}^{s} & C_{22}\cdot\omega_{is_y}^{s} & C_{23}\cdot\omega_{is_z}^{s} \\ C_{31}\cdot\omega_{is_x}^{s} & C_{32}\cdot\omega_{is_y}^{s} & C_{33}\cdot\omega_{is_z}^{s} \end{bmatrix}$$

其中：$C_{ij}(i、j=1,2,3)$为捷联矩阵元素；$\omega_{is_k}^{s}(k=x,y,z)$为IMU的3个轴向角速率。

$$\boldsymbol{B}(t)=\begin{bmatrix} 0_{2\times2} & 0_{2\times5} & 0_{2\times5} \\ 0_{5\times2} & B^{*}(t) & 0_{2\times2} \\ 0_{5\times2} & 0_{5\times5} & 0_{5\times5} \end{bmatrix} \tag{6-43}$$

其中

$$\boldsymbol{B}^{*}(t)=\begin{bmatrix} C_{11} & C_{12} & 0 & 0 & 0 \\ C_{21} & C_{22} & 0 & 0 & 0 \\ 0 & 0 & C_{11} & C_{12} & C_{13} \\ 0 & 0 & C_{21} & C_{22} & C_{23} \\ 0 & 0 & C_{31} & C_{32} & C_{33} \end{bmatrix}_{5\times5} \tag{6-44}$$

6.3.2 量测方程的建立

1. 以速度误差为观测量

惯性导航计算的速度信息中包含了载体的真实速度以及由陀螺漂移所引起的周期性的振荡，在系泊状态下，由于风浪引起的摇摆和荡运动的速度是载体的真实速度，如果能获取载体在系泊状态下的速度信息$\tilde{v}$，就可以利用惯导解算速度v与获取的载体真实速度$\tilde{v}$的误差来做观测量：

$$\boldsymbol{Z}=\begin{bmatrix} v_{\mathrm{E}}-\tilde{v}_{\mathrm{E}} \\ \tilde{v}_{\mathrm{N}}-v_{\mathrm{N}} \end{bmatrix} \tag{6-45}$$

因此，可以得到以速度为观测量的卡尔曼滤波的观测方程：

$$\boldsymbol{Z}(t)=\boldsymbol{H}(t)\boldsymbol{X}(t)+\boldsymbol{\eta}(t) \tag{6-46}$$

其中，系统观测矩阵为$\boldsymbol{H}(t)=[\boldsymbol{0}_{2\times2}\quad \boldsymbol{I}_{2\times2}\quad \boldsymbol{0}_{2\times12}]$，量测噪声$\boldsymbol{\eta}(t)=[\eta_{\mathrm{E}}\quad \eta_{\mathrm{N}}]^{\mathrm{T}}$，其方差为$\boldsymbol{R}(t)$。

2. 以位置误差为观测量

由于舰船在港口系泊对准时,往往已提前知道确切的舰船位置信息,而且舰船在系泊时由于荡和摇摆所引起的位置变化相当的小,因此在实际使用卡尔曼滤波器时也可以选择位置误差作为卡尔曼滤波器的观测量:

$$\boldsymbol{Z} = \begin{bmatrix} L - \widetilde{L} \\ \lambda - \widetilde{\lambda} \end{bmatrix} \tag{6-47}$$

因此可以得到以位置为观测量的卡尔曼滤波的观测方程:

$$\boldsymbol{Z}(t) = \boldsymbol{H}(t)\boldsymbol{X}(t) + \boldsymbol{\eta}(t) \tag{6-48}$$

其中,系统观测矩阵为 $\boldsymbol{H}(t) = [\boldsymbol{I}_{2\times2} \quad \boldsymbol{0}_{2\times14}]$,量测噪声 $\boldsymbol{\eta}(t) = [\eta_L \quad \eta_\lambda]^{\mathrm{T}}$,其方差为 $\boldsymbol{R}(t)$ 。

3. 以速度和位置为观测量

基于以上两点,也可取速度和位置同时作为观测量:

$$\boldsymbol{Z} = \begin{bmatrix} L - \widetilde{L} \\ \lambda - \widetilde{\lambda} \\ v_{\mathrm{E}} - \tilde{v}_{\mathrm{E}} \\ \tilde{v}_{\mathrm{N}} - v_{\mathrm{N}} \end{bmatrix} \tag{6-49}$$

所以,可以得到以速度和位置为观测量的卡尔曼滤波的观测方程:

$$\boldsymbol{Z}(t) = \boldsymbol{H}(\mathbf{t})\boldsymbol{X}(t) + \boldsymbol{\eta}(t) \tag{6-50}$$

其中,系统观测矩阵为 $\boldsymbol{H}(t) = [\boldsymbol{I}_{4\times4} \quad \boldsymbol{0}_{4\times12}]$,量测噪声 $\boldsymbol{\eta}(t) = [\eta_L \quad \eta_\lambda \quad \eta_{\mathrm{E}} \quad \eta_{\mathrm{N}}]^{\mathrm{T}}$,其方差为 $\boldsymbol{R}(t)$。

由式(3-15)可以看出速度误差和位置误差是相关的,所以用速度误差为观测量与用位置误差作观测量是等价的,只不过观测量的精度会有所不同。在实际使用时可以根据具体情况来选择观测量。书中所用的是以速度误差作为观测量。

6.4　传递对准技术

惯性导航系统的传递对准是指,利用精度较高的主惯性导航系统的导航参数或者其他设备提供的信息(如速度、位置、姿态角或者是它们的组合信息)与子惯性导航系统相应的导航参数进行匹配,通过滤波方法来估计主、子惯性导航系统之间的失准角,然后对子惯性导航系统的导航参数进行初始化的过程[52-54]。传递对准原理如图6-6所示。

在传递对准的过程中,子惯性导航系统导航运算所需要的参数的初始值由主惯性导航系统提供,而主惯性导航系统的精度一般要比子惯性导航系统的精度要高一个到几个数量级。因此,采用传递对准方法来实现子惯性导航系统的初始姿态获取,不仅可以有效地提高对准精度,还极大地缩短对准时间。但由于主、子惯性导航系统之间存在安装误差、杆臂效应误差、载体挠曲变形等误差,它们之间存在失准角,传递对准的主要任务之一就是估计出这个失准角并尽量消除其对系统带来的影响[55-56]。

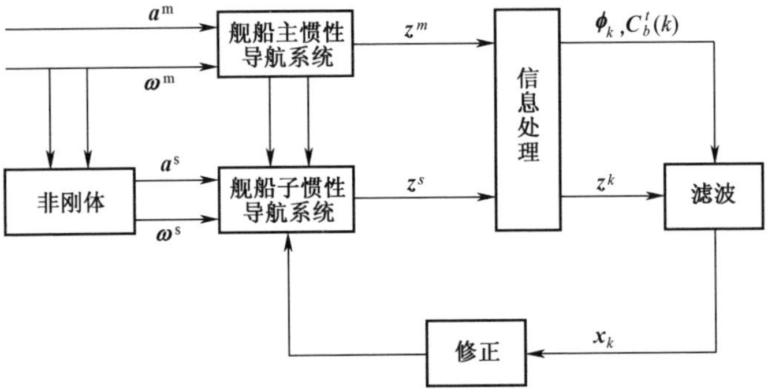

图6-6　传递对准原理图

在理论上,可以利用主、子惯性导航系统之间的多种参数进行匹配来实现传递对准。根据所选择的匹配参数的不同性质,传递对准的匹配方法可以分为测量参数匹配法和计算参数匹配法这两种方法。将利用惯性器件测量的参数,如角速度或者比力信息来进行匹配对准的方法称为测量参数匹配法,它包括角速度匹配法、加速度匹配法和姿态匹配法。将利用惯性导航系统计算得到的导航参数,如位置或者速度信息来进行匹配对准的方法称为计算参数匹配法,包括位置匹配法和速度匹配法[57-59]。接下来将分别对速度匹配传递对准算法、速度加姿态匹配传递对准算法、速度加角速度匹配算法进行介绍。

6.4.1　速度匹配传递对准

速度匹配传递对准是计算参数匹配法中的一种，它利用主、子惯性导航系统之间速度的差值作为滤波器的量测量，通过滤波来估计主、子惯性导航系统计算地理坐标系之间的失准角，用来修正子惯性导航系统的姿态矩阵，进而完成传递对准。

1. 速度匹配非线性误差模型

在传递对准过程中，舰船主惯性导航系统的精度通常要比舰载机载子惯性导航系统的精度高几个数量级，因此，可以认为主惯性导航的输出是无误差的。于是，在推导速度匹配的非线性误差模型时，我们忽略舰船主惯性导航系统的误差，认为主惯性导航系统提供的导航坐标系即为 t 系。此时，失准角体现为子惯性导航系统的计算导航坐标系 n' 相对于主惯性导航系统提供的导航坐标系 n 之间的偏差角。那么，可以直接利用前面章节推导的捷联惯性导航系统的误差模型来建立速度匹配的误差模型。

速度误差模型为

$$\begin{aligned}\delta\dot{\boldsymbol{v}} &= (\boldsymbol{I}-\boldsymbol{C}_{n'}^{n})\boldsymbol{C}_{b}^{n'}\tilde{\boldsymbol{f}}^{b}-(2\boldsymbol{\omega}_{ie}^{n}+\boldsymbol{\omega}_{en}^{n})\times\delta\boldsymbol{v}-(2\delta\boldsymbol{\omega}_{ie}^{n}+\delta\boldsymbol{\omega}_{en}^{n})\times\boldsymbol{v}^{n}+\boldsymbol{C}_{b}^{n}\boldsymbol{\nabla}_{s}^{b}\\ &= (\boldsymbol{I}-\boldsymbol{C}_{n'}^{n})\boldsymbol{C}_{b}^{n'}\tilde{\boldsymbol{f}}^{b}-(2\boldsymbol{\omega}_{ie}^{n}+\boldsymbol{\omega}_{en}^{n})\times\delta\boldsymbol{v}-(2\delta\boldsymbol{\omega}_{ie}^{n}+\delta\boldsymbol{\omega}_{en}^{n})\times\boldsymbol{v}^{n}+\boldsymbol{C}_{n'}^{n}\boldsymbol{C}_{b}^{n'}\boldsymbol{\nabla}_{s}^{b}\end{aligned}\tag{6-51}$$

式中：$\boldsymbol{\nabla}_{s}^{b}=\begin{bmatrix}\boldsymbol{\nabla}_{s_x}^{b} & \boldsymbol{\nabla}_{s_y}^{b} & \boldsymbol{\nabla}_{s_z}^{b}\end{bmatrix}^{\mathrm{T}}$ 为子惯性导航系统的加速度计零偏误差。

考虑到传递对准的时间比较短，因此本书忽略位置误差的影响，即认为 $\delta\boldsymbol{\omega}_{ie}^{n}=0$。由于在实际中无法准确获得舰载机子惯性导航系统的真实速度，因此用子惯性导航系统计算速度 $\boldsymbol{v}^{n'}$ 代替 $\boldsymbol{v}^{n}$，那么，式(6-59)可以表示为

$$\delta\dot{\boldsymbol{v}}=(\boldsymbol{I}-\boldsymbol{C}_{n'}^{n})\tilde{\boldsymbol{C}}_{bf}^{n'b}-(2\boldsymbol{\omega}_{ie}^{n}+\boldsymbol{\omega}_{en}^{n})\times\delta\boldsymbol{v}-\delta\boldsymbol{\omega}_{en}^{n}\times\boldsymbol{v}^{n'}+\boldsymbol{C}_{n'}^{n}\boldsymbol{C}_{b}^{n'}\boldsymbol{\nabla}_{s}^{b}\tag{6-52}$$

姿态误差模型为

$$\dot{\boldsymbol{\phi}}=(\boldsymbol{I}-\boldsymbol{C}_{n}^{n'})\tilde{\boldsymbol{\omega}}_{in}^{n}+\delta\boldsymbol{\omega}_{en}^{n}-\boldsymbol{C}_{b}^{n'}\boldsymbol{\varepsilon}_{s}^{b}\tag{6-53}$$

式中：$\boldsymbol{\varepsilon}_{s}^{b}=\begin{bmatrix}\boldsymbol{\varepsilon}_{s_x}^{b} & \boldsymbol{\varepsilon}_{s_y}^{b} & \boldsymbol{\varepsilon}_{s_z}^{b}\end{bmatrix}^{\mathrm{T}}$ 为子惯性导航系统的陀螺仪漂移误差。

2. 速度匹配传递对准滤波模型

假设舰船主惯性导航系统为高精度的捷联惯性导航系统，并忽略其导航误差；舰载机子惯性导航系统为精度较低的捷联惯性导航系统；杆臂效应以及舰船甲板挠曲变形引起的误差已经得到补偿。

1）状态方程

对于舰船来说，垂直通道的影响比较小，而且，垂直通道与水平通道的耦合很小，于是忽略垂直通道的影响。选取如下的状态变量：

$$\boldsymbol{X}=\begin{bmatrix}\delta\boldsymbol{v}_{\mathrm{E}} & \delta\boldsymbol{v}_{\mathrm{N}} & \phi_{\mathrm{E}} & \phi_{\mathrm{N}} & \phi_{\mathrm{U}} & \boldsymbol{\nabla}_{s_x}^{b} & \boldsymbol{\nabla}_{s_y}^{b} & \boldsymbol{\varepsilon}_{s_x}^{b} & \boldsymbol{\varepsilon}_{s_y}^{b} & \boldsymbol{\varepsilon}_{s_z}^{b}\end{bmatrix}^{\mathrm{T}} \tag{6-54}$$

综合第3章中介绍的惯性导航系统误差以及惯性器件的误差模型，可以得到速度匹配传递对准滤波模型的状态方程为

$$\begin{cases}\delta\dot{\boldsymbol{v}}=(\boldsymbol{I}-\boldsymbol{C}_{n'}^{n})\boldsymbol{C}_b^{n'}\tilde{\boldsymbol{f}}^{b}-(2\boldsymbol{\omega}_{ie}^{n'}+\boldsymbol{\omega}_{en'}^{n'})\times\delta\boldsymbol{v}-\delta\boldsymbol{\omega}_{en}^{n}\times\boldsymbol{v}^{n'}+\boldsymbol{C}_b^{n'}\boldsymbol{\nabla}_s^{b}+\boldsymbol{w}_v\\ \dot{\boldsymbol{\phi}}=(\boldsymbol{I}-\boldsymbol{C}_{n'}^{n})\tilde{\boldsymbol{\omega}}_{in}^{n}+\delta\boldsymbol{\omega}_{en}^{n}-\boldsymbol{C}_b^{n'}\boldsymbol{\varepsilon}_s^{b}+\boldsymbol{w}_{\phi}\\ \dot{\boldsymbol{\nabla}}_s^{b}=0\\ \dot{\boldsymbol{\varepsilon}}_s^{b}=0\end{cases} \tag{6-55}$$

式中：$\boldsymbol{w}_v$ 和 $\boldsymbol{w}_{\phi}$ 为系统噪声，且认为是零均值白噪声，并且满足 $E(\boldsymbol{w}\boldsymbol{w}^{\mathrm{T}})=Q$。

将式(6-55)展开，写成分量形式为

$$\begin{cases}\delta\dot{\boldsymbol{v}}_{\mathrm{E}}=(1-\cos\phi_{\mathrm{U}})\tilde{f}_{\mathrm{E}}+\sin\phi_{\mathrm{U}}\tilde{f}_{\mathrm{N}}-(\phi_{\mathrm{N}}\cos\phi_{\mathrm{U}}+\phi_{\mathrm{E}}\sin\phi_{\mathrm{U}})\tilde{f}_{\mathrm{U}}-\left(2\boldsymbol{\omega}_{ie}\sin\lambda+\dfrac{\boldsymbol{v}_{\mathrm{E}}}{R_N}\tan\lambda\right)\delta\boldsymbol{v}_{\mathrm{N}}+\\ \qquad\dfrac{\boldsymbol{v}_{\mathrm{N}}\tan\lambda}{R_N}\delta\boldsymbol{v}_{\mathrm{E}}+\cos\phi_{\mathrm{U}}\boldsymbol{\nabla}_{\mathrm{E}}^{n'}-\sin\phi_{\mathrm{U}}\boldsymbol{\nabla}_{\mathrm{N}}^{n'}+\boldsymbol{w}_{v_{\mathrm{E}}}\\ \delta\dot{\boldsymbol{v}}_{\mathrm{N}}=(1-\cos\phi_{\mathrm{U}})\tilde{f}_{\mathrm{N}}-\sin\phi_{\mathrm{U}}\tilde{f}_{\mathrm{E}}+(\phi_{\mathrm{E}}\sin\phi_{\mathrm{U}}-\phi_{\mathrm{N}}\cos\phi_{\mathrm{U}})\tilde{f}_{\mathrm{U}}+\left(2\boldsymbol{\omega}_{ie}\sin\lambda+\dfrac{\boldsymbol{v}_{\mathrm{E}}}{R_N}\tan\lambda\right)\delta\boldsymbol{v}_{\mathrm{E}}-\\ \qquad\dfrac{\boldsymbol{v}_{\mathrm{E}}\tan\lambda}{R_N}\delta\boldsymbol{v}_{\mathrm{E}}+\cos\phi_{\mathrm{U}}\boldsymbol{\nabla}_{\mathrm{E}}^{n'}+\sin\phi_{\mathrm{U}}\boldsymbol{\nabla}_{\mathrm{N}}^{n'}+\boldsymbol{w}_{v_{\mathrm{N}}}\\ \dot{\phi}_{\mathrm{E}}=(1-\cos\phi_{\mathrm{U}})\tilde{\boldsymbol{\omega}}_{\mathrm{E}}-\sin\phi_{\mathrm{U}}\tilde{\boldsymbol{\omega}}_{\mathrm{N}}+\boldsymbol{\phi}_{\mathrm{N}}\tilde{\boldsymbol{\omega}}_{\mathrm{U}}-\dfrac{\delta\boldsymbol{v}_{\mathrm{N}}}{R_M}-\boldsymbol{\varepsilon}_{\mathrm{E}}^{n'}+\boldsymbol{w}_{\phi_{\mathrm{E}}}\\ \dot{\phi}_{\mathrm{N}}=(1-\cos\phi_{\mathrm{U}})\tilde{\boldsymbol{\omega}}_{\mathrm{N}}-\sin\phi_{\mathrm{U}}\tilde{\boldsymbol{\omega}}_{\mathrm{E}}-\boldsymbol{\phi}_{\mathrm{E}}\tilde{\boldsymbol{\omega}}_{\mathrm{U}}+\dfrac{\delta\boldsymbol{v}_{\mathrm{E}}}{R_N}-\boldsymbol{\varepsilon}_{\mathrm{N}}^{n'}+\boldsymbol{w}_{\phi_{\mathrm{N}}}\\ \dot{\phi}_{\mathrm{U}}=(\phi_{\mathrm{E}}\sin\phi_{\mathrm{U}}-\phi_{\mathrm{N}}\cos\phi_{\mathrm{U}})\tilde{\boldsymbol{\omega}}_{\mathrm{N}}-(\phi_{\mathrm{N}}\cos\phi_{\mathrm{U}}+\phi_{\mathrm{E}}\sin\phi_{\mathrm{U}})\tilde{\boldsymbol{\omega}}_{\mathrm{E}}+\dfrac{\delta\boldsymbol{v}_{\mathrm{E}}}{R_N}\tan\lambda-\boldsymbol{\varepsilon}_{\mathrm{U}}^{n'}+\boldsymbol{w}_{\phi_{\mathrm{U}}}\\ \dot{\nabla}_{s_x}^{b}=0\\ \dot{\nabla}_{s_y}^{b}=0\\ \dot{\varepsilon}_{s_x}^{b}=0\\ \dot{\varepsilon}_{s_y}^{b}=0\\ \dot{\varepsilon}_{s_z}^{b}=0\end{cases} \tag{6-56}$$

其中

$$\tilde{\boldsymbol{f}} = \boldsymbol{C}_b^{n'}\tilde{\boldsymbol{f}}^b = \begin{bmatrix}\tilde{f}_\mathrm{E} & \tilde{f}_\mathrm{N} & \tilde{f}_\mathrm{U}\end{bmatrix}^\mathrm{T},\quad \tilde{\boldsymbol{\omega}} = \tilde{\boldsymbol{\omega}}_{in}^n = \begin{bmatrix}\tilde{\omega}_\mathrm{E} & \tilde{\omega}_\mathrm{N} & \tilde{\omega}_\mathrm{U}\end{bmatrix}^\mathrm{T},$$

$$\boldsymbol{C}_b^{n'}\boldsymbol{\nabla}_s^b = \boldsymbol{\nabla}^{n'} = \begin{bmatrix}\nabla_\mathrm{E}^{n'} & \nabla_\mathrm{N}^{n'} & \nabla_\mathrm{U}^{n'}\end{bmatrix}^\mathrm{T},\quad \boldsymbol{C}_b^{n'}\boldsymbol{\varepsilon}_s^b = \boldsymbol{\varepsilon}^{n'} = \begin{bmatrix}\varepsilon_\mathrm{E}^{n'} & \varepsilon_\mathrm{N}^{n'} & \varepsilon_\mathrm{U}^{n'}\end{bmatrix}^\mathrm{T}$$

2）量测方程

对于速度匹配传递对准，观测量为主、子惯性导航系统之间速度的差值，得到速度匹配传递对准滤波模型的量测方程为

$$\boldsymbol{Z} = \boldsymbol{H}\boldsymbol{X} + \boldsymbol{\eta} \tag{6-57}$$

式中：$\boldsymbol{Z} = \begin{bmatrix}\delta\boldsymbol{v}_\mathrm{E} & \delta\boldsymbol{v}_\mathrm{N}\end{bmatrix}^\mathrm{T}$ 为系统的量测量；$\boldsymbol{\eta}$ 为系统的量测噪声，认为是零均值白噪声，并满足 $E(\boldsymbol{\eta}\boldsymbol{\eta}^\mathrm{T}) = R$；$\boldsymbol{H} = \begin{bmatrix}\boldsymbol{I}_{2\times2} & \boldsymbol{0}_{2\times3} & \boldsymbol{0}_{2\times2} & \boldsymbol{0}_{2\times3}\end{bmatrix}$ 为系统的量测矩阵。

6.4.2　速度加姿态匹配传递对准

速度加姿态匹配是一种快速传递对准方法，与速度匹配法相比，它增加了主、子惯性导航系统之间的量测失准角为滤波模型的观测量。在速度加姿态匹配方法中，定义主、子惯性导航系统载体坐标系之间的误差角为姿态误差角，其定义方式不同于传统的速度匹配法，因此，需要重新推导系统的误差模型。

1. 速度加姿态匹配非线性误差模型

在推导速度加姿态匹配对准的非线性数学模型之前，首先将本节需要用到的一些坐标系定义如下：

m ——舰船主惯性导航系统载体坐标系；

s ——舰载机子惯性导航系统载体坐标系；

s' ——舰载机子惯性导航系统计算载体坐标系。

1）姿态误差模型

在初始时刻，将舰船主惯性导航系统的姿态矩阵直接传递给舰载机子惯性导航系统，此时，子惯性导航系统和主惯性导航系统具有相同的姿态矩阵。在理想的情况下，主、子惯性导航系统的理想导航坐标系的指向是相同的，仅仅只有坐标原点方面的差异。由于坐标原点位置的差异不影响惯性导航系统的测量值，因此，我们认为主、子惯性导航系统的导航坐标系是相同的。初始时刻以后，由于子惯性导航系统的惯性测量器件的误差以及主、子惯性导航系统之间实际失准角即安装误差角的存在，使得子惯性导航系

统的计算载体坐标系 s' 以一定的角速度偏离主惯性导航系统的载体坐标系 m。

定义 $\boldsymbol{\varphi}^a=[\varphi_x^a \quad \varphi_y^a \quad \varphi_z^a]^{\mathrm{T}}$，$\boldsymbol{\varphi}^m=[\varphi_x^m \quad \varphi_y^m \quad \varphi_z^m]^{\mathrm{T}}$ 分别表示 s 系与 m 系之间的实际物理失准角 φ^a 以及 s' 系与 m 系之间的量测失准角 φ^m。

我们知道，任意两个坐标系之间可以通过 3 次旋转得到，那么可以得到 s 系到 m 系、s' 系到 m 系的方向余弦矩阵分别为

$$\boldsymbol{C}_m^s=\begin{bmatrix} c\varphi_y^a c\varphi_z^a & c\varphi_y^a s\varphi_z^a & -s\varphi_y^a \\ s\varphi_x^a s\varphi_y^a c\varphi_z^a - c\varphi_x^a s\varphi_z^a & s\varphi_x^a s\varphi_y^a s\varphi_z^a + c\varphi_x^a c\varphi_z^a & s\varphi_x^a c\varphi_y^a \\ c\varphi_x^a s\varphi_y^a c\varphi_z^a + s\varphi_x^a s\varphi_z^a & c\varphi_x^a s\varphi_y^a s\varphi_z^a - s\varphi_x^a c\varphi_z^a & c\varphi_x^a c\varphi_y^a \end{bmatrix} \tag{6-58}$$

$$\boldsymbol{C}_m^{s'}=\begin{bmatrix} c\varphi_y^m c\varphi_z^m & c\varphi_y^m s\varphi_z^m & -s\varphi_y^m \\ s\varphi_x^m s\varphi_y^m c\varphi_z^m - c\varphi_x^m s\varphi_z^m & s\varphi_x^m s\varphi_y^m s\varphi_z^m + c\varphi_x^m c\varphi_z^m & s\varphi_x^m c\varphi_y^m \\ c\varphi_x^m s\varphi_y^m c\varphi_z^m + s\varphi_x^m s\varphi_z^m & c\varphi_x^m s\varphi_y^m s\varphi_z^m - s\varphi_x^m c\varphi_z^m & c\varphi_x^m c\varphi_y^m \end{bmatrix} \tag{6-59}$$

其中：$c\varphi_j^i=\cos\varphi_j^i$，$s\varphi_j^i=\sin\varphi_j^i$，$i\in\{a,m\}$，$j\in\{x,y,z\}$。

当 φ_x^a、φ_y^a、φ_x^m、φ_y^m 为小角度时，$\boldsymbol{C}_m^s$ 和 $\boldsymbol{C}_m^{s'}$ 可以简化为

$$\boldsymbol{C}_m^s=\begin{bmatrix} c\varphi_z^a & s\varphi_z^a & -\varphi_y^a \\ -s\varphi_z^a & c\varphi_z^a & \varphi_x^a \\ \varphi_y^a c\varphi_z^a + \varphi_x^a s\varphi_z^a & \varphi_y^a s\varphi_z^a - \varphi_x^a c\varphi_z^a & 1 \end{bmatrix} \tag{6-60}$$

$$\boldsymbol{C}_m^{s'}=\begin{bmatrix} c\varphi_z^m & s\varphi_z^m & -\varphi_y^m \\ -s\varphi_z^m & c\varphi_z^m & \varphi_x^m \\ \varphi_y^m c\varphi_z^m + \varphi_x^m s\varphi_z^m & \varphi_y^m s\varphi_z^m - \varphi_x^m c\varphi_z^m & 1 \end{bmatrix} \tag{6-61}$$

如果 φ_z^a 为小角度，那么此时 φ_z^m 也为小角度，式(6-60)和式(6-61)可以进一步简化为

$$\boldsymbol{C}_m^s=\begin{bmatrix} 1 & \varphi_z^a & -\varphi_y^a \\ -\varphi_z^a & 1 & \varphi_x^a \\ \varphi_y^a & -\varphi_x^a & 1 \end{bmatrix}=\boldsymbol{I}-[\boldsymbol{\varphi}^a\times] \tag{6-62}$$

$$C_m^{s'} = \begin{bmatrix} 1 & \varphi_z^m & -\varphi_y^m \\ -\varphi_z^m & 1 & \varphi_x^m \\ \varphi_y^m & -\varphi_x^m & 1 \end{bmatrix} = I - [\varphi^m \times] \tag{6-63}$$

在 $t=0$ 时刻,将舰船主惯性导航系统的姿态矩阵直接传递给舰载机子惯性导航系统,即

$$C_{s'}^n(0) = C_m^n(0) \tag{6-64}$$

初始化以后,主、子惯性导航系统之间的相对失准角矩阵通过下式可以得到

$$C_m^{s'}(t) = C_n^{s'}(t) C_m^n(t) \tag{6-65}$$

对式(6-65)左右两边同时进行求导,得到

$$\dot{C}_m^{s'}(t) = \dot{C}_n^{s'}(t) C_m^n(t) + C_n^{s'}(t) \dot{C}_m^n(t) \tag{6-66}$$

又因为

$$\begin{cases} \omega_{ms'}^{s'} = \omega_{ns'}^{s'} - C_m^{s'} \omega_{nm}^m \\ \dot{C}_n^{s'} = -[\omega_{ns'}^{s'} \times] C_n^{s'} \\ \dot{C}_m^n = C_m^n [\omega_{nm}^m \times] \end{cases} \tag{6-67}$$

将式(6-67)代入式(6-66),整理后可以得到

$$[\omega_{ms'}^{s'} \times] C_m^{s'} = [\omega_{ns'}^{s'} \times] C_n^{s'} C_m^n - C_n^{s'} C_m^n [\omega_{nm}^m \times] = [\omega_{ns'}^{s'} \times] C_m^{s'} - C_m^{s'} [\omega_{nm}^m \times] \tag{6-68}$$

式(6-68)左右两边同时右乘 $C_{s'}^m$,可得

$$[\omega_{ms'}^{s'} \times] = [\omega_{ns'}^{s'} \times] - C_m^{s'} [\omega_{nm}^m \times] C_s^{m\prime} \tag{6-69}$$

利用反对称阵与矢量之间的关系以及反对称矩阵相似变换定理,式(6-69)可以等价为如下矢量形式:

$$\omega_{ms'}^{s'} = \omega_{ns'}^{s'} - C_m^{s'} \omega_{nm}^m \tag{6-70}$$

根据主、子惯性导航系统之间的加速度关系的分析可知:

$$\omega_{ns'}^{s'} = \omega_{nm}^s + \omega_{fs}^s + \varepsilon_s^s \tag{6-71}$$

式中:ω_{fs}^s 为子惯性导航陀螺仪敏感到而主惯性导航陀螺仪没有敏感到的挠曲变形角速度;$\varepsilon_s^s = \begin{bmatrix} \varepsilon_{s_x}^s & \varepsilon_{s_y}^s & \varepsilon_{s_z}^s \end{bmatrix}^{\mathrm{T}}$ 为子惯性导航系统的陀螺仪漂移误差。

将式(6-70)代入式(6-69),可得

$$\omega_{ms'}^{s'} = \omega_{nm}^s + \omega_{fs}^s + \varepsilon_s^s - C_m^{s'} \omega_{nm}^m = (C_m^s - C_m^{s'}) \omega_{nm}^m + \omega_{fs}^s + \varepsilon_s^s \tag{6-72}$$

因为 $\omega_{ms'}^{s'}$ 又可以表示为

$$\boldsymbol{\omega}_{ms'}^{s'} = \dot{\boldsymbol{\varphi}}^{m} \tag{6-73}$$

则可以得到主、子惯性导航系统的非线性姿态误差模型为

$$\dot{\boldsymbol{\varphi}}^{m} = (\boldsymbol{C}_{m}^{s} - \boldsymbol{C}_{m}^{s'})\boldsymbol{\omega}_{nm}^{m} + \boldsymbol{\omega}_{f}^{s} + \boldsymbol{\varepsilon}_{s}^{s} \tag{6-74}$$

当 φ^m 和 φ^a 均为小角度时，将式(6-61)和式(6-62)代入式(6-74)，可以得到小失准角条件下的线性姿态误差方程为

$$\dot{\boldsymbol{\varphi}}^{m} = (\boldsymbol{\varphi}^{m} - \boldsymbol{\varphi}^{a}) \times \boldsymbol{\omega}_{nm}^{m} + \boldsymbol{\omega}_{f}^{s} + \boldsymbol{\varepsilon}_{s}^{s} \tag{6-75}$$

在捷联惯性导航系统的初始对准过程中，一般认为主、子惯性导航系统的相对位置是固定不变的，那么可以把误差角 $\boldsymbol{\varphi}^a$ 当成常数来进行估计，即它的微分方程可以表示为

$$\dot{\boldsymbol{\varphi}}^{a} = 0 \tag{6-76}$$

2）速度误差模型

主、子惯性导航系统的速度微分方程可以表示为

$$\begin{cases} \dot{\boldsymbol{v}}_{m}^{n} = \boldsymbol{C}_{m}^{n}\boldsymbol{f}_{m}^{m} - (2\boldsymbol{\omega}_{ie}^{n} + \boldsymbol{\omega}_{en}^{n}) \times \boldsymbol{v}_{m}^{n} + \boldsymbol{g}_{m}^{n} \\ \dot{\boldsymbol{v}}_{s'}^{n} = \boldsymbol{C}_{s'}^{n}\tilde{\boldsymbol{f}}_{s}^{s} - (2\boldsymbol{\omega}_{ie}^{n} + \boldsymbol{\omega}_{en}^{n}) \times \boldsymbol{v}_{s'}^{n} + \boldsymbol{g}_{s}^{n} \end{cases} \tag{6-77}$$

式中：$\boldsymbol{f}_m^m$、$\tilde{\boldsymbol{f}}_s^s$ 分别为主、子惯性导航系统的加速度计测量得到的比力。

将式(6-77)减去式(6-76)，并令 $\delta\boldsymbol{v}^n = \boldsymbol{v}_{s'}^n - \boldsymbol{v}_m^n$，可得

$$\delta\dot{\boldsymbol{v}}^{n} = \boldsymbol{C}_{s'}^{n}\tilde{\boldsymbol{f}}_{s}^{s} - \boldsymbol{C}_{m}^{n}\boldsymbol{f}_{m}^{m} - (2\boldsymbol{\omega}_{ie}^{n} + \boldsymbol{\omega}_{en}^{n}) \times \delta\boldsymbol{v}^{n} + \boldsymbol{g}_{s}^{n} - \boldsymbol{g}_{m}^{n} \tag{6-78}$$

根据主、子惯性导航系统之间的加速度关系的分析可知

$$\tilde{\boldsymbol{f}}_{s}^{s} = \boldsymbol{C}_{m}^{s}\boldsymbol{f}_{m}^{m} + \delta\boldsymbol{f}^{s} + \boldsymbol{\nabla}_{s}^{s} \tag{6-79}$$

式中：$\delta\boldsymbol{f}^s$ 为杆臂效应以及舰船挠曲变形引起的干扰加速度；$\boldsymbol{\nabla}_s^s = [\nabla_{s_x}^s \quad \nabla_{s_y}^s \quad \nabla_{s_z}^s]^{\mathrm{T}}$ 为子惯性导航系统加速度计零偏误差。

假设主、子惯性导航系统的重力补偿完全相同，即认为 $\boldsymbol{g}_s^n = \boldsymbol{g}_m^n$。然后，将式(6-79)代入式(6-78)，整理后可得

$$\begin{aligned} \delta\dot{\boldsymbol{v}} &= \boldsymbol{C}_{s'}^{n}\tilde{\boldsymbol{f}}_{s}^{s} - \boldsymbol{C}_{m}^{n}\boldsymbol{C}_{s}^{m}(\tilde{\boldsymbol{f}}_{s}^{s} - \delta\boldsymbol{f}^{s} - \boldsymbol{\nabla}_{s}^{s}) - (2\boldsymbol{\omega}_{ie}^{n} + \boldsymbol{\omega}_{en}^{n}) \times \delta\boldsymbol{v}^{n} \\ &= \boldsymbol{C}_{s'}^{n}(\boldsymbol{I} - \boldsymbol{C}_{m}^{s'}\boldsymbol{C}_{s}^{m})\tilde{\boldsymbol{f}}_{s}^{s} - (2\boldsymbol{\omega}_{ie}^{n} + \boldsymbol{\omega}_{en}^{n}) \times \delta\boldsymbol{v}^{n} + \boldsymbol{C}_{s}^{n}\delta\boldsymbol{f}^{s} + \boldsymbol{C}_{s}^{n}\boldsymbol{\nabla}_{s}^{s} \end{aligned} \tag{6-80}$$

由于在实际中无法准确获得舰载机子惯性导航系统的真实姿态矩阵 $\boldsymbol{C}_s^n$，因此用子惯性导航系统的计算姿态矩阵 $\boldsymbol{C}_{s'}^n$ 代替 $\boldsymbol{C}_s^n$，那么，式(6-79)可以表示为

$$\begin{aligned} \delta\dot{\boldsymbol{v}} &= \boldsymbol{C}_{s'}^{n}\tilde{\boldsymbol{f}}_{s}^{s} - \boldsymbol{C}_{m}^{n}\boldsymbol{C}_{s}^{m}(\tilde{\boldsymbol{f}}_{s}^{s} - \delta\boldsymbol{f}^{s} - \boldsymbol{\nabla}_{s}^{s}) - (2\boldsymbol{\omega}_{ie}^{n} + \boldsymbol{\omega}_{en}^{n}) \times \delta\boldsymbol{v}^{n} \\ &= \boldsymbol{C}_{s'}^{n}(\boldsymbol{I} - \boldsymbol{C}_{m}^{s'}\boldsymbol{C}_{s}^{m})\tilde{\boldsymbol{f}}_{s}^{s} - (2\boldsymbol{\omega}_{ie}^{n} + \boldsymbol{\omega}_{en}^{n}) \times \delta\boldsymbol{v}^{n} + \boldsymbol{C}_{s'}^{n}\delta\boldsymbol{f}^{s} + \boldsymbol{C}_{s'}^{n}\boldsymbol{\nabla}_{s}^{s} \end{aligned} \tag{6-81}$$

将式(6-62)和式(6-63)代入式(6-81),可以得到小失准角条件下的线性速度误差方程为

$$\delta\dot{\boldsymbol{v}} = \boldsymbol{C}_{s'}^{n}(\boldsymbol{\varphi}^{m} - \boldsymbol{\varphi}^{a}) \times \tilde{\boldsymbol{f}}_{s}^{s} - (2\boldsymbol{\omega}_{ie}^{n} + \boldsymbol{\omega}_{en}^{n}) \times \delta\boldsymbol{v}^{n} + \boldsymbol{C}_{s'}^{n}\delta\boldsymbol{f}^{s} + \boldsymbol{C}_{s'}^{n}\boldsymbol{\nabla}_{s}^{s} \tag{6-82}$$

2. 速度加姿态匹配传递对准滤波模型

假设舰船主惯性导航系统为高精度的捷联惯性导航系统,子惯性导航系统为精度较低的捷联惯性导航系统,而且主惯性导航系统的精度比舰载机子惯性导航系统的精度高几个数量级。认为主惯性导航系统的输出是无误差的,杆臂效应以及舰船甲板挠曲变形引起的误差已经得到补偿。

1) 状态方程

选取如下的状态变量:

$$\boldsymbol{X} = \begin{bmatrix}\delta v_{\mathrm{E}} & \delta v_{\mathrm{N}} & \varphi_{x}^{m} & \varphi_{y}^{m} & \varphi_{z}^{m} & \varphi_{x}^{a} & \varphi_{y}^{a} & \varphi_{z}^{a} & \nabla_{s_x}^{s} & \nabla_{s_x}^{s} & \varepsilon_{s_x}^{s} & \varepsilon_{s_y}^{s} & \varepsilon_{s_z}^{s}\end{bmatrix}^{\mathrm{T}} \tag{6-83}$$

综合式(6-74)、式(6-76)和式(6-81),可以得到速度加姿态匹配传递对准滤波模型的状态方程为

$$\begin{cases}\delta\dot{\boldsymbol{v}} = \boldsymbol{C}_{s'}^{n}(\boldsymbol{I} - \boldsymbol{C}_{m}^{s'}\boldsymbol{C}_{s}^{m})\tilde{\boldsymbol{f}}_{s}^{s} - (2\boldsymbol{\omega}_{ie}^{n} + \boldsymbol{\omega}_{en}^{n}) \times \delta\boldsymbol{v}^{n} + \boldsymbol{C}_{s'}^{n}\boldsymbol{\nabla}_{s}^{s} \\ \dot{\boldsymbol{\varphi}}^{m} = (\boldsymbol{C}_{m}^{s} - \boldsymbol{C}_{m}^{s'})\boldsymbol{\omega}_{nm}^{m} + \boldsymbol{\varepsilon}_{s}^{s} + \boldsymbol{w}_{\varphi m} \\ \dot{\boldsymbol{\varphi}}^{a} = 0 \\ \dot{\boldsymbol{\nabla}}_{s}^{s} = 0 \\ \dot{\boldsymbol{\varepsilon}}_{s}^{s} = 0\end{cases} \tag{6-84}$$

式中:$\boldsymbol{C}_{m}^{s}$ 和 $\boldsymbol{C}_{m}^{s'}$ 分别由式(6-60)和式(6-61)求得;$\boldsymbol{w}_{v}$ 、$\boldsymbol{w}_{\varphi^m}$ 和 $\boldsymbol{w}_{\varphi^a}$ 为系统的过程噪声,且认为是零均值白噪声。

式(6-84)也可以表示为 $\dot{\boldsymbol{X}} = f(\boldsymbol{X}) + \boldsymbol{w}$,其中 $f(\boldsymbol{X})$ 具体的表达式由式(6-84)求得;$\boldsymbol{W} = \begin{bmatrix}w_{v} & w_{\varphi^m} & \boldsymbol{0}_{8\times1}\end{bmatrix}^{\mathrm{T}}$ 为系统噪声且满足 $E(\boldsymbol{w}\boldsymbol{w}^{\mathrm{T}}) = \boldsymbol{Q}$ 。

2) 量测方程

选取主、子惯性导航系统之间的速度误差、姿态误差为量测量,得到速度加姿态匹配传递对准滤波模型的量测方程为

$$\boldsymbol{Z} = \boldsymbol{H}\boldsymbol{X} + \boldsymbol{\eta} \tag{6-85}$$

式中:$\boldsymbol{Z} = \begin{bmatrix}\delta v_{\mathrm{E}} & \delta v_{\mathrm{N}} & \varphi_{x}^{m} & \varphi_{y}^{m} & \varphi_{z}^{m}\end{bmatrix}^{\mathrm{T}}$ 为系统的量测量;$\boldsymbol{\eta}$ 为系统的量测噪声,并满足 $E(\boldsymbol{\eta}\boldsymbol{\eta}^{\mathrm{T}}) = \boldsymbol{R}$;$\boldsymbol{H} = \begin{bmatrix}\boldsymbol{I}_{2\times2} & \boldsymbol{0}_{2\times3} & \boldsymbol{0}_{2\times8} \\ \boldsymbol{0}_{3\times2} & \boldsymbol{I}_{3\times3} & \boldsymbol{0}_{3\times8}\end{bmatrix}$ 为系统的量测矩阵。

本 章 小 结

本章针对捷联惯性导航系统的载体坐标系和真实导航坐标系之间的初始方向余弦矩阵求解问题,介绍了解析式粗对准技术、基于古典控制理论的罗经回路对准技术、基于现代估计理论的组合对准技术以及传递对准等技术的基本原理。

第 7 章 船用 SINS/GNSS 组合导航

7.1 全球卫星导航系统

全球卫星导航系统(Global Navigation Satellite System, GNSS)是一个多系统、多层面、多模式的复杂组合系统,它是利用一组卫星的伪距、星历、卫星发射时间等观测量,在已知用户钟差的情况下实现的导航定位。GNSS 能在地球表面或近地空间的任何地点为用户提供全天候的三维坐标和速度以及时间信息的空基无线电导航定位系统。

卫星导航定位技术目前已基本取代了地基无线电导航传统大地测量和天文测量导航定位技术,并推动了大地测量与导航地位领域的全新发展。目前,GNSS 不仅是国家安全和经济建设的基础设施,也是体现现代化大国地位和国家综合国力的重要标志。由于其在经济、军事等方面的重要意义,世界主要军事大国和经济体均在发展独立自主的卫星导航系统。

GNSS 是泛指所有的卫星导航系统,包括全球的、区域的和增强的,其中全球系统包括美国的全球定位系统(Global Positioning System, GPS)、俄罗斯的 GLONASS、欧洲的 Galileo 和中国的北斗卫星导航系统等;区域系统包括日本的准天顶卫星系统(Quasi Zenith Satellite System, QZSS)和印度的区域导航卫星系统(Indian Regional Navigation Satellite System, IRNSS);增强系统包括美国的广域增强系统(Wide Area Augmentation System, WAAS)、欧洲的欧洲静地卫星导航重叠系统(European Geostationary - satellite Navigation Overlap System, EGNOS)和日本的多功能运输卫星增强系统(Multi - Functional Satellite Augmentation System, MSAS)等,此外还覆盖在建和以后要建设的其他卫星导航系统。

近年来,GNSS 进入了一个全新的发展阶段,用户即将面临 4 大全球系统近百颗导航卫星并存且相互兼容的局面。丰富的导航信息可以提高卫星导航用户的可用性、精确性、完备性以及可靠性,但与此同时也得面临频率资源竞争、卫星导航市场竞争、时间频率主导全竞争以及兼容和互操作争论等诸多问题与挑战。

7.2 全球定位系统

GPS 是美国在其海军导航卫星系统的基础上发展起来的无线电导航定位系统,具有全能性、全球性、全天候、连续性和实时性的导航、定位和授时功能,能够为用户提供精密的三维坐标、速度和时间等信息。GPS 的全称是“导航星定时和测距全球定位系统”(Navigation Satellite Timing and Ranging Global Positioning System,Navistar GPS),简称 Navistar 系统或 GPS。

GPS 计划始于 1973 年,已于 1994 年进入完全运行状态。GPS 的整个系统由空间部分、地面控制部分和用户部分所组成,如图 7-1 所示。

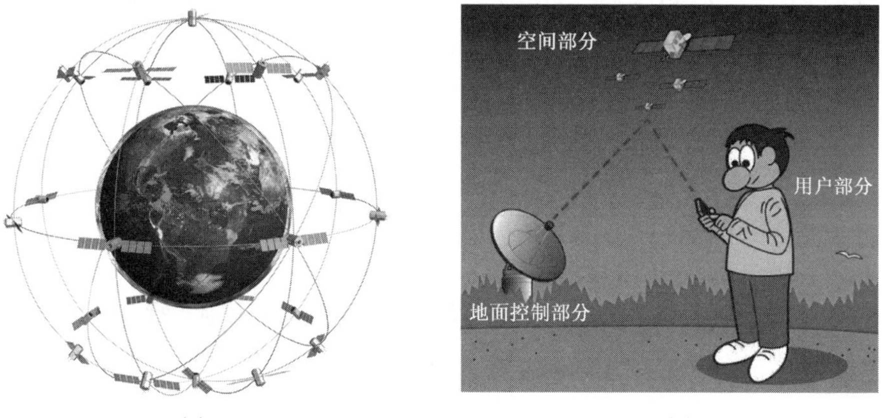

(a)　　(b)

图 7-1　GPS 组合示意图

1. 空间部分

GPS 卫星星座共包括 24 颗卫星,其中 21 颗工作卫星和 3 颗在轨备用卫星组成,24 颗卫星均匀地分布在 6 个轨道平面上,卫星轨道面相交于地球赤道面的轨道倾角为 55 °,各轨道平面的升交点的赤经相差 60°,一个轨道平面上的卫星比西边相邻轨道平面上相应卫星升交角距超前 30°,每个轨道上至少分布 4 颗卫星,卫星高度为 20183km,周期为 12h。这种布局能使在地球上任一地点、任一时刻都能接收到 4 颗以上的卫星信号,实现用户的全球连续定位。GPS 卫星产生两组电码,一组称为 C/A 码,一组称为 P 码(Procise

Code,10123MHz),P 码因频率较高,不易受干扰,定位精度高,因此受美国军方管制,并设有密码,一般民间无法解读,主要为美国军方服务。C/A 码人为采取措施而刻意降低精度后,主要开放给民间使用。

2. 地面控制部分

GPS 的控制部分由分布在全球的若干个跟踪站所组成的监控系统所构成,根据其作用的不同,这些跟踪站又被分为主控站、监控站和注入站,其中主控站有 1 个,位于美国克罗拉多(Colorado)的法尔孔(Falcon)空军基地;监控站有 5 个,除了主控站外,其他 4 个分别位于夏威夷(Hawaii)、阿松森群岛(Ascension)、迭哥伽西亚(Diego Garcia)、卡瓦加兰(Kwajalein);注入站也称为地面控制站,共 3 个,分别位于阿松森群岛、迭哥伽西亚、卡瓦加兰。监测站均配装有精密的铯钟和能够连续测量到所有可见卫星的接收机。监测站将取得的卫星观测数据,包括电离层和气象数据,经过初步处理后,传送到主控站。主控站从各监测站收集跟踪数据,计算出卫星的轨道和时钟参数,然后将结果送到 3 个地面控制站。地面控制站在每颗卫星运行至上空时,把这些导航数据及主控站指令注入卫星。这种注入对每颗 GPS 卫星每天一次,并在卫星离开注入站作用范围之前进行最后的注入。如果某地面站发生故障,那么在卫星中预存的导航信息还可用一段时间,但导航精度会逐渐降低。

3. 用户部分

GPS 的用户部分由也称为地面接收部分,分别由 GPS 接收机、数据处理软件及相应的用户设备(如计算机气象仪器)等所组成。它的主要功能是能够捕获到按一定卫星截止角所选择的待测卫星,并跟踪这些卫星的运行。当接收机捕获到跟踪的卫星信号后,即可测量出接收天线至卫星的伪距离和距离的变化率,解调出卫星轨道参数等数据。根据这些数据,接收机中的微处理计算机就可按定位解算方法进行定位计算,计算出用户所在地理位置的经纬度、高度、速度、时间等信息。接收机硬件和机内软件以及 GPS 数据的后处理软件包构成完整的 GPS 用户设备。GPS 接收机的结构分为天线单元和接收单元两部分。接收机一般采用机内和机外两种直流电源。设置机内电源的目的在于更换外电源时不中断连续观测。在用机外电源时机内电池自动充电。关机后,机内电池为随机存取器(Random Access Memory,RAM)存储器供电,以防止数据丢失。各种类型的接收机体积越来越小,重量越来越轻,便于野外观测使用。

GPS 定位技术具有高精度、高效率和低成本的优点,使其在各类车辆导航、大气物理观测、工程测量、变形监测、舰船实时调度与导航、海洋救援、海洋平台定位、飞机导航、低轨卫星定轨、导弹制导、航空救援等领域中得到了较为广泛的应用。

7.2.1 GPS 定位原理

当 GPS 接收机观测 4 颗以上的卫星,进行三维定位。GPS 系统采用的是测距定位原理,如图 7-2 所示,用户 u 和卫星 S_i 之间存在如下关系:

$$\boldsymbol{R}_u = \boldsymbol{R}_i - \boldsymbol{\rho}_i \tag{7-1}$$

式中:$\boldsymbol{R}_u$ 为地心到用户的矢径;$\boldsymbol{R}_i$ 为地心至第 i 颗卫星 S_i 的矢径;$\boldsymbol{\rho}_i$ 为用户至第 i 颗卫星 S_i 的矢径。

设 $\rho_i = |\boldsymbol{\rho}_i|$,即用户至卫星的距离。在工程中,由于多种因素的影响,观测者无法测出真实距离 ρ_i,只能测得包含有多种误差因素在内的距离,因此 D_i 称为伪距。接收机测得的距离 D_i 与 ρ_i 关系式为

$$D_i = \rho_i + C\Delta t_{A_i} + c(\Delta t_u - \Delta t_{S_i}) \tag{7-2}$$

式中:D_i 为接收机至第 i 颗卫星的伪距;ρ_i 为接收机至第 i 颗卫星的真实距离;Δt_{A_i} 为第 i 颗星的传播延迟误差;Δt_u 为用户相对 GPS 系统时间的偏差;Δt_{S_i} 为第 i 颗星相对 GPS 系统的时间偏差;c 为电波传播速度。

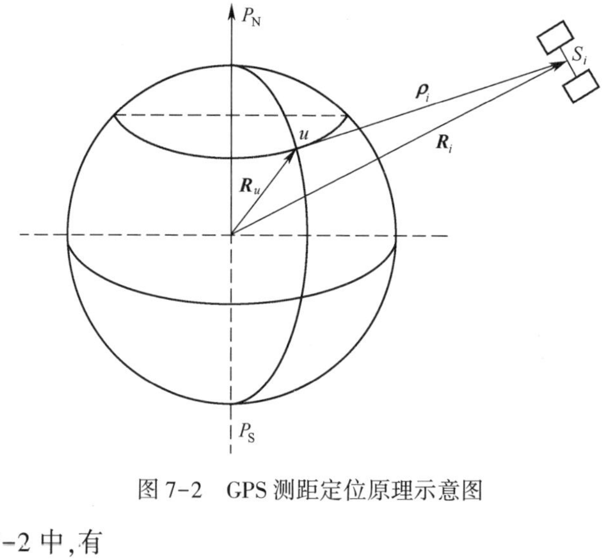

图 7-2 GPS 测距定位原理示意图

在图 7-2 中,有

$$\rho_i = \sqrt{(X_{S_i} - X)^2 + (Y_{S_i} - Y)^2 + (Z_{S_i} - Z)^2} \tag{7-3}$$

式中：X_{S_i}、Y_{S_i}、Z_{S_i} 为第 i 颗卫星的位置坐标；X、Y、Z 为用户的位置坐标。

将式(7-3)代入式(7-2)中，可得

$$D_i = \sqrt{(X_{S_i} - X)^2 + (Y_{S_i} - Y)^2 + (Z_{S_i} - Z)^2} + C\Delta t_{A_i} + C(\Delta t_u - \Delta_{S_i}) \tag{7-4}$$

式中，X、Y、Z 和 Δt_u 是未知数，而卫星坐标、卫星时钟偏差和延迟误差都可在导航电文中获取或计算出。因此选用 4 颗 GPS 卫星的测量伪距 D_1、D_2、D_3、D_4，联立方程即可解出 X、Y、Z 和 Δt_u。

7.2.2 GPS 数学模型

(1) 接收站在地心坐标系中的位置分量 X_R、Y_R、Z_R 分别为

$$\begin{cases} X_R = (N + H)\cos B\cos L \\ Y_R = (N + H)\cos B\sin L \\ Z_R = [N(1 - e^2) + H]\sin B \end{cases} \tag{7-5}$$

式中：N 为椭球的卯酉圈曲率半径；L、B 为大地经度、纬度；H 为水平高程；e 为椭球第一偏心率。

(2) 用户所能观测到的可见星：

$$h_H = \arctan\left(\frac{Z_H}{\sqrt{X_H^2 + Y_H^2}}\right) \tag{7-6}$$

式中，X_H、Y_H、Z_H 由式(7-7)~式(7-9)确定：

$$\begin{pmatrix} X \\ Y \\ Z \end{pmatrix}_H = \boldsymbol{H}\begin{pmatrix} \Delta X \\ \Delta Y \\ \Delta Z \end{pmatrix}_T \tag{7-7}$$

$$\begin{pmatrix} \Delta X \\ \Delta Y \\ \Delta Z \end{pmatrix}_T = \begin{pmatrix} X \\ Y \\ Z \end{pmatrix}_S - \begin{pmatrix} X \\ Y \\ Z \end{pmatrix}_R \tag{7-8}$$

$$\boldsymbol{H} = \begin{pmatrix} -\sin B\cos L & -\sin B\sin L & \cos B \\ -\sin L & \cos L & 0 \\ \cos B\cos L & \cos B\sin L & \sin B \end{pmatrix} \tag{7-9}$$

(3) 最佳 4 颗星的选取。GDOP 值最小时，表明所选 4 颗星几何位置最好，则

$$\mathrm{GDOP} = \sqrt{t_r[(\boldsymbol{G}^{\mathrm{T}}\boldsymbol{G})^{-1}]} \tag{7-10}$$

$$\boldsymbol{G} = \begin{pmatrix} \sin(H_1) & \cos(H_1)\cos(A_1) & \cos(H_1)\sin(A_1) & 1 \\ \sin(H_2) & \cos(H_2)\cos(A_2) & \cos(H_2)\sin(A_2) & 1 \\ \sin(H_3) & \cos(H_3)\cos(A_3) & \cos(H_3)\sin(A_3) & 1 \\ \sin(H_4) & \cos(H_4)\cos(A_4) & \cos(H_4)\sin(A_4) & 1 \end{pmatrix} \tag{7-11}$$

式中：H_i 为仰角；A_i 为方位角。

（4）误差模型为

$$\boldsymbol{\Delta} = \boldsymbol{SA} + \boldsymbol{d}^S + \boldsymbol{d}_{\mathrm{ion}} + \boldsymbol{d}_{\mathrm{trop}} + \boldsymbol{d}_{\mathrm{multi}} + \boldsymbol{d}_{\mathrm{noise}} \tag{7-12}$$

式中：$\boldsymbol{SA}$ 为常值误差 30m+均方差为 30m 的白噪声误差；$\boldsymbol{d}^S$ 为常值误差 5m；$\boldsymbol{d}_{\mathrm{ion}}$ 为常值误差 20m+均方差为 15m 的白噪声误差；$\boldsymbol{d}_{\mathrm{multi}}$ 为均方差为 10m 的白噪声误差；$\boldsymbol{d}_{\mathrm{noise}}$ 为均方差为 20m 的白噪声误差；$\boldsymbol{d}_{\mathrm{trop}} = 2.4224/(0.026 + \sin E)\cdot \mathrm{e}^{-0.13345H}$，其中 H 为接收站高程，E 为卫星仰角。

（5）组合系统中使用的 GPS 误差方程。

以上介绍的 GPS 数学模型用于 GPS 仿真中，当使用 GPS 接收机，直接接收到 GPS 给出的定位信息时，在组合模型中状态变量只涉及 GPS 接收机的时钟偏差，可以用一阶马尔可夫过程描述如下：

$$\delta\dot{\boldsymbol{t}}_u = -\boldsymbol{\beta}_u \cdot \delta\boldsymbol{t}_u + \boldsymbol{\omega}_u \tag{7-13}$$

式中：$\boldsymbol{\omega}_u$ 为白噪声。

7.3 船用 SINS/GPS 组合导航系统组合方式

SINS/GPS 组合导航系统，即系统包含卫星定位系统（如 GPS、北斗等 GNSS 设备）和惯性导航系统的定位定向导航系统。卫星定位导航系统，具有精度高、可实时通信等特点，但是该系统不能提供载体姿态等导航参数，而且在载体机动情况较大或者信号收到遮挡的时候，常常存在接收机不易捕获和跟踪卫星的载波信号，甚至对已跟踪的信号失锁，造成 GPS 的导航精度下降。而惯性导航系统是通过内部的惯性器件（包括陀螺仪和加速度计等）来获取载体当前的位置、速度、姿态和航向等信息，具有全自主、独立性，不依赖于外部信息，隐蔽性好，但是由于惯性器件的影响，导航误差会随时间累积，导致捷联惯性导航系统的导航信息不断发散，影响惯性导航系统的长时间、高精度使用。

为解决上述问题，根据惯性导航系统与卫星导航系统的功能互补特点，以适当的方式将两者进行组合可以显著提高整个系统的导航精度和导航性能。本书以 GPS 为例介绍 SINS/GNSS 组合导航系统的组合方式。

根据不同要求和应用以及技术水平来区分,SINS 和 GPS 组合导航系统可以有不同的组合方式,如今最常用的有以下三种:松组合方式、紧组合方式和深组合(也称超紧组合)方式。

7.3.1 松组合

松组合(Loose Coupling)方式也称为浅组合方式,是一种最简单的 SINS/GPS 组合应用方式。在这种组合方式下,GPS 和 SINS 分别同时独立工作,获得位置或速度等导航信息,将 GPS 的导航信息作为观测信息输入至 SINS/GPS 组合导航系统中,估计 SINS 的误差,并对系统误差进行修正。这种组合模式的优点在于,组合系统结构简单,便于工程实施,而且两个系统相互独立,使导航信息有一定的余度。但是,当卫星信号中断无法提供定位信息时,系统的组合就被完全破坏,整个导航系统性能就会迅速恶化。松组合导航方式的具体的组合结构如图 7-3 所示。

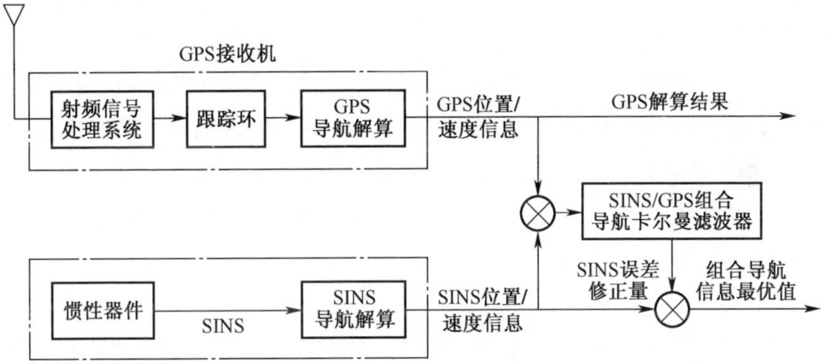

图 7-3 SINS/GPS 松组合结构框图

松组合导航方式的主要优点是简便、冗余,这种组合方式能够适用于任何 SINS 和任何 GPS 接收机。松组合方式除了有组合导航算法外,GPS 有自己的导航算法。冗余导航解算方法能够被用来检测组合导航解算的组合度,并且在滤波器不能正常工作时根据实际的需要使滤波器重新恢复工作。

松组合工作方式中,组合滤波器提供 SINS 误差估计量来修正观测更新后的惯性导航系统。GPS 完全利用系统组合条件下的 SINS 来辅助卫星信号获取过程。在所有的组合方式中,采用惯性传感器输出的信息来辅助卫星接收机的码跟踪回路能够有效地减少码-跟踪回路的带宽,从而使得 GPS 接收机在噪声环境下或信号被干扰的情况下仍然能够跟踪信号。虽然单独使用 GPS 的位置更新量能够辅助惯性导航系统,但是同时采用 GPS 的位置和速度观测量来辅助惯性导航系统会进一步地使组合导航系统的性能更稳定。因为姿态误差和传感器偏差之间的组合度很小,所以这些误差会导致速度误差快速的增长。因此,利用速度观测量能够快速地获得传感器偏差和姿态误差的瞬时估计值。然而,速度观测量的独立使用会减小 SINS 中位置误差的可观测性。综合上述原因,在松组合导航算法中,通常都是同时使用 GPS 位置和速度更新值来辅助惯性导航系统。

松组合 SINS/GPS 组合方法的主要问题是级联卡尔曼滤波器的使用,在这种卡尔曼滤波器中,GPS 卡尔曼滤波器的输出被作为组合滤波器的观测输入信号。构成卡尔曼滤波器的先决假设条件是观测误差是不相关的,即观测噪声是白噪声。实际的系统中很难保证观测误差是非相关的。例如,由于 GPS 数据的采样速度大于跟踪环的采样速度,结果组合导航算法提供的独立观测量常常会导致卡尔曼滤波器的观测量误差是时间相关的。另外,多路径效应、地球表面的 GPS 接收机天线接收信号时间延迟也会导致观测量是时间相关的。

GPS 卡尔曼滤波器输出量的相关时间随着跟踪环带宽的变化而变化,位置带宽能够达到 100s,速度带宽能够达到 20s,在动态接收机中位置带宽为 10s,速度带宽为 0.1~1.0s,这类误差对于其他的误差而言太小而使得这类误差量无法被估计,但是如果带宽过长则会减缓组合滤波器中估计 SINS 误差的过程。由于上述因素的影响,卡尔曼滤波器观测量更新时间间隔的选取至关重要。

为了解决卡尔曼滤波器中观测量更新时间间隔的选择问题,观测更新时间间隔会逐渐增加直到观测量的误差值不再相关。将观测量更新时间间隔值建立成马尔可夫过程模型从而获得相关误差的估计值,并将相关时间作为卡尔曼滤波器系统模型附加状态量。

另外,松组合导航方式下,组合导航系统必须获得至少 4 颗导航卫星的导航信号;如果卫星数目少于 4 颗,则 GPS 不能辅助 SINS。另外,组合滤波器需要知道 GPS 滤波器输出量的协方差信息,该信息会随着在轨卫星的几何分布和卫星数目的多少而变化,对于大部分 GPS 接收机而言,GPS 滤波器输出量的协方差数据是不可靠的,也不一定总是可用。

7.3.2 紧组合

紧组合(Tight Coupling)导航方式是一种相对复杂的组合方式,在紧组合导航方式中,利用 GPS 接收机用于定位的原始信息,即伪距、伪距变化率的组合进行导航,利用 GPS 给出的星历数据和 INS 给出的位置和速度信息,可以计算出相应于 INS 位置伪距 ρ 和速度信息的伪距 $\dot{\rho}$,将 ρ 和 $\dot{\rho}$ 与 GPS 测量的伪距和伪距变化率的差作为观测量,利用组合卡尔曼滤波器估计 INS 和 GPS 的误差量,然后对组合系统的输出进行校正。建模时通常把 GPS 的测量误差扩展为状态进行估计,因此伪距、伪距变化率的组合模式,比位置、速度组合模式具有更高的组合导航精度。同时这种组合模式仅需要 GPS 接收机提供星历、伪距和伪距变化率,不需要位置、速度信息,可以省去 GPS 接收机的相应解算,使导航信息具有余度,可以获得更高的定位精度。当载体动态运动或外界干扰使可见星数目不足 4 颗时,紧组合系统可以利用仅有的可用星实现信息融合,避免系统转换为纯惯性导航系统,因此紧组合系统比松组合系统有更强的抗干扰性能,更适用于高动态的导航应用。紧组合导航方式的具体结构如图 7-4 所示。

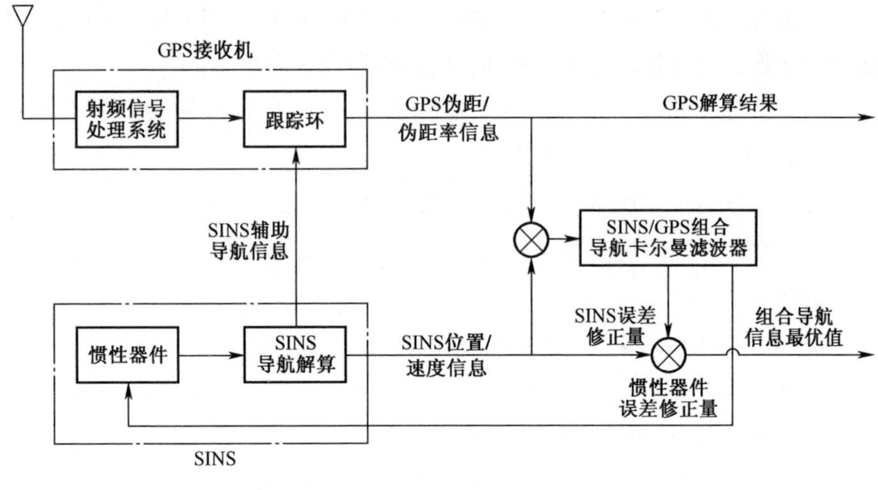

图 7-4 SINS/GPS 松组合结构框图

与松组合导航方式相比,紧组合导航方式的优点如下。

(1) 滤波器组中前一时刻滤波器的输出量作为下一时刻滤波器的观测输入量所带来的统计计问题可以忽略。

(2) GPS 位置和速度的协方差能够内部转移。

(3) 系统不需要一个完全的 GPS 算法来辅助 SINS,即使被跟踪的卫星信号只有一个,GPS 数据仍然能作为滤波器的输入,但是系统定位的精度会快速的下降。

紧组合导航系统没有独立的内在导航解算方法,GPS 导航解法与组合导航解法是平行的,且通常用来进行组合度的监控以及出现故障时使系统正常恢复工作。就精度和系统稳定性而言,紧组合导航方式优于松组合导航方式。

7.3.3 深(超紧)组合

深(超紧)组合(Ultra-tight Coupling)导航方式将 GPS 信号跟踪环和 SINS/GPS 组合融合在一个唯一的滤波器中,目前深组合导航方式有很多种,虽然国内外许多学者在理论和仿真实验方面做了大量的研究工作,但是在公开发表的文章当中还没有出现采用硬件完全将其实现的先例,该组合导航方式还需进一步深入研究。

深组合导航方式不是采用独立的跟踪回路,而是采用其他的导航信息或惯性导航信息来辅助每个 GPS 信号,这样做有 3 个优点:

(1) 采用相同数据跟踪的独立量会减少,系统的信噪比会得到有效提高,跟踪的卫星越多,提高的幅度越大。

(2) 系统对抗 GPS 多路径效应的能力增强。

(3) 在信号被阻碍或被干扰导致信号简短中断后,信号再次获取的速度比以前快得多。

深(超紧)组合导航方式的具体结构如图 7-5 所示。

虽然深组合导航方式有一系列的优点,但是相比其他的组合方式,它的结构要复杂得多,计算负载和时间同步的要求也要高于其他组合方式,在保持跟踪环路锁定的条件时所需的 SINS 的数据性能也很高。深组合与其他组合导航方式的主要差别在于深组合导航方式需要一个从 200Hz 到 1kHz 的更新率,目的是保持信号跟踪函数的锁状态。

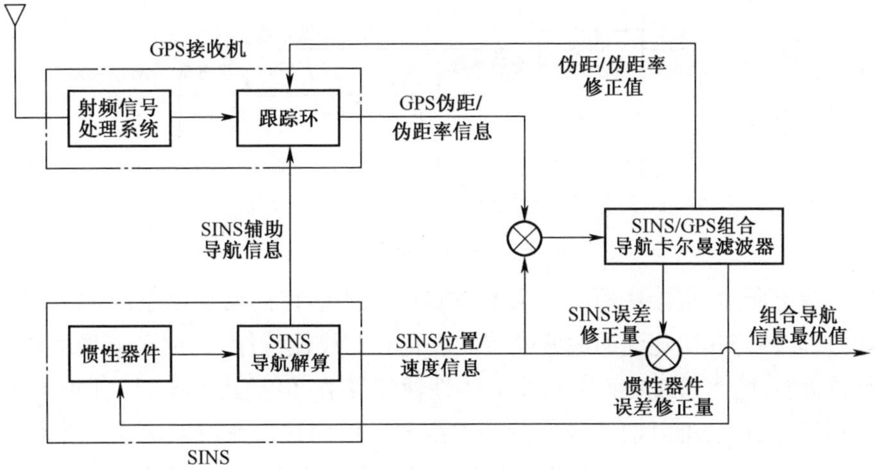

图 7-5　SINS/GPS 深组合结构框图

7.4　船用 SINS/GPS 组合导航系统校正方式

利用卡尔曼滤波进行组合导航状态估计时,首先建立系统的状态方程和量测方程;然后根据所建立的系统模型,设计相应的递推卡尔曼滤波算法;最后利用所获的量测序列对系统状态进行实时估计[60-62]。根据所估计状态的不同,估计方法可归纳为直接法和间接法两大类,所谓直接法指的是直接以各导航子系统的输出参数作为待估计的状态进行状态最优估计,所估计出的系统状态作为导航参数的最优解直接输出,如图 7-6 所示。而间接法则指的是以组合导航系统某一子系统输出的导航参数的误差作为状态建立相应的误差模型,然后通过卡尔曼滤波器对各误差量进行最优估计,如图 7-7 所示。在 SINS/GPS 组合导航系统中,经常以惯性导航系统各误差量作为系统状态,如位置误差、速度误差,姿态误差等,进行状态最优估计,然后利用所获得的状态估计值对系统进行有效的校正,从而提高导航系统的定位精度[63-64]。

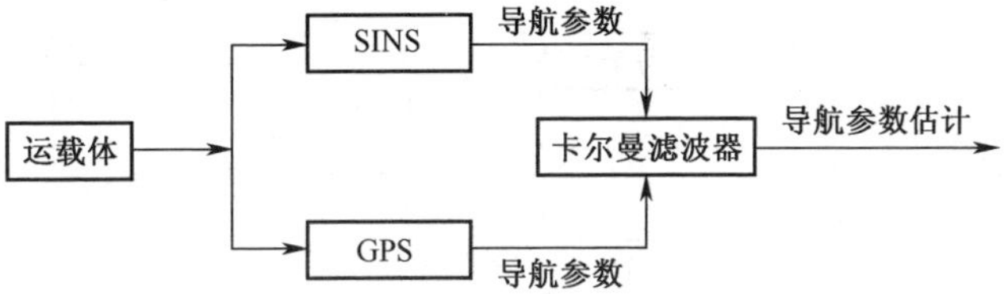

图 7-6　直接法滤波示意图

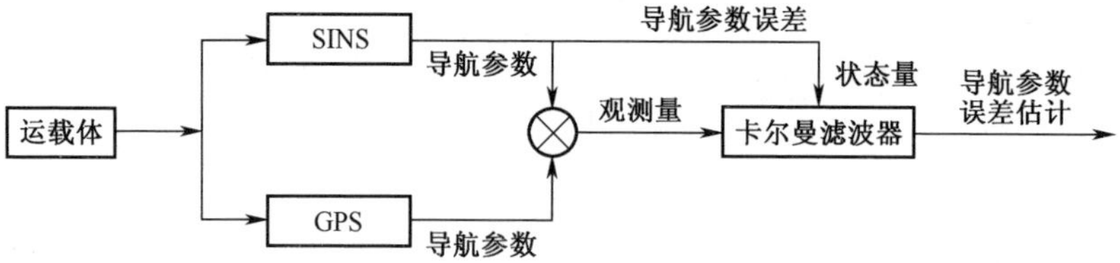

图 7-7　间接法滤波示意图

综上所述,直接法顾名思义其特点就是能够直接反映出系统的真实变化过程,但是其所建立的滤波模型一般具有非线性特性,因此必须采用非线性滤波算法,尽管现在已有许多非线性滤波算法,但是其在实际工程中的应用还不够成熟,难以取得较好的滤波效果。而间接法系统状态方程中的主要部分是导航参数误差,如惯性导航系统导航参数误差,由于误差量往往较小,一阶线性化建立的误差模型虽然存在一定的线性化误差,但能够较为准确地描述系统状态的真实演变过程。由于所建立的系统模型一般都是线性的,因此可以采用在工程实践中获得广泛应用的卡尔曼滤波算法来实现状态估计,故组合导航中常用间接法来实现状态估计。

在组合导航系统中,从卡尔曼滤波器得到估计值后,利用估计值对系统进行校正的方法大致可分为两种:一种为开环法;另一种为闭环法。所谓开环法指的是利用所获得的估计值对导航系统的输出进行直接校正;而不反馈到系统内部对相关的参数进行校正;而所谓的闭环法则相反,是将所获得的估计值直接反馈到系统内部对相关的参数进行校正。尽管直接法和间接法都可以采用开环法或闭环法来实现对系统状态的校正,但是由于间接法相比于直接法有许多优点,因此在大多数情况下,组合导航采用的是间接法。根据校正方式的不同,间接法中的开环法和闭环法又分别被称为输出校正、反馈校正以及混合校正 3 种。

1. 输出校正和反馈校正

输出校正,如图 7-8 所示,就是利用卡尔曼滤波器所估计出的误差状态值 $\Delta\hat{X}_I$ 直接对系统的输出进行校正来达到提高导航精度的目的。

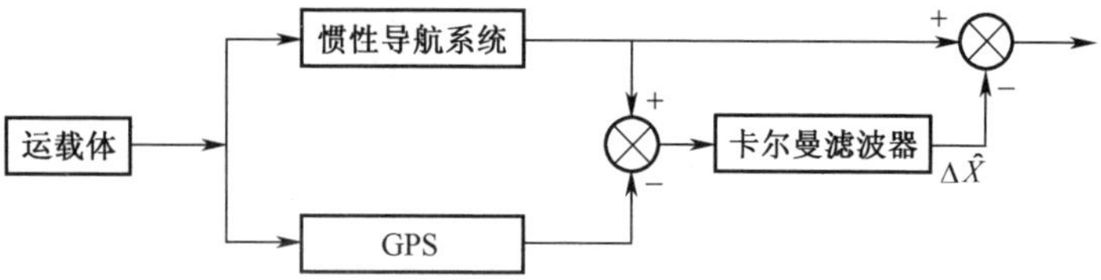

图 7-8　输出校正示意图

而采用反馈校正的间接法滤波则将卡尔曼滤波器所估计的误差状态值 $\Delta\hat{X}_I$ 定期的反馈到惯性导航系统内部从而实现对误差状态的校正，即在力学编排方程中对带误差的速度、位置以及捷联矩阵进行校正，将校正后的各参数作为初始值进行下一步的导航解算，同时考虑到惯性器件的误差是导致惯性导航系统导航精度下降的直接原因，因此可以利用陀螺漂移和加速度计零偏的估计值直接对惯性器件的输出进行补偿，这也是反馈校正的一种应用，组合导航反馈校正滤波示意图如图 7-9 所示。根据所反馈误差状态的性质不同，反馈校正又可分为以下 3 种，即脉冲校正（指的是对位置和速度误差进行校正，直接重置即可，比较简单）、速率校正（指的是对姿态误差角进行校正，经常采用四元数误差补偿法来实现）以及补偿校正（指的是对惯性器件误差，如陀螺漂移及加速度零偏，进行有效补偿）。

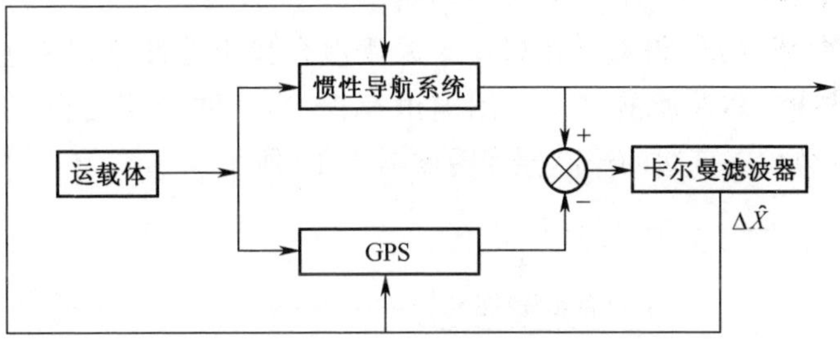

图 7-9　反馈校正示意图

尽管从表面上来看，两种校正方法有很大的不同，但是从理论上可以证明，只要滤波模型在滤波过程中始终保持精确已知，不论采用何种校正方式其导航精度都是相同的，即两种校正方式是等价的，但对于实际组合导航系统来讲，采用不同的校正方式却可能会产生不尽相同的滤波效果。

综上所述，在组合导航中，输出校正就是通过对系统的输出进行直接校正来提高导航定位精度，其优点是惯性导航系统与滤波器独立工作，因此系统稳定性好，且易于工程实现，但组合导航系统的滤波模型是基于误差量为小量的基础上所建立的一阶线性化模型，当工作时间较长时，如远程水下航行器组合导航，由于输出校正只对惯性导航系统输出进行直接校正，而没有对惯性导航系统内部参数进行校正，从而使得系统状态误差量不再为一阶小量，此时系统状态方程的线性化处理将导致所建立的数学模型与实际系统不能很好地匹配，即产生较大的数学模型误差，从而导致滤波精度下降，甚至出现滤波发散，因此在长时间组合导航中，单纯地使用输出校正是不可取的。而反馈校正与输出校正有所不同，其方法是将滤波器的估计值反馈到系统内部来校正系统状态误差量,从而使得状态误差量一直保持为小量,因此所建立的滤波方程能够较为准确地反映系统误差状态的真实演变过程,从而为滤波器提供较为精确的数学模型,进而有效地提高滤波器的估计精度。其缺点与不足主要表现为以下两个方面:首先,与输出校正相比,其工程实现比较复杂、烦琐;其次,一旦滤波器出现故障将会直接影响到惯性导航系统的输出,从而使系统的可靠性难以得到保证。

2. SINS/GPS 组合导航的混合校正

在 SINS/GPS 组合导航过程中,由于滤波初值的选取往往与真实值存在一定的差异,使得滤波初始阶段存在一个动态收敛过程,此时系统状态估计误差较大,若将其直接反馈到惯性导航系统内部,并将下一时刻的一步预测值重新置零,其结果是导致滤波精度较低,从而使得导航误差增大,因此反馈校正不适合应用于组合导航滤波初期。

针对上述问题,相关学者提出了采用混合校正滤波算法来进行 SINS/GPS 组合导航,即在滤波初期采用输出校正,当滤波稳定后再采用反馈校正,其中混合校正算法的滤波原理图如图 7-10 所示。

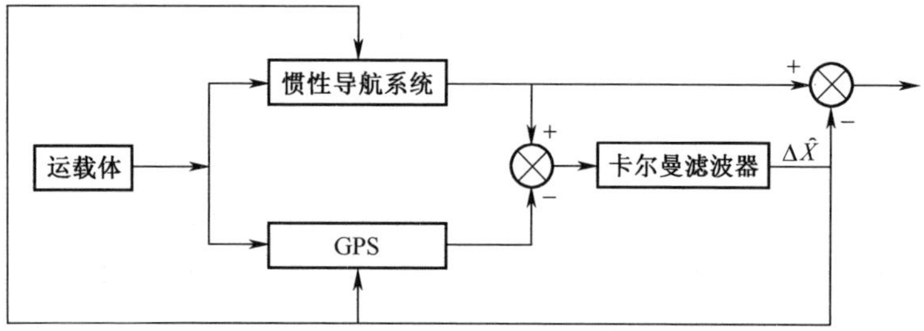

图 7-10 混合校正算法的滤波原理图

混合校正方法在基本不增加计算量的情况下,可有效提高 SINS/GPS 组合导航系统的导航精度,其性能优于单独输出校正和反馈校正。

7.5 船用 SINS/GPS 组合导航系统仿真验证

7.5.1 船用 SINS/GPS 组合导航系统模型

本部分以松组合为例,介绍船用 SINS/GPS 组合导航系统。SINS 与 GPS 有互补的特性,无论外界环境如何,SINS 都可以完全自主地提供位置、速度和姿态信息,同时,SINS 有很高的输出频率,且该频率仅由设备和算法决定。惯性设备的高频噪声因 SINS 的低通特性而得以抑制,惯性导航误差显示为低频的舒勒周期特性,在短期内表现出相对较高的精度。而在长期工作时,由于低频噪声和传感器漂移的作用使 SINS 表现出较低的精度;与之相反,GPS 精度很高,但它的输出信号带有高频噪声。SINS 与 GPS 性能的比较如表 7-1 所列。

表 7-1 SINS 与 GPS 性能比较

性能	SINS	GPS
输出速率	高	低
长期精度	低	高
短期精度	高	低
自主性	完全自主系统	依赖于对卫星的观测

SINS 独立的提供位置、速度、姿态信息,选取 SINS 和 GPS 输出的位置、速度误差作为估计过程的观测量,根据捷联惯性导航系统长期工作时的误差特点,选择位置误差、速度误差、失准角、陀螺漂移作为状态量。滤波过程产生了对 SINS 状态变量的估计值,这些估值可以用来校正 SINS 的原始输出信息。无法得到 GPS 信息时,系统使用预测状态。

离散化后构成 SINS/GPS 组合导航系统的卡尔曼滤波器,系统状态方程和量测方程如下:

$$\begin{cases} \boldsymbol{X}_k = \boldsymbol{\Phi}_{k,k-1}\boldsymbol{X}_{k-1} + \boldsymbol{\Gamma}_{k,k-1}\boldsymbol{W}_{k-1} \\ \boldsymbol{Z}_k = \boldsymbol{H}_k\boldsymbol{X}_k + \boldsymbol{\eta}_k \end{cases} \tag{7-14}$$

式中:$\boldsymbol{X}_k$ 为系统状态矢量;$\boldsymbol{\Phi}_{k,k-1}$ 为 t_{k-1} 时刻至 t_k 时刻的系统一步转移阵;$\boldsymbol{\Gamma}_{k,k-1}$ 为系统噪声阵;$\boldsymbol{W}_{k-1}$ 为系统激励噪声序列;$\boldsymbol{Z}_k$ 为系统观测矢量;$\boldsymbol{H}_k$ 为系统量测阵;$\boldsymbol{\eta}_k$ 为量测噪声序列。

则有

$$\begin{cases} E[\boldsymbol{W}_k] = 0, \mathrm{Cov}[\boldsymbol{W}_k, \boldsymbol{W}_j] = E[\boldsymbol{W}_k\boldsymbol{W}_j^{\mathrm{T}}] = \boldsymbol{Q}_k\delta_{kj} \\ E[\boldsymbol{\eta}_k] = 0, \mathrm{Cov}[\boldsymbol{\eta}_k, \boldsymbol{\eta}_j] = E[\boldsymbol{\eta}_k\boldsymbol{\eta}_j^{\mathrm{T}}] = \boldsymbol{R}_k\delta_{kj} \\ \mathrm{Cov}[\boldsymbol{W}_k, \boldsymbol{\eta}_j] = E[\boldsymbol{W}_k\boldsymbol{\eta}_j^{\mathrm{T}}] = 0 \end{cases} \tag{7-15}$$

式中:$\boldsymbol{Q}_k$ 为 t_k 时刻系统噪声序列的方差矩阵;$\boldsymbol{R}_k$ 为 t_k 时刻量测噪声序列的方差矩阵。

考虑舰船用组合导航系统,若仅考虑水平速度误差、失准角误差以及水

平方向陀螺仪常值漂移作为 SINS/GPS 组合导航系统的状态矢量,则系统的七阶状态矢量为

$$\boldsymbol{X}=\begin{bmatrix}\delta v_{\mathrm{E}} & \delta v_{\mathrm{N}} & \phi_x & \phi_y & \phi_z & \varepsilon_x & \varepsilon_y\end{bmatrix}^{\mathrm{T}} \tag{7-16}$$

系统噪声为

$$\boldsymbol{W}=\begin{bmatrix}0 & 0 & \omega_1 & \omega_2 & \omega_3 & \omega_4 & \omega_5\end{bmatrix}^{\mathrm{T}} \tag{7-17}$$

系统状态转移矩阵 $\boldsymbol{\Phi}$ 由惯性导航线性误差方程得到,在此不再赘述。系统噪声矩阵 $\boldsymbol{\Gamma}$ 形式如下:

$$\boldsymbol{\Gamma}=\boldsymbol{I}_{7\times7} \tag{7-18}$$

若选取经纬度误差、水平速度误差、失准角误差以及水平方向陀螺常值漂移,则 SINS/GPS 组合导航系统九阶状态矢量为

$$\boldsymbol{X}=\begin{bmatrix}\delta L & \delta\lambda & \delta v_{\mathrm{E}} & \delta v_{\mathrm{N}} & \phi_x & \phi_y & \phi_z & \varepsilon_x & \varepsilon_y\end{bmatrix}^{\mathrm{T}} \tag{7-19}$$

系统噪声为

$$\boldsymbol{W}=\begin{bmatrix}0 & 0 & 0 & 0 & \omega_1 & \omega_2 & \omega_3 & \omega_4 & \omega_5\end{bmatrix}^{\mathrm{T}} \tag{7-20}$$

系统噪声矩阵 $\boldsymbol{\Gamma}$ 形式如下:

$$\boldsymbol{\Gamma}=\boldsymbol{I}_{9\times9} \tag{7-21}$$

若选取经纬度误差、水平速度误差、失准角误差、三轴陀螺常值漂移以及水平加速度计零偏作为组合导航系统的状态量,则系统的状态矢量为

$$\boldsymbol{X}(t)=\begin{bmatrix}\delta L & \delta\lambda & \delta v_{\mathrm{E}} & \delta v_{\mathrm{N}} & \phi_x & \phi_y & \phi_z & \nabla_x & \nabla_y & \varepsilon_x & \varepsilon_y & \varepsilon_z\end{bmatrix}^{\mathrm{T}} \tag{7-22}$$

系统噪声为

$$\boldsymbol{W}=\begin{bmatrix}\boldsymbol{0}_{1\times7} & \omega_{\nabla_x} & \omega_{\nabla_y} & \omega_{\varepsilon_x} & \omega_{\varepsilon_y} & \omega_{\varepsilon_z}\end{bmatrix}^{\mathrm{T}} \tag{7-23}$$

系统噪声矩阵 $\boldsymbol{\Gamma}$ 形式如下:

$$\boldsymbol{\Gamma}=\boldsymbol{I}_{12\times12} \tag{7-24}$$

取惯性导航系统与 GPS 的经纬度之差为组合导航系统的观测量,则观测量为

$$\boldsymbol{Z}=\begin{bmatrix}L^{\mathrm{SINS}}-L^{\mathrm{GPS}}\\ \lambda^{\mathrm{SINS}}-\lambda^{\mathrm{GPS}}\end{bmatrix} \tag{7-25}$$

取惯性导航系统与 GPS 的速度之差为组合导航系统的观测量,则观测量为

$$\boldsymbol{Z}=\begin{bmatrix}v_x^{\mathrm{SINS}}-v_x^{\mathrm{CPS}}\\ v_y^{\mathrm{SINS}}-v_y^{\mathrm{GPS}}\end{bmatrix} \tag{7-26}$$

取惯性导航系统与 GPS 的经纬度之差和速度之差为组合导航系统的观测量,则观测量为

$$\boldsymbol{Z}=\begin{bmatrix} L^{\mathrm{SINS}}-L^{\mathrm{GPS}} \\ \lambda^{\mathrm{SINS}}-\lambda^{\mathrm{GPS}} \\ v_x^{\mathrm{SINS}}-v_x^{\mathrm{GPS}} \\ v_y^{\mathrm{SINS}}-v_y^{\mathrm{GPS}} \end{bmatrix} \tag{7-27}$$

以 12 为状态矢量的 SINS/GPS 组合导航系统为例,当观测量取经纬度之差时,观测矩阵为

$$\boldsymbol{H}=\begin{bmatrix} 1&0&0&0&0&0&0&0&0&0&0&0 \\ 0&1&0&0&0&0&0&0&0&0&0&0 \end{bmatrix} \tag{7-28}$$

当观测量取速度之差时,观测矩阵为

$$\boldsymbol{H}=\begin{bmatrix} 0&0&1&0&0&0&0&0&0&0&0&0 \\ 0&0&0&1&0&0&0&0&0&0&0&0 \end{bmatrix} \tag{7-29}$$

当观测量取经纬度之差和速度之差时,观测矩阵为

$$\boldsymbol{H}=\begin{bmatrix} 1&0&0&0&0&0&0&0&0&0&0&0 \\ 0&1&0&0&0&0&0&0&0&0&0&0 \\ 0&0&1&0&0&0&0&0&0&0&0&0 \\ 0&0&0&1&0&0&0&0&0&0&0&0 \end{bmatrix} \tag{7-30}$$

当 GPS 的量测信息不可用时,系统就进入了预测状态。在该种情况下,状态变量的最后一次估计值就成为预测状态的初始条件。即在该情况下,卡尔曼滤波方程 $\boldsymbol{K}_K=0$。

卡尔曼滤波的预测方程为

$$\hat{\boldsymbol{x}}_{k/k-1}=\boldsymbol{\Phi}_{k,k-1}\hat{\boldsymbol{x}}_{k-1} \tag{7-31}$$

一步预测均方误差为

$$\boldsymbol{P}_{k/k-1}=\boldsymbol{\Phi}_{k,k-1}\boldsymbol{P}_{k-1}\boldsymbol{\Phi}_{k,k-1}^{\mathrm{T}}+\boldsymbol{\Gamma}_{k-1}\boldsymbol{Q}_{k-1}\boldsymbol{\Gamma}_{k-1}^{\mathrm{T}} \tag{7-32}$$

当 GPS 的量测信息可用时,系统就进入了量测更新状态,利用 SINS 与 GPS 的导航参数之差作为观测量,完成系统的状态最优估计。

7.5.2　仿真与分析

下面将通过仿真的方式分析 SINS/GPS 松组合导航时的性能。设置载体为动基座,运动速度为 1.5m/s,运载体绕矩形路径运动,仿真时间为 12h。还

载体的理论姿态、理论水平速度和理论运行轨迹如图 7-11~图 7-13 所示。

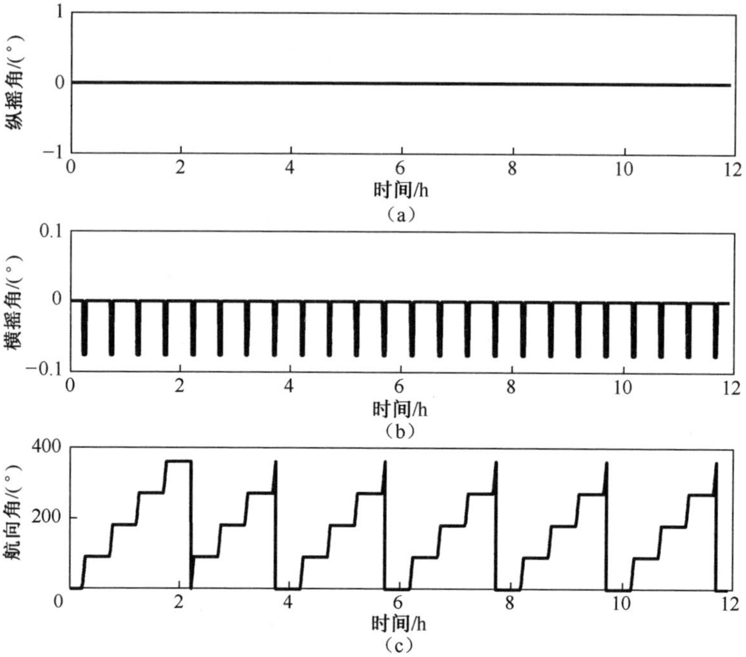

图 7-11　运载体为动机座的情况下的理论姿态

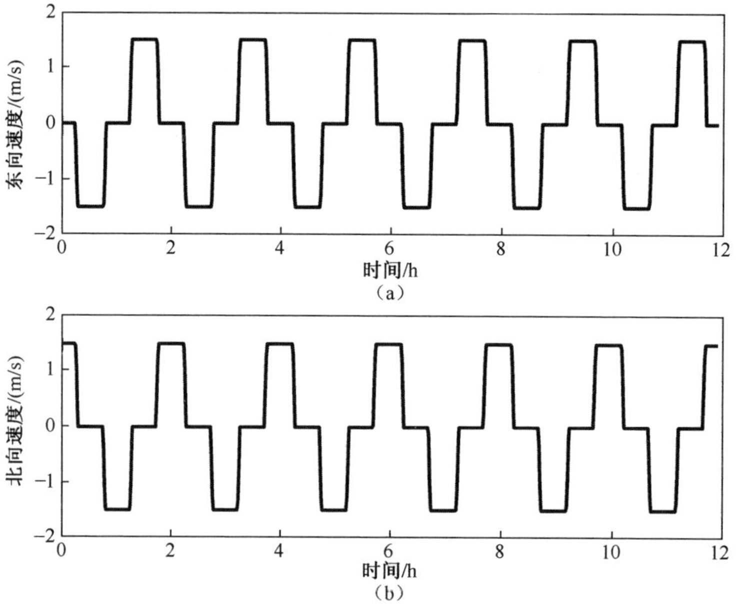

图 7-12　运载体为动机座的情况下的理论水平速度值

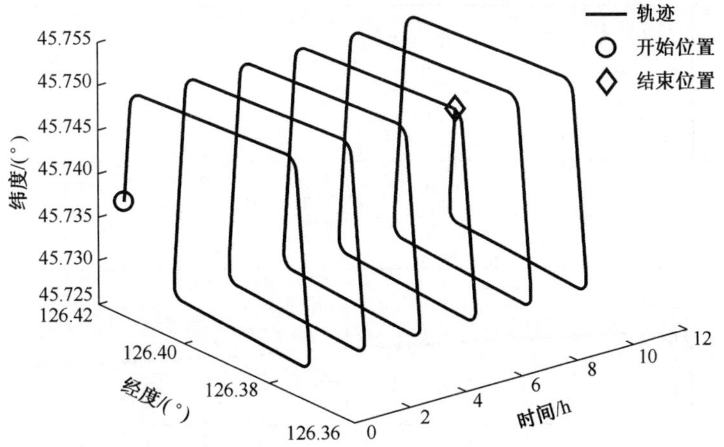

图 7-13　运载体为动机座的情况下理论运行轨迹

设三轴陀螺漂移均为 0.01(°)/h,三轴加速度计零位误差均为 $1\times10^{-4}\mu g$(其中 g 为重力加速度),初始纬度和经度分别为(45.7381°,126.4138°),初始姿态失准角为 1′、1′、5′,初始速度误差为 0.2m/s,初始东向和北向位置误差均为 10m。且滤波初值选择如下:

$$\boldsymbol{X}_0 = [0\quad 0\quad 0\quad 0\quad 0\quad 0\quad 0\quad 0\quad 0\quad 0\quad 0\quad 0\quad 0]^{\mathrm{T}}$$

$$\boldsymbol{P}_0 = \mathrm{diag}\{\sigma^2_{\delta L}(0)\quad \sigma^2_{\delta\lambda}(0)\quad \sigma^2_{\delta v_x}(0)\quad \sigma^2_{\delta v_y}(0)\quad \sigma^2_{\varphi_x}(0)$$

$$\sigma^2_{\varphi_y}(0)\quad \sigma^2_{\varphi_z}(0)\quad \sigma^2_{\varepsilon_x}\quad \sigma^2_{\varepsilon_y}\quad \sigma^2_{\varepsilon_z}\quad \sigma^2_{\nabla_x}\quad \sigma^2_{\nabla_y}\}$$

$$\boldsymbol{Q} = \mathrm{diag}\{0.5\sigma^2_{\nabla_x}\quad 0.5\sigma^2_{\nabla_y}\quad 0.5\sigma^2_{\varepsilon_x}\quad 0.5\sigma^2_{\varepsilon_x}\quad 0.5\sigma^2_{\varepsilon_x}\}$$

$$\boldsymbol{R} = \mathrm{diag}\{(10\mathrm{m/s})^2\quad (10\mathrm{m/s})^2\}$$

在该条件下进行仿真,仿真时间为 12h,得到误差曲线如图 7-14~图 7-16所示。

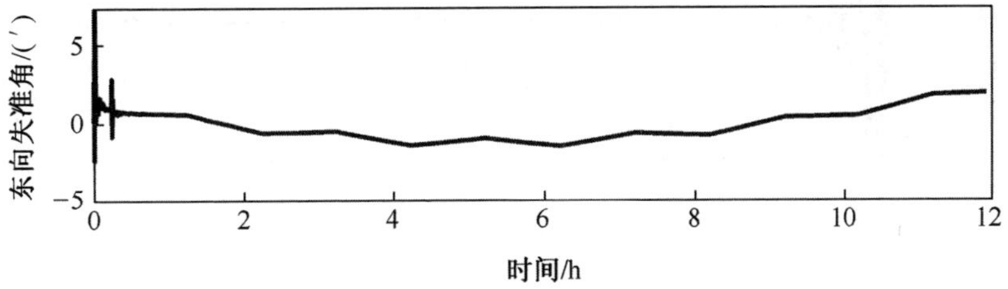

(a)

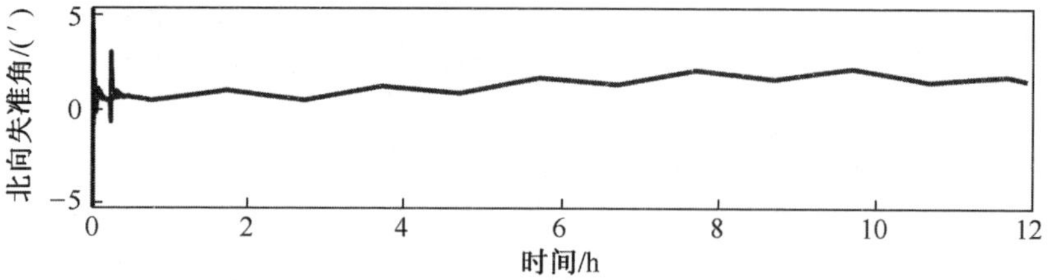

（b）

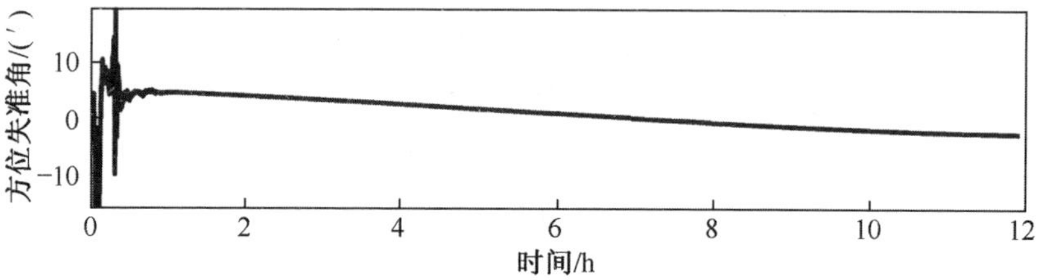

（c）

图 7-14　SINS/GPS 组合导航系统失准角误差曲线

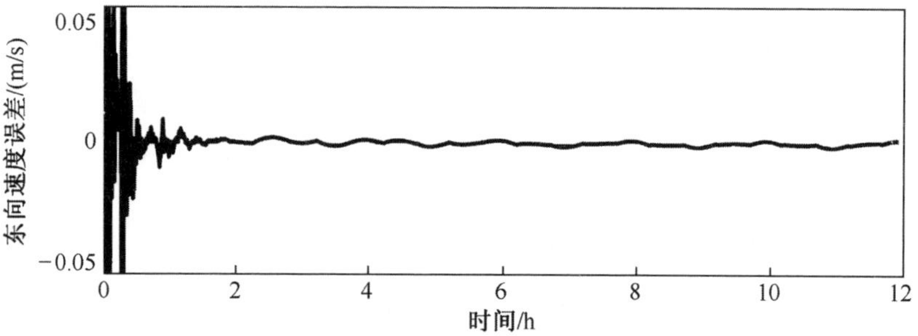

（a）

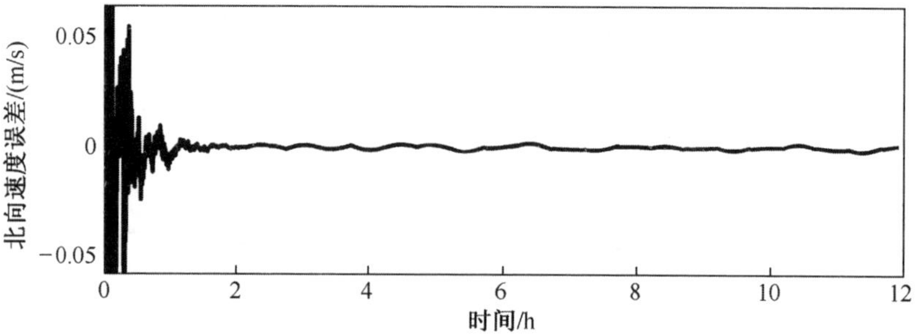

（b）

图 7-15　SINS/GPS 组合导航系统水平速度误差曲线

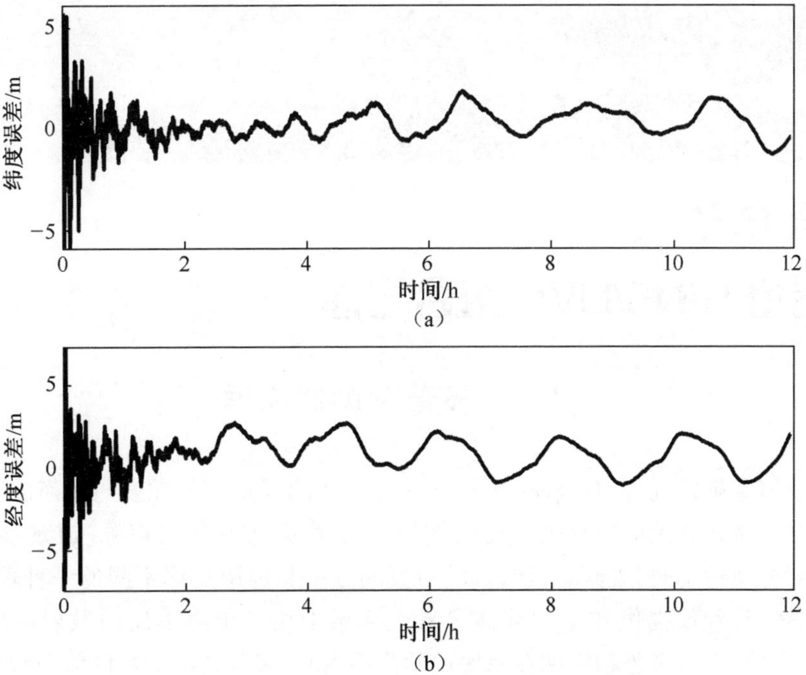

图 7-16　SINS/GPS 组合导航系统位置误差曲线

本 章 小 结

本章首先介绍了几种典型的 GNSS 系统，以 GPS 为例介绍了卫星导航系统的定位原理及数学模型，并介绍了 SINS/GPS 组合导航系统的组合方式和校正方式，最后建立了 SINS/GPS 组合导航系统模型，并进行了仿真分析。

第 8 章 船用 SINS/DVL 组合导航

8.1 多普勒测速原理

多普勒计程仪(Doppler Velocity Log, DVL)是应用船舶发射超声波至海底产生多普勒效应原理来进行工作的,多普勒效应是指当声源(或观察者)相对介质运动时,观察者接收到的声波的频率和声源频率不同的一种现象。多普勒计程仪提供在正常载体参考坐标系中相对于声学反向散射源的速度[65-69]。当多普勒声纳在海底声学范围内时,多普勒声纳提供前向和侧向地面基准速度。速度测量十分精确和稳定,而且在长期内有界。

8.1.1 单波束情况

图 8-1 描述了最简单的多普勒计程仪即单向单波束情况。设多普勒计程仪发射信号频率为 f_0,船航行速度沿水平方向,这里记为 v_x ,则根据多普勒效应原理,在 P 点处接收到的频率为 $f_1 = \dfrac{c}{c - v_x\cos\alpha} \cdot f_0$,而在 O' 点处接收到的频率为 $f_2 = \dfrac{c + v_x\cos\alpha'}{c} \cdot f_1 = \dfrac{c + v_x\cos\alpha'}{c - v_x\cos\alpha} \cdot f_0$,定义多普勒频移为多普勒计程仪的接收频率减去发射频率即 $f_d = f_2 - f_0$,从而有

$$f_d = \frac{(\cos\alpha + \cos\alpha') \cdot v_x}{c - v_x\cos\alpha} \cdot f_0 \tag{8-1}$$

由于在水中 v_x 远小于 c ,此时可以近似 $\alpha \approx \alpha'$,则式(3-1)可简化为

$$f_d = \frac{2v_x\cos\alpha}{c} \cdot f_0 \tag{8-2}$$

由式(8-2)可以看出,f_0、α 、c 都是已知的数,只要测出多普勒频移 f_d

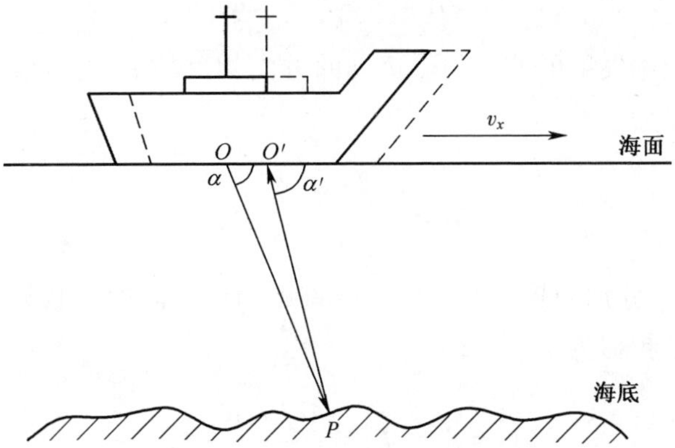

图 8-1　单波束多普勒计程仪示意图

就可以计算出船速为

$$v_x = \frac{c}{2f_0\cos\alpha} \cdot f_{\mathrm{d}} \tag{8-3}$$

8.1.2　双波束詹纳斯配置

如图 8-2 所示,双波束是指向船首和船尾的方向各发射一个波束,在船舶有上下波动时,由于双波束的对称性,双波束配置较单波束配置可提高测速精度,并且这 2 个波束的发射频率相同且都为 f_0,波束倾角也一样都为 α,由式(8-2)可得此时沿船首方向波束的频率为

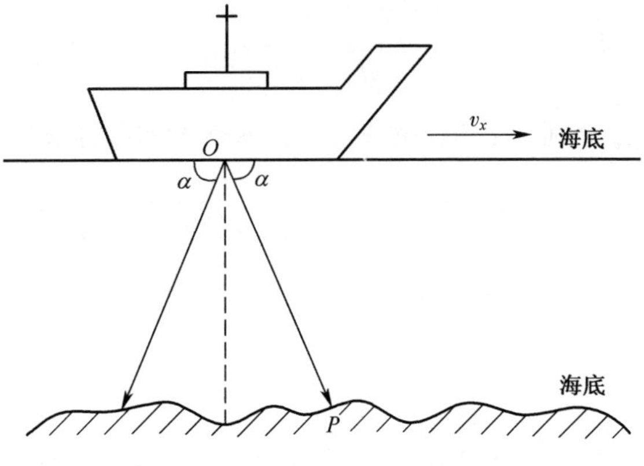

图 8-2　双波束多普勒计程仪示意图

$$f_{r1}=\frac{2v_x\cos\alpha}{c}\cdot f_0 \tag{8-4}$$

由于向船尾发射的波束与船运动的方向相反故 v_x 为负值,此时船尾方向波束的频率为

$$f_{r2}=\frac{-2v_x\cos\alpha}{c}\cdot f_0 \tag{8-5}$$

式中:f_{r1} 和 f_{r2} 分别为多普勒计程仪船首和船尾方向的接收频率,由以上定义可得多普勒频移为

$$f_{\mathrm{d}}=f_{r2}-f_{r1}=\frac{4v_x\cos\alpha}{c}\cdot f_0 \tag{8-6}$$

由式(8-6)可得双波束詹纳斯(Janus)配置情况下的船速为

$$v_x=\frac{c}{4f_0\cos\alpha}\cdot f_{\mathrm{d}} \tag{8-7}$$

8.1.3 四波束詹纳斯配置

在实际应用中,为了测定船舶的横向移动速度,通常在船的左右舷方向也按詹纳斯配置装有一对换能器,构成了四波束詹纳斯配置,图 8-3 给出了四波束詹纳斯配置的示意图,此时由式(8-7)可求得航速为

$$v_x=\frac{c}{4f_0\cos\alpha}\cdot f_{\mathrm{d}13} \tag{8-8}$$

$$v_y=\frac{c}{4f_0\cos\alpha}\cdot f_{\mathrm{d}24} \tag{8-9}$$

式中:$f_{\mathrm{d}13}$ 和 $f_{\mathrm{d}24}$ 分别为 x 方向和 y 方向的多普勒频移,此时船速为

$$v=\sqrt{v_x^2+v_y^2}=\frac{c}{4f_0\cos\alpha}\cdot\sqrt{f_{\mathrm{d}13}^2+f_{\mathrm{d}24}^2} \tag{8-10}$$

根据多普勒 $f_{\mathrm{d}13}$ 和 $f_{\mathrm{d}24}$ 可算得偏流角为

$$\beta=\arctan\frac{v_y}{v_x}=\arctan\frac{f_{\mathrm{d}24}}{f_{\mathrm{d}13}} \tag{8-11}$$

正是由于詹纳斯配置具有很多的优点,因此成了多普勒计程仪的标准配置。

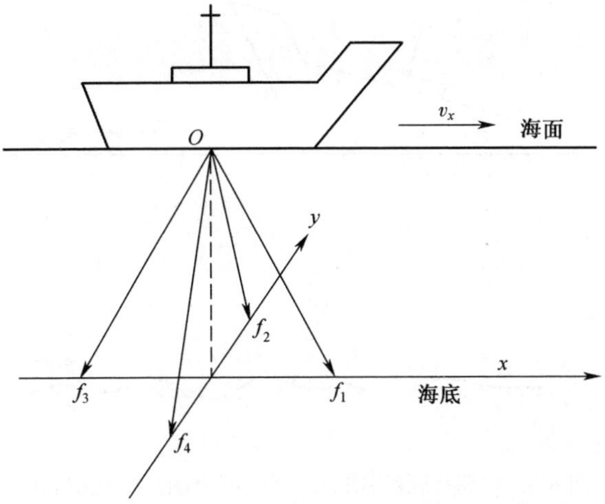

图 8-3 四波束詹纳斯配置多普勒计程仪示意图

8.2 多普勒计程仪的测速误差

8.2.1 单波束的测速误差

由单波束多普勒计程仪测速原理公式中的式(8-3)可知,测速精度主要受以下几个方面因素的影响。

1. 公式简化造成的误差

由于认为 $v_x \ll c$ 得到了 $f_{\mathrm{d1}} = \dfrac{2v_x\cos\alpha}{c} \cdot f_0$,而原来的多普勒频移为 $f_{\mathrm{d}} = \dfrac{(\cos\alpha + \cos\alpha') \cdot v_x}{c - v_x\cos\alpha} \cdot f_0$,这里取 $\alpha \approx \alpha'$,从而可以得到近似引入的相对误差:

$$\frac{\Delta f_{\mathrm{d}}}{f_{\mathrm{d}}} = \frac{f_{\mathrm{d}} - f_{\mathrm{d1}}}{f_{\mathrm{d}}} = \frac{v_x\cos\alpha}{c} \tag{8-12}$$

2. 船舶颠簸摇摆的影响

船舶在海上航行时,由于风浪的作用,将会使船在海面上颠簸摇摆,波束倾角就会发生变化,从而会降低测速精度,图 8-4 给出了船舶颠簸摇摆状态下的波束倾角变化的示意图。

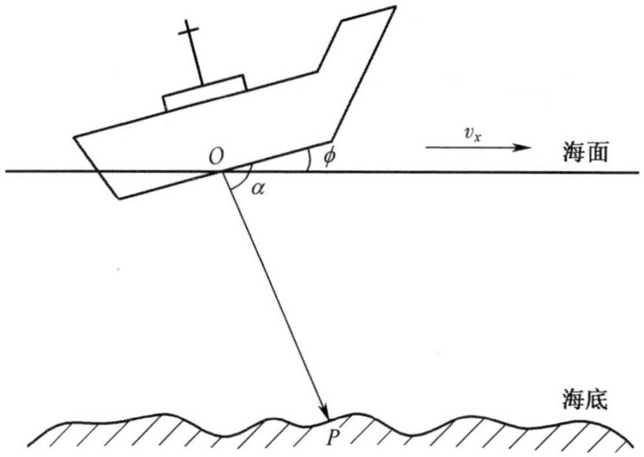

图 8-4　船舶颠簸摇摆状态下的波束倾角变化示意图

由式(8-1)做如下数学变换可得多普勒频移：

$$f_{\mathrm{d}}=\frac{2v_x\cos\alpha f_0}{c}\cdot\left(1+\frac{v_x\cos\alpha}{c}\right) \tag{8-13}$$

由图 8-4 可以得出在船舶颠簸摇摆状态下的多普勒频移：

$$f_{\mathrm{d1}}=\frac{2v_x\cos(\alpha-\phi)\cdot f_0}{c} \tag{8-14}$$

此时，可得到船舶颠簸摇摆状态下的相对误差：

$$\frac{\Delta f_{\mathrm{d}}}{f_{\mathrm{d}}}=\frac{f_{\mathrm{d}}-f_{\mathrm{d1}}}{f_{\mathrm{d}}}=1-\tan\alpha\cdot\sin\phi-\cos\phi \tag{8-15}$$

3. 声速变化的影响

在多普勒计程仪测速公式中，是把超声波在海水中的传播速度 c 视为常量，实际上超声波在水中的传播速度是随海水的温度、盐度和深度的变化而变化，其中温度和盐度变化影响较大。因而当船舶在不同海域航行时，多普勒计程仪存在的测速误差也不同。据计算，海水温度每增加 1℃，声速的变化为+3.30m/s，测量误差约为 0.2%。海水含盐量每增加 1%，声速的变化为+1.5m/s，所引起的测量误差约为 0.07%，若船舶由海水航行至淡水时，测量误差可达 2%。

4. 波束宽度

通常出于理想化的分析，假设声纳基阵的指向性图具有无限窄的张角，因而才推出了式(8-2)，但由于实际上基阵的指向性图具有一定的宽度，这就会引起回波的多普勒频谱扩展。回波多普勒频移扩展的原因是不同角度的声线返回后有不同的多普勒频移,使接收信号的频谱比发射信号频谱大。回波信号的功率谱形状与波束图大致相同,但与海底散射强度的变化规律有关。

如图 8-5 所示,$\theta_{0.7}$ 为波束半功率点的宽度,则在波束边沿 $\alpha-\frac{\theta_{0.7}}{2}$ 处的多普勒频移 $f_{d1}=\frac{2v_x f_0}{c}\cos\left(\alpha-\frac{\theta_{0.7}}{2}\right)$,而在另一边沿 $\alpha+\frac{\theta_{0.7}}{2}$ 处的多普勒频移 $f_{d2}=\frac{2v_x f_0}{c}\cos\left(\alpha+\frac{\theta_{0.7}}{2}\right)$,因此 $\Delta f=f_{d1}-f_{d2}=\frac{4v_x f_0}{c}\cdot\sin\alpha\cdot\sin\frac{\theta_{0.7}}{2}$,而

$$\frac{\Delta f}{f_d}=\tan\alpha\cdot\sin\frac{\theta_{0.7}}{2}\tag{8-16}$$

由式(8-16)可以看出,波束宽度应尽量取小。

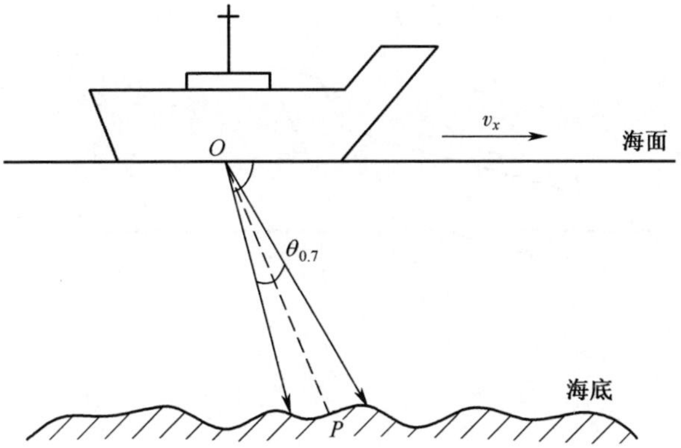

图 8-5　波束宽度示意图

8.2.2　双波束詹纳斯配置的测速误差

双波束詹纳斯配置较单波束的来说只是在颠簸摇摆状态下的速度的测量误差有一些区别,其余的误差形式双波束配置和四波束配置也同样具有。这里只着重介绍双波束的詹纳斯配置下的船舶纵摇对它产生的影响。

船舶纵摇使船首升高角度 ϕ,则船首方向的多普勒频移 $f_{d1}=\frac{2v_x\cos(\alpha-\phi)}{c}\cdot f_0$,船尾方向的多普勒频移 $f_{d2}=-\frac{2v_x\cos(\alpha+\phi)}{c}\cdot f_0$,双波束多普勒计程仪接收到的声波多普勒频移应是两者的差值即 $f'_d=f_{d1}-f_{d2}=$

$\frac{4v_x}{c}\cos\alpha \cdot \cos\phi \cdot f_0$,此时的相对误差为

$$\frac{\Delta f}{f_d}=\frac{f_d - f_d'}{f_d}=1-\cos\phi \tag{8-17}$$

8.2.3 四波束詹纳斯配置的测速误差

四波束多普勒计程仪不仅在船舶纵摇时会产生测速误差而且在横摇时也会产生测速误差,由前面所介绍的内容可给出船舶在纵摇和横摇时的测速误差,假设船舶的纵摇角度为 ϕ ,横摇角度为 γ 。在船舶纵摇时,由图 8-6 和式(8-17)可知 x 轴向上的相对误差为 $\Delta x = 1-\cos\phi$,在船舶横摇时可得 y 轴方向上的相对误差为 $\Delta y = 1-\cos\gamma$,总的相对误差为 $\Delta d=\sqrt{\Delta x^2+\Delta y^2}$ 。

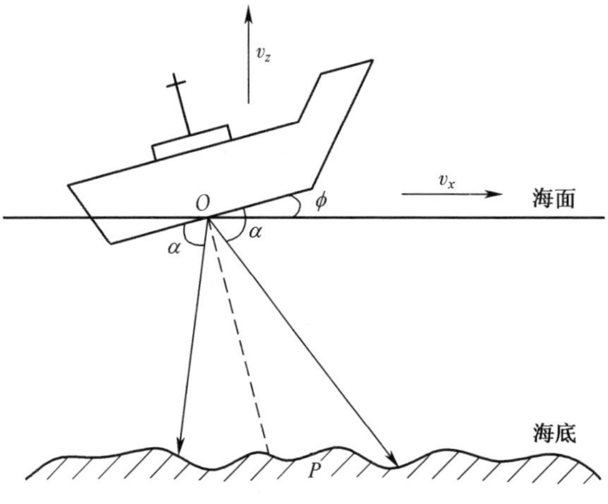

图 8-6 船舶纵摇示意图

8.3 多普勒计程仪测速方程及误差模型

假设多普勒计程仪测得对地速度为 $\boldsymbol{v}_d'$,在数值上 $v_d'=(1+\delta C)(v_d+\delta v_d)$,根据图 8-7 所示关系,$\boldsymbol{v}_d'$ 在惯性导航平台东向和北向上的分量为

$$\begin{cases} v_{dx}'=(1+\delta C)(v_d+\delta v_d)\sin(K_d+\phi_z+\delta\Delta) \\ v_{dy}'=(1+\delta C)(v_d+\delta v_d)\cos(K_d+\phi_z+\delta\Delta) \end{cases} \tag{8-18}$$

图 8-7 中,K 表示载体真航向;K_d 表示考虑偏流角的航迹向;Δ 表示偏流角,$\delta\Delta$ 表示偏流角误差;ϕ_z 为方位失准角。$\delta\Delta$ 和 ϕ_z 均为小量,将

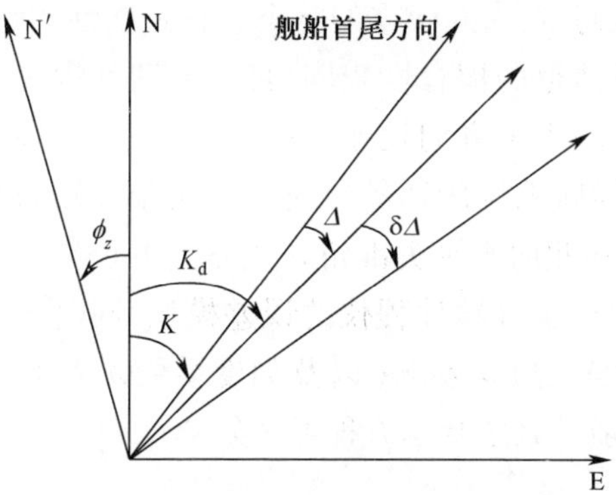

图 8-7 多普勒计程仪测速误差原理图

式(8-18)展开得

$$\begin{cases} v'_{dx} = v_d \sin K_d + v_d \cos K_d \cdot (\phi_z + \delta\Delta) + \delta C \cdot v_d \sin K_d + \delta v_d \sin K_d \\ v'_{dy} = v_d \cos K_d - v_d \sin K_d \cdot (\phi_z + \delta\Delta) + \delta C \cdot v_d \cos K_d + \delta v_d \cos K_d \end{cases} \tag{8-19}$$

其中

$$\begin{cases} v_d \sin K_d = v_x, v_d \cos K_d = v_y \\ \delta v_d \sin K_d = \delta v_{dx}, \delta v_d \cos K_d = \delta v_{dy} \end{cases} \tag{8-20}$$

根据多普勒计程仪工作原理,它测量载体相对海底的速度和偏流角,测量误差主要有速度偏移误差 δv_d,偏流角误差 $\delta\Delta$,刻度系数误差 δC。δv_d 和 $\delta\Delta$ 用一阶马尔可夫过程表示,δC 为随机常数。相应误差方程为

$$\begin{cases} \delta\dot{v}_d = -\beta_d \delta v_d + \boldsymbol{w}_d \\ \delta\dot{\Delta} = -\beta_\Delta \delta\Delta + \boldsymbol{w}_\Delta \\ \delta\dot{C} = 0 \end{cases} \tag{8-21}$$

式中:β_d^{-1}、β_Δ^{-1} 为速度偏移误差和偏流角误差的相关时间;$\boldsymbol{w}_d$、$\boldsymbol{w}_\Delta$ 为激励白噪声。

8.4 船用 SINS/DVL 组合导航系统数学模型

8.4.1 状态方程

这里取捷联惯性导航系统的误差量、陀螺仪随机漂移以及多普勒计程

仪的误差项作为状态量,由此建立的状态方程是线性的[70-72]。由于惯性导航高度通道和水平通道的耦合性较弱,且多普勒计程仪提供的垂直速度的精度远低于它提供的水平方向地速的精度,故将惯性导航系统高度通道另外考虑,因此惯性导航系统所选的导航参数误差分别为东向和北向速度误差 δv_x 、δv_y ,东向和北向水平失准角 ϕ_x 、ϕ_y ,方位失准角 ϕ_z ,纬度误差 δL 和经度误差 $\delta\lambda$,根据多普勒计程仪的误差模型,同时将多普勒计程仪的速度偏移误差 δv_{d} 、偏流角误差 $\delta\Delta$ 以及刻度系数误差 δC 扩充为状态变量。SINS/DVL 组合导航的系统状态方程可写为

$$\begin{bmatrix}\dot{\boldsymbol{X}}_{\mathrm{SINS}}\\ \dot{\boldsymbol{X}}_{\mathrm{DVL}}\end{bmatrix}=\begin{bmatrix}F_{\mathrm{SINS}} & 0\\ 0 & F_{\mathrm{DVL}}\end{bmatrix}\begin{bmatrix}X_{\mathrm{SINS}}\\ X_{\mathrm{DVL}}\end{bmatrix}+\begin{bmatrix}W_{\mathrm{SINS}}\\ W_{\mathrm{DVL}}\end{bmatrix}\tag{8-22}$$

即

$$\dot{\boldsymbol{X}}_{\mathrm{ID}}=\boldsymbol{F}_{\mathrm{ID}}\boldsymbol{X}_{\mathrm{ID}}+\boldsymbol{W}\boldsymbol{X}_{\mathrm{ID}}\tag{8-23}$$

其中

$$\boldsymbol{X}_{\mathrm{ID}}=[\delta v_x\quad \delta v_y\quad \phi_x\quad \phi_y\quad \phi_z\quad \delta L\quad \delta\lambda\quad \varepsilon_x\quad \varepsilon_y\quad \varepsilon_z\quad \delta v_{\mathrm{d}}\quad \delta\Delta\quad \delta C]^{\mathrm{T}}\tag{8-24}$$

$$\boldsymbol{W}_{\mathrm{ID}}=[\nabla_x\quad \nabla_y\quad 0\quad 0\quad 0\quad 0\quad 0\quad w_x\quad w_y\quad w_z\quad w_d\quad w_\Delta\quad 0]^{\mathrm{T}}\tag{8-25}$$

$$\boldsymbol{F}_{\mathrm{DVL}}=\begin{bmatrix}-\beta_{\mathrm{d}} & & \\ & -\beta_\Delta & \\ & & 0\end{bmatrix}\tag{8-26}$$

系统状态转移矩阵 $\boldsymbol{A}$ 和系统噪声矩阵 $\boldsymbol{B}$ 形式如下:

$$\boldsymbol{A}=\begin{bmatrix}A_{\mathrm{SINS}_{7\times7}} & \begin{matrix}\boldsymbol{0}_{4\times3}\\ C_{b3\times3}^{t'}\end{matrix} & \boldsymbol{0}_{7\times3}\\ \boldsymbol{0}_{3\times7} & A_{\mathrm{Gyro}3\times3} & \boldsymbol{0}_{3\times3}\\ \boldsymbol{0}_{3\times7} & \boldsymbol{0}_{3\times3} & A_{\mathrm{DVL}3\times3}\end{bmatrix}\tag{8-27}$$

$$\boldsymbol{B}=\boldsymbol{I}_{13\times13}\tag{8-28}$$

式中：$\boldsymbol{A}_{\mathrm{SINS}_{7\times7}}$ 为惯性导航系统状态转移矩阵；$\boldsymbol{C}_{b3\times3}^{t'}$ 为姿态矩阵，用于将陀螺漂移由载体坐标系转移导地理坐标系；$\boldsymbol{A}_{\mathrm{Gyro}3\times3}$ 为陀螺漂移反相关时间矩阵；$\boldsymbol{A}_{\mathrm{DVL}3\times3}$ 为多普勒计程仪误差反相关矩阵。

8.4.2 量测方程

在 SINS/DVL 组合导航中取惯性导航系统计算出的速度量与多普勒计程仪测出的速度量之差作为量测量，而多普勒计程仪直接测量出的是航行器在载体坐标系下的速度，故必须先将多普勒计程仪输出的速度分量分解到导航坐标系，然后与惯性导航的输出信息相减才能得到量测量。

假设载体的真实速度为 v，由于刻度系数误差 δC 以及速度偏移误差 δv_{d} 的影响，实际多普勒计程仪测得的对地速度为

$$v'_{\mathrm{d}} = (1+\delta C)(v+\delta v_{\mathrm{d}}) \tag{8-29}$$

由图 8-5 可知，多普勒的地速 v'_{d} 应有航迹角 K_{d} 分解到地理坐标系的北向和东向，则

$$\begin{cases} v'_{\mathrm{d}x} = (1+\delta C)(v+\delta v_{\mathrm{d}})\sin(K_{\mathrm{d}}+\delta\Delta+\phi_z) \\ v'_{\mathrm{d}y} = (1+\delta C)(v+\delta v_{\mathrm{d}})\cos(K_{\mathrm{d}}+\delta\Delta+\phi_z) \end{cases} \tag{8-30}$$

由于 δv_{d}、$\delta\Delta$ 和 δC 均为小量，故将式(8-30)展开可得

$$\begin{cases} v'_{\mathrm{d}x} = v_{\mathrm{d}}\sin K_{\mathrm{d}} + v_{\mathrm{d}}\cos K_{\mathrm{d}}(\phi_z+\delta\Delta) + v_{\mathrm{d}}\sin K_{\mathrm{d}}\delta C + \delta v_{\mathrm{d}}\sin K_{\mathrm{d}} + \eta_x \\ v'_{\mathrm{d}y} = v_{\mathrm{d}}\sin K_{\mathrm{d}} + v_{\mathrm{d}}\cos K_{\mathrm{d}}(\phi_z+\delta\Delta) + v_{\mathrm{d}}\sin K_{\mathrm{d}}\delta C + \delta v_{\mathrm{d}}\sin K_{\mathrm{d}} + \eta_y \end{cases} \tag{8-31}$$

其中

$$\begin{cases} v_x = v_{\mathrm{d}}\sin K_{\mathrm{d}} \\ v_y = v_{\mathrm{d}}\cos K_{\mathrm{d}} \\ \delta v_{\mathrm{d}x} = \delta v_{\mathrm{d}}\sin K_{\mathrm{d}} \\ \delta v_{\mathrm{d}y} = \delta v_{\mathrm{d}}\cos K_{\mathrm{d}} \end{cases} \tag{8-32}$$

设捷联惯性导航系统输出为

$$\begin{cases} v_{I_x} = v_x + \delta v_x \\ v_{I_y} = v_y + \delta v_y \end{cases} \tag{8-33}$$

则量测方程为

$$\boldsymbol{Z}_{\mathrm{ID}}=\begin{bmatrix} v_{I_x}-v'_{\mathrm{d}x} \\ v_{I_y}-v'_{\mathrm{d}y} \end{bmatrix}=\begin{bmatrix} \delta v_x - v_y\phi_z - v_y\delta\Delta - v_x\delta C - \delta v_{\mathrm{d}}\sin K_{\mathrm{d}} + \eta_x \\ \delta v_y + v_y\phi_z + v_x\delta\Delta - v_x\delta C - \delta v_{\mathrm{d}}\cos K_{\mathrm{d}} + \eta_y \end{bmatrix} \tag{8-34}$$

其中

$$\boldsymbol{H}=\begin{bmatrix} 1 & 0 & 0 & 0 & 0 & 0 & -v_y & 0 & 0 & 0 & -\sin K_{\mathrm{d}} & -v_y & -v_x \\ 0 & 1 & 0 & 0 & 0 & 0 & v_x & 0 & 0 & 0 & -\cos K_{\mathrm{d}} & v_x & -v_y \end{bmatrix} \tag{8-35}$$

则式(8-23)和式(4-35)构成了 SINS/DVL 组合导航数学模型。

8.5 船用 SINS/DVL 组合导航系统的实现

为了有利于估计组合导航系统的使用价值，模拟中等精度的测量元件(包括陀螺仪、加速度计以及多普勒计程仪)，所选择的测量元件和导航参数初始误差下：

$$\begin{cases} \sigma_{\delta L}^2(0)=\sigma_{\delta\lambda}^2(0)=0 \\ \sigma_{\delta v_x}^2(0)=\sigma_{\delta v_y}^2(0)=(0.1\mathrm{m/s})^2 \\ \sigma_{\varphi_x}^2(0)=\sigma_{\varphi_y}^2(0)=\sigma_{\varphi_z}^2(0)=(1^\circ)^2 \\ \sigma_{\varepsilon_x}^2=\sigma_{\varepsilon_y}^2=\sigma_{\varepsilon_z}^2=(0.05(^\circ)/\mathrm{h})^2 \\ \sigma_{\nabla_x}^2=\sigma_{\nabla_y}^2=(1\times10^{-4}\mathrm{g})^2 \\ \sigma_{\delta v_{\mathrm{d}}}^2=(0.005\mathrm{m/s})^2 \\ \sigma_{\delta\Delta}^2=(1')^2 \\ \sigma_{\delta C}^2=(0.001)^2 \end{cases}$$

其中，$\varepsilon_i(i=x,y,z)$ 陀螺漂移、速度偏移误差 δv_{d}、偏流角误差 $\delta\Delta$ 的相关时间分别为 $\beta_i^{-1}=2h(i=x,y,z)$、$\beta_{\mathrm{d}}^{-1}=5\mathrm{min}$、$\beta_{\Delta}^{-1}=15\mathrm{min}$。

在海浪的激励下，水下航行器分别绕方位轴、纵摇轴和横摇轴以正弦进行三轴摇摆运动，其模型为

$$\begin{cases} \psi=\psi_{\mathrm{m}}\sin(w_\psi t+\phi_\psi)+k \\ \theta=\theta_{\mathrm{m}}\sin(w_\theta t+\phi_\theta) \\ \gamma=\gamma_{\mathrm{m}}\sin(w_\gamma t+\phi_r) \end{cases}$$

式中：ψ、θ、γ 分别为航向角、纵摇角和横摇角的摇摆角度变量；ψ_{m}、θ_{m}、γ_{m} 分

别为相应的摇摆幅值；w_ψ、w_θ、w_γ 分别为相应的摇摆角频率；ϕ_ψ、ϕ_θ、ϕ_γ 分别为相应的初相位；而 $\omega_i = \dfrac{2\pi}{T_i}(i = \psi、\theta、\gamma)$，$T_i$ 为相应的摇摆周期；k 为初始航向。

仿真时取 $\psi_m = 10°$，$\theta_m = 6°$，$\gamma_m = 12°$，$T_\psi = 9s$，$T_\theta = 6s$，$T_\gamma = 8s$。

模拟 AUV 在水下 50m，以航向 45°匀速直线运动，航速为 5kn，航行 48h。航行器的初始经纬度为(45.7381°，126.4138°)，并且滤波初值选择如下：

$$\hat{X}_0 = [0\quad 0\quad 0\quad 0\quad 0\quad 0\quad 0\quad 0\quad 0\quad 0\quad 0\quad 0\quad 0]^{\mathrm{T}}$$

$$P_0 = \mathrm{diag}\{\sigma^2_{\delta v_x}(0)\quad \sigma^2_{\delta v_y}(0)\quad \sigma^2_{\varphi_x}(0)\quad \sigma^2_{\varphi_y}(0)\quad \sigma^2_{\varphi_z}(0)$$
$$\sigma^2_{\delta L}(0)\quad \sigma^2_{\delta\lambda}(0)\quad \sigma^2_{\varepsilon_x}\quad \sigma^2_{\varepsilon_y}\quad \sigma^2_{\varepsilon_z}\quad \sigma^2_{\delta v_d}\quad \sigma^2_{\delta\Delta}\quad \sigma^2_{\delta C}\}$$

$$Q = \mathrm{diag}\{0.1\sigma^2_{\nabla_x}\quad 0.1\sigma^2_{\nabla_x}\quad 0\quad 0\quad 0\quad 0\quad 0\quad q_{\varepsilon_x}\quad q_{\varepsilon_y}\quad q_{\varepsilon_z}\quad q_{\delta v_d}\quad q_{\delta\Delta}\quad 0\}$$

$$R = \mathrm{diag}\{(0.005\mathrm{m/s})^2\quad (0.005\mathrm{m/s})^2\}$$

其中：$q_{\varepsilon_i} = \sigma^2_{\varepsilon_i}(1 - e^{-2\beta_i \mathrm{T}})$，$i = x,y,z$；$q_{\delta V_d} = \sigma^2_{\delta v_d}(1 - e^{-2\beta_d \mathrm{T}})$；$q_{\delta\Delta} = \sigma^2_{\delta\Delta}(1 - e^{-2\beta_\Delta \mathrm{T}})$。

仿真结果如图 8-8～图 8-10 所示。

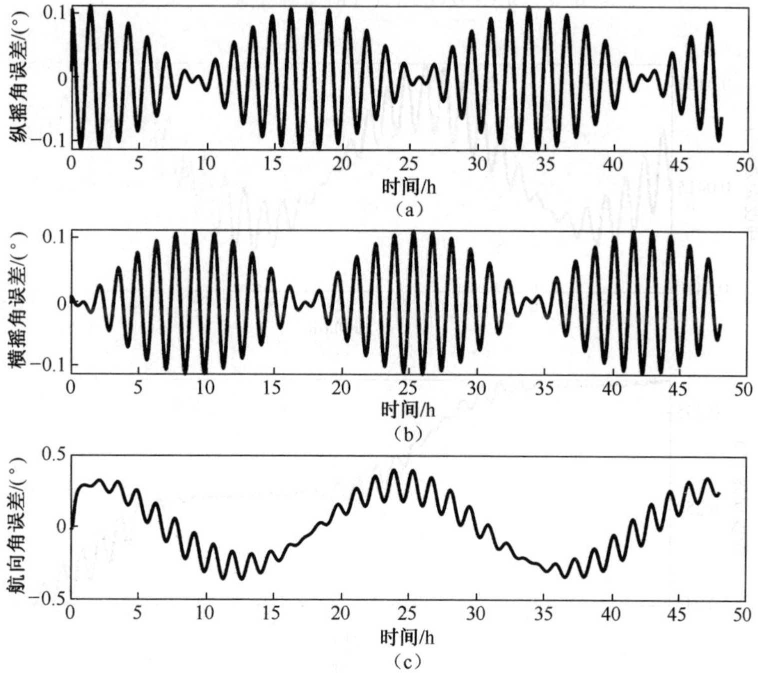

图 8-8　SINS/DVL 组合导航系统姿态误差曲线

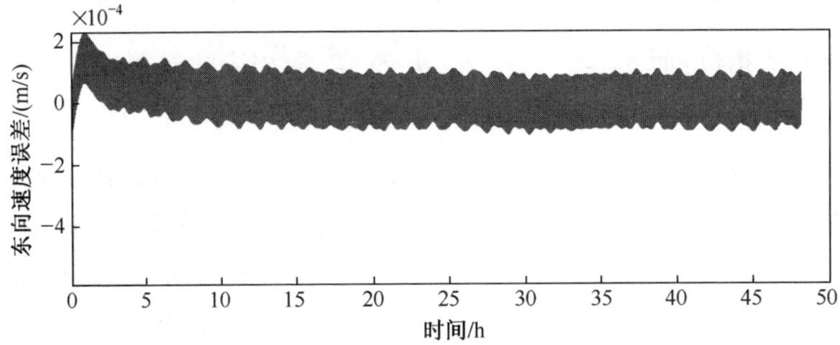

(a)

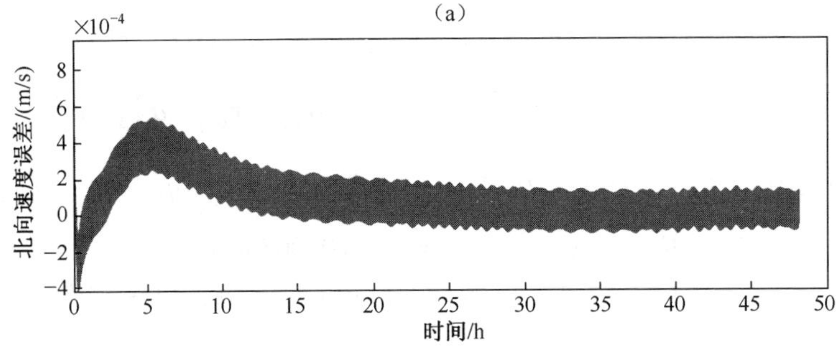

(b)

图 8-9　SINS/DVL 组合导航系统速度误差曲线

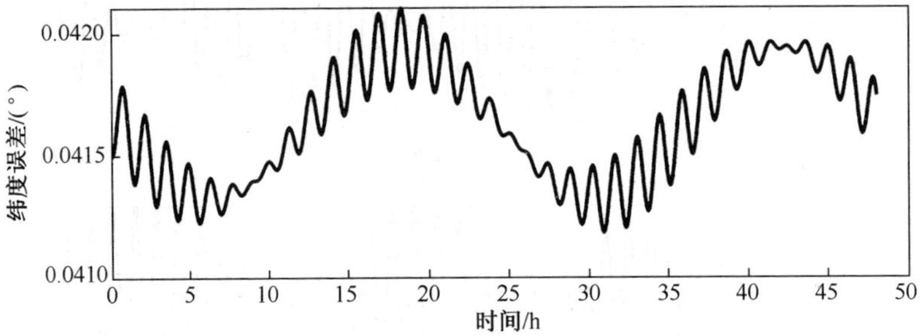

(a)

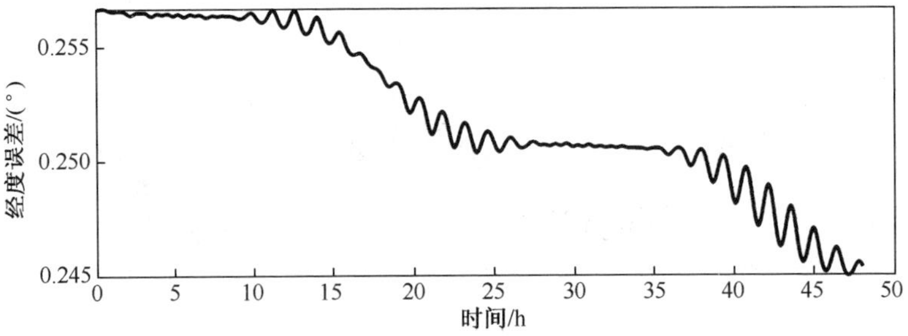

(b)

图 8-10　SINS/DVL 组合导航系统位置误差曲线

本章小结

本章首先介绍了包括单波束、双波束和四波束等多种情况下多普勒计程仪的测速原理,并对相应情况下的测速误差进行分析,推导了 DVL 测速方程及误差模型,给出了 SINS/DVL 组合导航系统的模型,并进行了仿真分析。

参 考 文 献

[1] 黄德鸣,程禄,等. 惯性导航系统[M]. 北京:国防工业出版社,1986.

[2] 陈永冰,钟斌. 惯性导航原理[M]. 北京:国防工业出版社,2007.

[3] SALYCHEV O S. Inertial systems in navigation and geophysics [M]. Moscow: Bauman MSTU Press,1998.

[4] EL-RABBANY A. Introduction to GPS:the global positioning system,mobile communication series [M]. Norwood:Artech House Inc,2002.

[5] 张树侠. 捷联式惯性导航系统[M]. 北京:国防工业出版社,1992.

[6] 郭秀中. 惯性导航系统陀螺仪理论[M]. 北京:国防工业出版社,1996.

[7] 高钟毓. 惯性导航系统技术[M]. 北京:清华大学出版社,2012.

[8] 陈哲. 捷联惯性系统原理[M]. 北京:宇航工业出版社,1987.

[9] 万德钧,房建成. 惯性导航初始对准[M]. 南京:东南大学出版社,1998.

[10] 严恭敏. 车载自主定位定向系统研究[D]. 西安:西北工业大学,2006.

[11] SAVAGE P G. Strapdown analytics-section edition[M]. Minnesota:Strapdown Associates Inc,2007.

[12] 吴秋平,高钟毓,王永樑. 捷联式惯性导航系统的关键技术[J]. 导航,2002,12(4):11-24.

[13] 张鑫. 船用单轴旋转光纤陀螺捷联惯性导航初始对准/测漂及综合校正研究[D]. 哈尔滨:哈尔滨工程大学,2012.

[14] 秦永元. 惯性导航[M]. 北京:科学出版社,2005.

[15] 秦永元,张洪钺,汪叔华. 卡尔曼滤波与组合导航原理[M]. 西安:西北工业大学出版社,1998.

[16] CRASSIDIS J L,MARKLEY F L. Unscented filtering for spacecraft attitude estimation[J]. Journal of Guidance Control and Dynamics,2003,26(4):536-542.

[17] JIA B,XIN M,CHENG Y. Sparse Gauss-Hermite Quadrature Filter with application to Spacecraft Attitude Estimation[J]. Journal of Guidance Control and Dynamics,2011,34(2):367-379.

[18] ABDELRAHMAN M,PARK S Y. Sigma-point Kalam filtering for spacecraft attitude and rate estimation using magnetometer measurements[J]. IEEE Transactions on Aerospace and Electronic Systems, 2011,47(2):1401-1415.

[19] WANG Y F,SUN F C,ZHANG Y A,et al. Central difference particle filter applied to transfer alignment for SINS on missiles[J]. IEEE Transactions on Aerospace and Electronic Systems,2012,48(1): 375-387.

[20] CRASSIDIS J L. Sigma-Point Kalman filtering for integrated GPS and inertial navigation[J]. IEEE Transactions on Aerospace and Electronic Systems,2006,42(2):750-756.

[21] CARVALHO H,MORAL P D. Optimal nonlinear filtering in GPS/INS integration[J]. IEEE Transactions on Aerospace and Electronic Systems,1997,33(3):835-849.

[22] 李涛. 非线性滤波方法在导航系统中的应用研究[D]. 国防科技大学,2003.

[23] 孙枫,唐李军. 基于 CKF 的 SINS 大方位失准角初始对准[J]. 仪器仪表学报,2012,33(2): 327-333.

[24] LEWIS F L. Optimal estimation[M]. New York:Wiley,1986.

[25] MUSSO C,OUDJANE N. Particle methods for multimodal filtering application to terrain navigation [J]. IEEE Colloquium on Target Tracking:Algorithms and Applications,1999,6:1-5.

[26] 郭子伟,缪玲娟,赵洪松,等. 一种改进的类高斯和粒子滤波在大失准角传递对准中的应用[J]. 航空学报,2013,34(1):164-172.

[27] ALLERTON D J,JIA H M. Redundant multi-mode filter for a navigation system [J]. IEEE Transactions on Aerospace and Electronic Systems,2007,43(1):371-391.

[28] LIU H,NASSAR S,EL-SHEIMY N. Two-filter smoothing for accurate INS/GPS land-vehicle navigation in urban centers[J]. IEEE Transactions on Vehicular Technology,2010,59(9):4256-4267.

[29] 梁军. 粒子滤波算法及其应用研究[D]. 哈尔滨:哈尔滨工业大学,2009.

[30] MEHDI E,REZA T M. A customized H-infinity algorithm for underwater navigation system:With experimental evaluation[J]. Ocean Engineering,2017,130,611-619.

[31] 严恭敏. 惯性仪器测试与数据分析[M]. 北京:国防工业出版社,2012.

[32] 孙伟,徐爱功,孙枫. 双轴旋转光纤捷联惯性导航八位置标定方法[J]. 控制与决策,2012,27(12):1805-1809,1815.

[33] FANG B,CHOU W,DING L. An Optimal Calibration Method for a MEMS inertial measurement unit[J]. International Journal of Advanced Robotic Systems,2014,11(14):314 -319.

[34] 孙枫,孙伟. 旋转捷联惯性导航系统精对准技术[J]. 系统工程与电子技术,2010,32(3):630-633.

[35] 李建利,房建成,盛蔚. 微小型捷联惯性测量单元标定及补偿方法[J]. 宇航学报,2008,29(3):947-951.

[36] WU Y X. ,ZHANG H L. Observability of strapdown INS alignment:a global perspective[J]. IEEE Transactions on Aerospace and Electronic Systems,2012,48(1):78-102.

[37] 徐博. 舰船高精度光纤捷联惯性导航系统技术研究[D]. 哈尔滨:哈尔滨工程大学,2011.

[38] 王根. 空间稳定型惯性导航系统分析与设计[D]. 哈尔滨:哈尔滨工程大学,2012.

[39] 张义. 舰船捷联惯性导航系统初始对准技术研究[D]. 哈尔滨:哈尔滨工程大学,2012.

[40] 孙昌跃,王司,邓正隆. 舰载武器惯性导航系统对准综述[J]. 中国惯性技术学报,2005,13(3):81-88.

[41] 严恭敏. 捷联惯性导航系统动机座初始对准及其它相关问题研究[R]. 西安:西北工业大学博士后研究工作报告,2008.

[42] 柴卫华,沈晓蓉,张树侠. 船用捷联惯性导航系统解析粗对准的误差分析[J]. 哈尔滨工程大学学报,1999,20(4):46-50.

[43] 秦永元,严恭敏. 摇摆基座上基于信息的捷联惯性导航粗对准研究[J]. 西北工业大学学报,2005,23(5):681-684.

[44] GU D Q,EL-SHEIMY N,HASSAN T,et al. Coarse alignment for marine SINS using Gravity in the inertial frame as a reference[C]. Position Location and Navigation Symposium,2008,961-965.

[45] 严恭敏,翁浚,白亮,等. 基于惯性参考系的动机座初始对准与定位导航[J]. 系统工程与电子技术,2011,33(3):618-621.

[46] ACHARYA A,S S,GHOSHAL T K. Improving self-alignment of strapdown INS using measurement

augmentation[C]. 2009 12th International Conference on Information Fusion, 2009, 1783-1789.
[47] RICHALD L. Inertial navigation technology from 1970—1995 [J]. Navigation, 1995, 42 (1): 165-186.
[48] 张召友,郝燕玲,张鑫. Sigma 点 Kalman 滤波在惯性导航初始对准中的性能评估[J]. 中国惯性技术学报,2010,18(6):639-644.
[49] 郝燕玲,杨峻巍,陈亮,等. 基于平方根中心差分卡尔曼滤波的大方位失准角初始对准[J]. 中国惯性技术学报,2011,19(2):180-189.
[50] CANNON R H. Alignment of inertial guidance systems by gyrocompassing-linear Theory[J]. Journal of The Aerospace Science, 1961, 28(11):885-912.
[51] JURENKA F D. Optimum alignment of an inertial autonavigator[J]. IEEE Transactions on Aerospace and Electronic Systems, 1967, 3(6):880-888.
[52] DAI H D, DAI S W, CONG Y C. Rapid transfer alignment of laser SINS using quaternion based angular measurement [J]. Optik, 2013, 124(20), 4363-4368.
[53] CHOUKROUN D, BAR-ITZHACK I Y, OSHMAN Y. Novel quaternion Kalman filter[J]. IEEE Trans. on Aerospace and Electronic Systems, 2006, 42(1), 174-190.
[54] 刘建业,钱伟行,曾庆化,等. 瞄准吊舱捷联惯性导航系统快速传递对准方法[J]. 航空学报,2010,31(11):2238-2244.
[55] SAVAGE P G. Strapdown sculling algorithm design for sensor dynamic amplitude and phase-shift error[J]. Journal of Guidance, Control, and Dynamics, 2012, 35(6):1719-1729.
[56] YAN G M, ZHANG Q, HE K P, et al. Study on time-delay compensation of accelerometers in SINS[J]. Journal of Astronautics, 2013, 34(12):1578-1583.
[57] 徐林,李世玲,屈新芬. 惯性导航系统传递对准技术综述[J]. 信息与电子工程,2010,06:633-640.
[58] 刘红光,陈刚,周超. 角速度匹配传递对准方法在舰艇平台的适用性分析[J]. 中国惯性技术学报,2013,21(5):565-569.
[59] 顾冬晴,秦永元. 姿态匹配传递对准的 H_∞ 滤波器设计[J]. 空军工程大学学报(自然科学版),2005,6(2):32-35.
[60] 杨峻巍. 水下航行器导航及数据融合技术研究[D]. 哈尔滨:哈尔滨工程大学,2012.
[61] SAHAWNEH L R, AL-JARRAH M A. Real-time implementation of GPS aided low-cost strapdown inertial navigation system[J]. Journal of Intelligent and Robotic Systems: Theory and Applications, 2011, 61(1):527-544.
[62] RAO K D. Integration of GPS and baro-inertial loop aided strapdown INS and radar altimeter [J]. IETE Journal of Research, 1997, 43(5), 383-390.
[63] 秦永元,张红钺,汪淑华. 卡尔曼滤波与组合导航原理[M]. 西安:西北工业大学出版社,1998.
[64] 许云达,赵修斌,基于卫星导航系统的组合导航技术及其发展综述[J]. 飞航导弹,2014(05):68-71.
[65] 陈传坎. 船用多普勒计程仪测速精度分析[J]. 航海技术,2004,2:33-34.
[66] 张少平,唐楚华. 多普勒测速声呐在小型潜器中应用的分析[J]. 声学与电子工程,2006(1):35-38.

[67] 黄雄飞,苑秉成,陈喜. 声学多普勒计程仪路上仿真方法及其实现[J]. 系统仿真学报,2007,19(17):3354-3357.

[68] ANON. Canadian ships to receive inertial navigation[J]. Jane's International Defense Review,2004(12):1.

[69] ANON. Northrop gruman to supply INS for Canadian submarines[J]. Jane's International Defense Review,2005(5):1.

[70] STUTTERS L,LIU H,TILTMAN C,et al. Navigation technologies for autonomous underwater vehicles[J]. IEEE Transactions on Systems,Man and Cybernetics Part C:Applications and Reviews,2008,38(4):581-589.

[71] 秦瑞,王顺伟,袁晓峰,等. 多普勒测速仪/捷联惯性导航组合导航技术研究[J]. 战术导弹技术,2006(6):68-72.

[72] 李俊,沈安文,宋保维,等. 基于多普勒速度声纳的水下航行器导航方法[J]. 华中科技大学学报,2004,32(1):73-75.